国家社科基金项目
"体育跨文化传播建构国家形象的价值自觉与多维叙事研究"
(24BTY015) 阶段性成果

中国体育
跨文化传播能力提升研究
——以国家形象建构为视角

王 翔◎著

中国社会科学出版社

图书在版编目（CIP）数据

中国体育跨文化传播能力提升研究：以国家形象建构为视角 / 王翔著. -- 北京：中国社会科学出版社，2025.3. -- ISBN 978-7-5227-4328-8

Ⅰ. G812

中国国家版本馆 CIP 数据核字第 2024L9R617 号

出 版 人	赵剑英
责任编辑	田　文
特约编辑	周晓慧
责任校对	王文华
责任印制	张雪娇

出　　版	中国社会科学出版社
社　　址	北京鼓楼西大街甲 158 号
邮　　编	100720
网　　址	http://www.csspw.cn
发 行 部	010-84083685
门 市 部	010-84029450
经　　销	新华书店及其他书店
印　　刷	北京君升印刷有限公司
装　　订	廊坊市广阳区广增装订厂
版　　次	2025 年 3 月第 1 版
印　　次	2025 年 3 月第 1 次印刷
开　　本	710×1000　1/16
印　　张	16.5
插　　页	2
字　　数	225 千字
定　　价	98.00 元

凡购买中国社会科学出版社图书，如有质量问题请与本社营销中心联系调换
电话：010-84083683
版权所有　侵权必究

自 序

在全球化浪潮席卷世界的今日，体育已成为跨越国界、连接民心的通用语言，是展示国家文化软实力与塑造国家形象的重要载体。中国作为古老而充满活力的文明古国，在体育领域取得了举世瞩目的成就，从竞技体育的辉煌战绩到全民健身的蓬勃开展，从体育产业的迅速崛起到体育文化的广泛传播，中国体育正以其独特魅力走近世界舞台中央。然而，在国际体育传播格局中，中国体育跨文化传播能力仍不足以应对诸多挑战，尤其是体育国际话语权和国家形象面临的挑战。如何提升体育跨文化传播能力，将中国体育的丰富内涵与独特价值传递给世界，进而塑造可信、可敬、可爱的全球中国形象，成为亟待深入探讨的时代课题。

《中国体育跨文化传播能力提升研究——以国家形象建构为视角》恰逢其时地回应了这一需求。本书以马克思主义唯物史观为指导，以国家形象建构为视角，发挥跨学科知识生产的协同优势，从体育学、传播学、文化学、政治学的交叉融合上进行研究，力图全景式呈现中国体育跨文化传播及其能力建设的历史和逻辑。

本书从概念解析及理论基础和知识资源的梳理入手，系统地分析了全球化语境下中国体育跨文化传播能力建设的时代背景、逻辑前提、价值意蕴及其建构国家形象的内在机理；提出并论证了建构国家形象是中国体育跨文化传播能力建设的当代使命，也是媒介应有的责任与担当；进而通过考察近代以来国际体坛中国形象的嬗变，对中国体育跨文化传播能力发展进行反思，全面、深入地分析了百年未有之大变局下中国体育跨文化传播能力建设面临的挑战、存在的主要问题及其制约因素；在此基础上，以问题为导向，系统地探讨了中国体育跨文化传播能力提升的路径和着力点，初步构建了一个本土化的体育跨文化传播能力可持续提升的理论和实践框架。

在本书写作过程中，笔者有两点深刻体会：其一，体育跨文化传播不仅是体育赛事的传播，更是一种文化价值的传播。我们迫切需要通过提升体育跨文化传播能力，充分展现中华体育文化的独特魅力，传递中国体育的核心价值观，让世界更好地了解中国体育的发展成就和文化内涵。这不仅有助于提升中国体育的国际影响力，也有助于丰富全球体育文化的多样性，促进不同体育文化之间的交流与融合。

其二，体育跨文化传播及其能力建设直接关乎中国体育的国际话语权和国家形象的建构。体育是建构民族和国家身份认同的重要载体，是展示国家文化软实力的重要平台，因此，体育跨文化传播及其能力建设承载着塑造国家形象的历史使命。笔者认为，通过加强体育跨文化传播能力建设，建构"体育中国"形象，是建构新时代中国"世界形象"的一条"捷径"。

"越是民族的就越是世界的。"我相信，随着学术研究的不断深入并向实践的转化，在全社会的共同努力下，中国体育跨文化传播能力必将实现质的飞跃。未来，中国体育文化将在吸纳世界各国体育文化优秀成果的基础上，以更加自信、更加开放、更加包容的姿态走向世界，让世界共享中国体育文化的独特价值，从而为塑造中国世界大国良好形象和构建人类命运共同体贡献中国体育的强大力量。

前　　言

当今世界，随着全球化进程的不断深化和现代信息技术的迅猛发展，各国之间的联系空前紧密。在此背景下，彼此交往时的"身份"——"国家形象"逐渐成为国际竞争的战略重点之一。国家形象问题的实质是国家之间的相互认同。然而，在现今的世界传播格局中，中国之国家形象却面临着被西方世界"他者化"的现实困境。于是，"中国形象"建构与国际传播能力建设上升为国家战略并成为学界的热门话题。

习近平总书记曾多次强调指出，体育是人类进步的标志、社会发展的动力，是"展示国家文化软实力的重要平台"，"体育强则中国强"，"建设体育强国，是全面建设社会主义现代化国家的一个重要目标"。[①]目前，学界关于体育跨文化传播的研究相当有限，关于中国体育跨文化传播能力建设问题的研究则基本上是一个空白。本书以马克思主义唯物史观为指导，借鉴西方学界的知识资源，采用"跨文化传播"而非传统的"国际传播"研究范式，以及历史与逻辑相统一、应然研究与实然研究相结合、批判性分析与建构性分析相结合等方法，论述了体育的

[①] 《习近平在北京河北考察并主持召开北京 2022 年冬奥会和冬残奥会筹办工作汇报会时强调　坚定信心奋发有为精益求精战胜困难　全力做好北京冬奥会冬残奥会筹办工作》，《人民日报》2021 年 1 月 21 日第 1 版。

民族文化基因及其身份认同功能，阐释了体育与国家形象建构的内在逻辑关联，提出并论证了国家形象建构是中国体育跨文化传播能力提升的当代使命。在此基础上，全面、系统地考察了中国体育跨文化传播能力建设面临的时代挑战、存在的主要问题及其制约因素，探讨了中国体育跨文化传播能力提升的可行路径，力图揭示通过提升体育跨文化传播能力构建国家形象的内在机理，进而尝试构建一个具有本土化能力的可持续提升的理论与实践体系。

本书的主要内容有以下六方面：

一是对本书的核心概念进行了解析和界定；扼要地阐释了研究的理论基础，主要是马克思的世界历史理论和共同体思想、文化交往思想以及习近平的文化强国思想、人类命运共同体理念；同时，梳理了本书所借鉴的知识资源，如多元文化主义、后殖民主义、哈贝马斯交往行为理论等。

二是阐述了国家形象建构视域下中国体育跨文化传播能力提升的时代背景和逻辑前提。本书分析了全球化时代文化的多元化趋势以及文化交往中的冲突与融合；论述了文化软实力竞争日益成为全球化时代国际竞争的重点之一，国家形象是文化软实力的表征，体育跨文化传播能力是国家文化软实力的重要体现；提出了文化自信是提升中国体育跨文化传播能力和建构国家形象的逻辑前提。

三是论述了国家建构是中国体育跨文化传播能力提升的国家使命。本书分析了体育的媒介属性及其在跨文化传播中的优势和特点；论述了体育的民族文化基因及其身份认同功能；阐释了体育所蕴含的中华民族爱国主义精神及其与国家形象建构的内在逻辑关联，提出并论证了国家形象建构是中国体育跨文化传播能力提升的当代使命。然而，中华体育文化的民族性只有在世界的共享性中才能得到最充分、最完美的诠释，故，实现文化共享是中国体育跨文化传播及其能力建设不可或缺的价值维度。

前　言

四是论述了近代以来国际体坛上中国形象的嬗变与体育跨文化传播能力。本书以民族集体记忆的叙事方式，再现了近代中国在国际体坛上的"东亚病夫"形象以及西方现代性话语所构建的"他者"形象；回顾了新中国成长为世界体育大国的形象建构历程；论述了新时代中国开启体育跨文化传播能力与体育强国形象建设的新的历程。

五是分析了国家形象建构视域下中国体育跨文化传播能力提升所面临的挑战和存在的主要问题；阐述了百年未有之历史大变局中的世界传播秩序及中国应有的角色担当；分析了中国体育跨文化传播能力发展的现状、特点，以及当今时代所面临的一系列新挑战；全面、深入地考察了当下中国体育跨文化传播能力建设所存在的主要问题及其制约因素。

六是论述了国家形象建构视域下中国体育跨文化传播能力提升的路径选择。本书提出并论证了构建"传播空间命运共同体"是中国体育跨文化传播能力提升的空间治理诉求；分析了体育跨文化传播能力提升的应然逻辑；以国家形象建构为价值旨归，探讨了中国体育跨文化传播能力提升的具体路径和着力点。

目 录

绪 论 ……………………………………………………………… 1

第一章 核心概念、理论基础与知识资源 ……………………… 17
 第一节 核心概念解析 ……………………………………… 17
 第二节 研究的理论基础 …………………………………… 26
 第三节 其他知识资源 ……………………………………… 41

第二章 国家形象建构视域下中国体育跨文化传播能力建设的时代背景和逻辑前提 ………………………………… 52
 第一节 全球化与文化交往 ………………………………… 52
 第二节 全球化时代的文化软实力竞争与国家形象建构 …… 66
 第三节 文化自信：国家形象建构与体育跨文化传播能力建设的逻辑前提 …………………………………… 78

第三章 国家形象建构：中国体育跨文化传播能力提升的价值自觉 ……………………………………………… 89
 第一节 体育的媒介属性、媒介传播及其政治文化意蕴 …… 89
 第二节 体育的民族文化基因与跨文化传播 ……………… 98

第三节 体育跨文化传播能力提升承载着国家形象建构的
历史使命 ………………………………………………… 113

第四章 近代以来国际体坛上中国形象的嬗变与体育跨文化
传播能力 ………………………………………………… 125
第一节 近代国际体坛上的"东亚病夫"形象：西方
现代性视野中的"他者" ………………………………… 125
第二节 中国体育大国形象的初步确立及其理性反思 ……… 133
第三节 开启新时代国家形象建构新的里程 ………………… 141

第五章 国家形象建构视域下中国体育跨文化传播能力提升
面临的挑战和存在的主要问题 ………………………… 151
第一节 百年未有之大变局中的世界传播秩序与中国的选择 …… 151
第二节 新时代中国体育跨文化传播能力提升面临的挑战 ……… 160
第三节 中国体育跨文化传播能力检视 ……………………… 172

第六章 国家形象建构视域下中国体育跨文化传播能力提升的
路径选择 ………………………………………………… 189
第一节 中国体育跨文化传播能力提升的空间伦理诉求
及其应然逻辑 ………………………………………… 189
第二节 新时代中国体育跨文化传播能力提升的路径
及其着力点 …………………………………………… 206

结　语 ……………………………………………………………… 227

参考文献 …………………………………………………………… 231

后　记 ……………………………………………………………… 251

绪　论

一　研究背景及意义

进入21世纪以来，随着信息技术的迭代升级和迅猛发展，经济全球化进程加快，整个世界联结为一个整体，各国之间的交往尤其是文化交往日益密切。在此背景下，大国之间综合国力的较量，从以往主要倚重经济、军事等硬实力逐渐转向硬实力与软实力并重。软实力尤其是文化软实力竞争借助现代传媒技术愈演愈烈，日益成为后冷战时代重塑国家形象的重要手段。

美国哈佛大学教授约瑟夫·奈（Joseph Nye）认为，与硬实力的特点和作用方式不同，"软实力"是一种塑造他人"行为偏好"的能力，是"通过吸引别人而不是强制他们来达到你想要达到的目的的能力"[1]，在未来的国际竞争中，软实力的地位会越来越突出。在现实主义政治学的代表人物塞缪尔·亨廷顿（Samuel Phillips Huntington）看来，以硬实力为基础的西方"软实力"具有强大的塑造功能，其目的在于通过推行西方文化价值观，增强其文化吸引力，按西方标准来塑造"新的他者"[2]。

---

[1] ［美］约瑟夫·奈：《软力量：世界政坛成功之道》，吴晓辉、钱程译，东方出版社2005年版，第5页。
[2] ［美］塞缪尔·亨廷顿：《文明的冲突与世界秩序的重建》，周琪等译，新华出版社2002年版，第88—89页。

问题的关键在于，文化软实力竞争直接关系着民族身份认同和国家形象建构。文化价值观是文化软实力的核心，是国家、民族认同的合法性基础。文化价值观的吸引力和影响力，在一定程度上决定着一个国家、民族在国际社会上的吸引力和影响力，因而也决定着一个国家的国际形象。一旦某个国家、民族的文化价值观被否定性解构，那么这个国家、民族就会丧失自身文化的主体性和自立于世界民族之林的合法性根基，进而导致国家认同和国家形象的基础被消解。因此，当今世界的国际竞争，从一定意义上讲，是通过文化软实力竞争表现出来的国家形象之争。

中国是全球化的积极推动者和参与者，也是文化软实力竞争的主要参与者，因为文化软实力竞争直接关系着中国的国际话语权和国家形象。近几十年来，中国的硬实力显著增强，和平崛起的中国日益走近世界舞台的中央。然而，遗憾的是，中国的文化软实力与欧美等发达国家相比还有相当大的差距，完全不在一个重量等级上。西方国家无法接受一个日益强大的中国，企图通过营造国际舆论压力来遏制中国的崛起和文化软实力增长。因此，提升文化软实力，是中国建构良好国际形象的当务之急。

体育作为一种国民参与度最高的、独特的文化形态，是国家文化软实力的重要组成部分。体育文化的基本属性是民族性，任何体育文化都具体地、现实地存在于特定的民族文化之中，呈现出与本民族文化一脉相承的特质。中国体育文化源远流长、博大精深，凝结着中华民族的生存智慧和中国文化的精髓，是中国文化价值观的重要载体和符号化呈现，是世界体育文化宝库中的瑰宝。然而，在当今体育全球化时代，中华体育文化不仅全球知晓度低、国际影响力极其有限，而且逐渐淡出人们的生活和视野，面临着被西方体育文化同化的危机。这对中华体育文化的生存发展不啻一场灾难。

进入新时代以来，中国确立了建设体育强国的目标。体育强国形象的建构，将从一个侧面向世界展示当代中国的国家形象。这无疑是一个

"自塑"与"他塑"互动博弈、充满矛盾的复杂过程。目前的现实状况是，世界体坛几乎成为西方体育文化的天下。一方面，西方体育强国凭借其强大的资本和媒介优势基本上垄断了体育信息发布权，控制了体育传播链的上下游资源，从而严重挤压了中国和广大发展中国家体育文化的传播空间。另一方面，更应反思的是我们自身存在的问题与不足。主要是中国体育跨文化传播能力短缺，难以应对时代变革所带来的诸多挑战。传播力就是塑造力、影响力。体育跨文化传播作为中国文化"走出去"的具体形式，承载着复兴民族体育文化、增强国家文化软实力、建构国家形象的神圣使命，如何有效提升体育跨文化传播能力，实现中国体育强国形象的历史性出场，正是本书选题的缘由和旨趣所在。

首先，本书选题具有较高的学理价值。其一，国内学界关于体育跨文化传播的研究尚处于起步阶段，已有的研究成果甚少，国外学者的成果也不多见；关于体育跨文化传播能力问题的研究成果几近空白。大多数研究者主要聚焦于国际传播能力或跨文化传播能力的一般理论研究，即便有学者进行体育传播研究，也很少涉及体育跨文化传播，更谈不上对体育跨文化传播规律尤其是体育跨文化传播能力建设的规律进行系统的理论思考。因此，本书有助于弥补体育跨文化传播研究的不足，有助于建构中国体育跨文化传播能力建设的理论体系，同时还有助于拓展体育传播学和跨文化传播研究的广度和深度。其二，近些年来，学术界关于国家形象的研究成果蔚为壮观。但是，通过研究体育跨文化传播及其能力建设来阐释国家形象建构的成果却很少。本书把文化软实力竞争—体育跨文化传播能力提升—国家形象建构三者有机地连接为一个整体，探讨体育跨文化传播及其能力建设与国家形象建构的内在逻辑关联，以及中国体育强国形象建构的媒介担当及其应然逻辑，从而有助于国家形象理论研究的深化。

其次，本书具有重要的现实意义。中华体育文化作为世界体育文化宝库中的瑰宝，理应为全人类所共享。但是，如前所述，中国体育跨文化传播能力不足，已严重制约了中华体育文化走出国门、走向世界，进而在一定程度上阻碍了全球中国国家形象的建构。这是一个不争的事实。中国体育跨文化传播能力存在着系统性的结构性缺陷，难以适应体育全球化和信息化所带来的诸多挑战，也难以应对西方强势体育文化的冲击。因此，加强体育跨文化传播能力建设，是中国建构良好国家形象的迫切需要，也是中国积极参与全球公共治理和推动构建人类命运共同体的迫切需要。本书可以为上述目标的达成提供理论支持。

二 国内外研究述评

（一）国外研究综述

1. 关于国家形象的相关研究

国家形象研究是一个具有跨学科特点的课题，学者们从不同的学科视角进行研究，于是对国家形象就有了不尽相同的解读。一是从国际传播的角度进行研究。美国密歇根大学教授、国家形象理论的奠基者肯尼思·博尔丁（Kenneth Ewart Boulding）最先提出"国家形象"（Nation Image）这一概念。他将国家形象视为"存在于受众意识层面"的一种"信息资本"，是一个国家自我认知与国际社会其他行为体对该国认知的结合。在博尔丁看来，国家形象有三个维度：国家地理空间、外部对其实力的评判以及对该国的态度。[①] 二是从个体心理认知的角度进行研究。巴洛古（Baloglu）、克莱普（I. A. Kleppe）等人认为，国家形象是个体对某一个国家的"总体印象"[②]，是个人亲身经历、领悟、回忆等的总和，包括个人对该国的"情感和审美"[③]。三是从国家声誉的角度

[①] K. E. Boulding, "National Images and International Systems", *Journal of Conflict Resolution*, Vol. 3, No. 2, 1959, pp. 120-131.

[②] Seyhmus Baloglu. W., Ken McCleary, "A Model of Destination Image Formation", *Annals of Tourism Research*, Vol. 26, No. 4, 1999, pp. 868-897.

[③] I. A. Kleppe, N. M. Iversen, I. G. Stensaker, "Country Image in Marketing Strategies: Conceptual Issues and An Experiential Asian Illustrations", *Journal of Brand Management*, Vol. 10, 2022, p. 42.

进行研究。20世纪80年代，美国学者约瑟夫·奈提出了著名的"软实力"概念，并将"国家声誉"视为软实力的核心要素，在一定程度上深化了关于国家形象的研究。乔舒亚·库珀·雷默（Joshua Cooper Ramo）也将"国家声誉"视为国家形象的核心变量，认为"声誉资本"可以降低国家间的利益冲突，"国家声誉"能使冲突的成本"呈现几何级数的放大或缩小"。①

2. 关于中国国家形象的研究

国外的中国形象研究始于13世纪。直到18世纪中叶之前，西方人眼中的中国是一个地大物博、田园牧歌式的人间天堂。这从《马可·波罗游记》《利玛窦中国札记》和门多萨神父的《大中华帝国志》等文本中可以清晰地看到。从18世纪中叶开始，随着资本主义工业革命的兴起和西方的殖民扩张，西方的中国形象发生了从美化到丑化的转变，中国成了西方眼中的"他者"。杜赫德（Jean Baptiste du Halde）的《中华帝国通志》、约翰·海达德（Jon Addad）的《中国传奇：美国人眼里的中国》、费正清（John King Fairbank）的《认识中国》、乔治·凯兹（George Katz）的《昔日丰年：传统中国的最后时光》、哈罗德·伊萨克斯（Harold Robert Isaacs）的《美国的中国及印度形象》等，都不同程度地批评中国的保守、停滞、落后、专制。新中国成立后，特别是改革开放以来，随着中国的迅速崛起，西方世界开始重新审视和定位中国形象，"中国崛起论""中国威胁论"逐渐成为西方国家建构中国形象的主流意识形态。最具代表性的如美国汉学家史景迁（Jonathan D. Spence）的《大汗之国：西方眼中的中国》、Gerald Segal 的《随着中国的强大》、Donald H. Straszheim 的《中国的崛起》、Peter Hays Gries 的《一个"中国威胁"？在中国"朝向民族主义"中的实力和激情》、约瑟夫·奈的《中国软实力的崛起》以及乔舒亚的《中国形象：外国学者

---

① ［美］乔舒亚·库伯·雷默：《中国形象：外国学者眼里的中国》，沈晓雷等译，社会科学文献出版社2008年版，第7—8页。

眼中的中国》等。上述文本中的中国国家形象背后程度不同地潜隐着西方人欣赏、担忧、恐惧、焦虑甚至敌视的复杂心态。中国学者周宁教授认为，西方的中国想象经历了从美化、仰视向丑化、敌视的演变，这一演变的动因深藏于西方现代性的历史和逻辑中，并最终演化为一种体制化、规训化的意识形态话语。①

3. 关于跨文化传播研究

美国著名文化人类学家爱德华·霍尔（Edward Twitchell Hall）被誉为"跨文化传播研究之父"。霍尔最早提出"跨文化传播"的概念，他于1959年出版的专著《无声的语言》被学术界公认为跨文化传播理论的奠基之作。20世纪70年代，跨文化传播逐渐成为一个相对独立的研究领域和传播学的一个分支学科。继霍尔之后，美国学者拉里·A. 萨默瓦（Larry A. Samovar）和理查德·E. 波特（Richard E. Porter）合作出版了《跨文化传播》（1972），该书界定了跨文化传播的概念、研究对象和研究领域。此外，阿森特（Molefi Asante）与古迪孔斯特（William B. Gudykunst）主编的《国际与跨文化传播手册》（1989）、德国著名文化哲学家沃尔冈·韦尔施（Wolfgang Welsch）的《跨文化：文化瓦解后的生活形态》（1992）、德国社会学家马勒茨克（Gerhard Maletzke）的《跨文化交流——不同文化的人与人之间的交往》（1996）等，分别从不同的角度对跨文化传播的理论与实践进行了较为系统、深入的研究。20世纪末，跨文化传播研究从宏观转向了微观，产生了一系列新的理论，其中比较有代表性的是"焦虑与不确定性管理理论""面子—协商理论""口语代码理论"。国外学者对跨文化传播能力的研究非常有限，大多是从操作性的角度梳理跨文化传播能力的构成要素。如有学者将跨文化传播能力概括为，来自不同文化的人在不同的文化环境中良好合作的能力，以及了解和适应不同文化的能力。还有学者提出，跨文化能力

---

① 周宁：《在西方现代性想象中研究中国形象》，《南京大学学报》（哲学·人文科学·社会科学版）2008年第4期。

应包括按照不同文化系统规则行动的能力,能根据特定文化情景需要作出正确回应的能力,以及能通过调节不同观点达成和谐、创新的能力。①

(二) 国内研究综述

1. 关于国家形象研究

国家形象研究在中国成为"显学",从根本上说,是由于中国随着综合国力的增强日益走近世界舞台的中央,然而,世界的中国形象与中国的国际地位不相匹配。因此,"国家形象问题是中国当前最棘手的战略问题",在某种意义上,它"将决定中国改革发展的前途和命运"。②目前,国内学界关于国家形象的研究主要集中于两个方面:一是国家形象的学科定位和国家形象的内涵。有学者指出,以往的研究大多局限于传播学领域,但国家形象是一种政治现象,需要以政治学理论为基础开展跨学科研究。③国内一些学者从不同的学科视角对国家形象概念进行了界定:有的认为,国家形象是一个国家在国际新闻流动中所呈现的形象④;有的认为,国家形象是国内外社会公众对该国的总体认知和评价⑤;有的将国家形象视为国家实力的综合体现,是国家最重要的无形资产⑥;还有的认为,国家形象的本质是国家之间在互动交往中所建构的一种相互的身份认同关系。⑦ 二是国家形象建构与传播维度、路径和策略。国内学者普遍认为,国家形象的建构与传播是一个多维度的复杂

---

① [英] 弗恩斯·特朗皮纳斯、彼得·伍尔莱姆斯:《跨文化营销》,刘永平、刘洁、郑波译,经济管理出版社2008年版,第78页。
② [美] 乔舒亚·库伯·雷默:《中国形象:外国学者眼里的中国》,沈晓雷等译,社会科学文献出版社2008年版,第7—8页。
③ 王海洲:《"国家形象"研究的知识图谱及其政治学转向》,《政治学研究》2013年第3期。
④ 徐小鸽:《国际新闻传播中的国家形象问题》,《新闻与传播研究》1996年第2期。
⑤ 管文虎:《国家形象论》,电子科技大学出版社2000年版,第22—23页。
⑥ 张昆、徐琼:《国家形象刍议》,《国际新闻界》2007年第3期。
⑦ 李智:《中国国家形象:全球传播时代建构主义的解读》,新华出版社2011年版,第25页。

过程。范红提出了国家形象建构的六个方面的维度，即政府、企业、文化、景观、国民、舆论[1]；张毓强认为，国家形象建构的过程，实际上是不可描述的国家形象"源像"、国家力图自我建构的形象与他国所描述的该国形象三者之间相互影响的过程[2]；张昆等分析了国家形象建构的三大要素，即物质要素、制度要素和精神要素[3]；江作苏等提出国家形象的建构与传播应注重国家官方和民间两个舆论场的互补[4]；项久雨等从文化视角探讨了中国国家形象对外传播的基本向度[5]。

2. 关于体育跨文化传播研究

20世纪90年代，跨文化传播理论在中国开始成为"显学"。北京大学关世杰教授出版了《跨文化交流学》（1995）一书，着重探讨了中国与美、日、印三国之间的文化差异及其对跨文化传播的影响。此后，又发表了《中国跨文化传播研究十年回顾与反思》一文，梳理了中国跨文化传播研究的三个阶段：借鉴和初创期（1990—1995）、提升和拓展期（1996—1999）、高潮和升华期（2000年以后）。值得注意的是，笔者以"体育跨文化传播"为关键词在中国知网搜索，检索到相关文献788篇（截至2024年1月），其中硕博学位论文76篇，期刊论文502篇，会议论文138篇。这些文献大多研究中国武术、太极拳、乒乓球等的跨文化传播，以及中国举办的大型体育赛事如2008年北京奥运会、2010年广州亚运会的跨文化传播。赵得龙认为，现代传媒的巨大扩张性成为一种普遍的世界性现象[6]。杨磊认为，大型体育赛事本身具有丰富的文化内涵，由于其关注度高、关注面广，跨文化传播效果往往更为

---

[1] 范红：《国家形象的多维塑造与传播策略》，《清华大学学报》（哲学社会科学版）2013年第2期。
[2] 张毓强：《国家形象刍议》，《现代传播》2002年第2期。
[3] 张昆、徐琼：《国家形象刍议》，《国际新闻界》2007年第3期。
[4] 江作苏、李理：《传播视野：国家形象的官方民间舆论场互补建构》，《华中师范大学学报》（人文社会科学版）2014年第6期。
[5] 项久雨、姚兰：《文化视域下中国形象对外传播的基本向度》，《江淮论坛》2017年第5期。
[6] 赵得龙：《全球化语境下体育跨文化传播的现状与分析》，《武术研究》2011年第4期。

广泛。① 黄旻旻认为，体育之所以能够成为跨文化传播的有效载体，就是因为其政治色彩不浓、意识形态特征不明显。② 林小榆等分析了里约奥运会（2016）上中国运动员在赛场内外开展跨文化交流活动的特点，认为运动员的国家符号标识有利于跨文化塑造国家形象。③ 在已有的成果中，更多的是关于中国武术的跨文化传播研究，如李吉远的《国家形象视域下中国武术跨文化传播研究》（2012）、孟涛的《跨文化背景下中华武术在美国传播的研究》（2013）、陈麦池等人的《基于文化自觉的中国武术跨文化传播战略纵论》（2014）、杨军的《国家形象构建视域下的武术文化传播策略分析》（2018）等。

3. 关于跨文化传播能力研究

如同国外的情况一样，国内学界对跨文化传播能力的研究也非常有限。笔者以"跨文化传播能力"为关键词在中国知网搜索，仅检索到178 篇相关文献（截至 2024 年 1 月），其中博硕学位论文 2 篇，期刊论文 26 篇，会议论文 9 篇。这些文献大多研究专业人才（如翻译人才、中医药人才、旅游人才）、中医药文化、新闻媒体、影视剧等方面。孙英春在《跨文化传播学》一书中概括了五方面的基本能力：(1)对不同文化修辞的敏感性；(2)采取描述性和非评价性立场；(3)适度的移情能力；(4)应对不同场景角色行为的能力；(5)拓展心灵与减少偏见的认同能力。④ 张楠等认为，跨文化传播能力大体上对应的是在英语中传播的理解力、得体性、适应性、有效性和满意度等。⑤ 此外，云国强的《关于新时代中国跨文化传播能力建设的一点思考》（2019）、张妍的

---

① 杨磊：《关于我国体育赛事文化的发展的探讨》，《科技信息》2012 年第 35 期。
② 黄旻旻：《跨文化传播视角下的奥运会体育展示的理论和实践研究》，硕士学位论文，北京体育大学，2013 年。
③ 林小榆、李新欣：《跨文化传播视域下奥运会运动员的国家形象塑造——以 2016 里约奥运会中国运动员为例》，《北京体育大学学报》2018 年第 2 期。
④ 孙英春：《跨文化传播学》，北京大学出版社 2015 年版，第 331—333 页。
⑤ 张楠、姜飞：《能力的"绵延"：朝向生命哲学的跨文化传播能力研究》，《南京社会科学》2019 年第 9 期。

《我国英语媒体跨文化传播能力分析》(2016)、冯军霞的《地方英语新闻跨文化传播能力的提升策略》(2018)、刘熙孟等人的《浅析中医药类自媒体现状及提升其跨文化传播能力的途径》(2020)等，分别从不同角度研究了跨文化传播能力。

笔者注意到，国内学者更多地使用"国际传播能力"这一概念。笔者认为，"跨文化传播"与"国际传播"既有联系又有明显的区别：其一，从传播主体来看，跨文化传播是基于不同文化背景的个人、族群、国家之间的文化对话；而国际传播仅仅是国家之间通过大众传媒进行的信息传播，国家作为传播主体可以具有不同或相同的文化背景。其二，从传播内容来看，跨文化传播注重文化的差异性，强调异质性文化之间的对话、理解、包容；而国际传播侧重国家之间政治、经济、社会、文化等方面信息的全面交流。其三，从传播方式来看，跨文化传播强调互动，而国际传播不刻意追求互动。基于上述缘由，笔者未将"国际传播能力"纳入文献综述范围。

(三) 对国内外研究现状的简要评析

目前，国内外学术界关于国家形象与跨文化传播的研究取得了较为丰硕的成果，关于体育跨文化传播的相关研究也有少量成果问世。这无疑为本研究奠定了良好的学理基础，提供了可资借鉴的理论资源。但是，客观地看，既有的研究也存在某些不足乃至缺憾。

第一，关于体育跨文化传播的研究还非常有限。就目前检索到的为数不多的文献来看，大多研究中国武术、太极拳、乒乓球等的跨文化传播，以及中国举办的大型国际体育赛事如北京奥运会、广州亚运会等的跨文化传播，而对体育跨文化传播的规律以及新时代中国体育跨文化传播及其能力建设所面临的挑战和所承载的国家使命缺乏研究。

第二，关于中国体育跨文化传播能力建设的研究基本上是空白。笔者进行了文献搜索，但尚未搜索到关于中国体育跨文化传播能力的相关研究文献，更谈不上对中国体育跨文化传播能力建设的现状、问题、成因及路径进行系统、深入的理论研究。

第三，未能将跨文化传播能力建设上升到国家软实力发展和国家形象建构的战略高度。已有的成果即便对跨文化传播能力进行了有限的研究，也大多局限于讨论英语媒体、地方新闻、影视剧以及各类专业人才（如翻译人才、旅游行业人才、中医药专业人才）等的跨文化传播能力，未能将跨文化能力建设上升到国家软实力发展的战略高度，与国家形象建构紧密联系起来。这不能不说是一大缺憾。

第四，从中国参与全球传播空间治理和构建"传播空间命运共同体"的高度，探讨中国体育跨文化传播及其能力建设的理论与实践，是一个亟待研究的课题，目前国内学界在这方面的研究很不尽如人意。

三　研究逻辑架构

本书以马克思主义世界历史理论和共同体思想以及文化交往思想为理论指导，借鉴西方学界多元文化主义、后殖民主义等知识资源，通过分析全球化时代的文化软实力竞争，阐释了中国体育跨文化传播能力建设所承载的国家形象使命，进而考察了当前中国体育跨文化传播能力建设所面临的时代挑战和存在的主要问题。在此基础上，以国家形象建构为价值旨归，系统、深入地探讨了中国体育跨文化传播能力提升的具体路径和着力点。

全书共分六章：

第一章对本书的核心概念进行了解析和界定；扼要地阐释了研究的理论基础，主要是马克思的世界历史理论和共同体思想、文化交往思想以及习近平的文化强国思想、人类命运共同体理念；同时，梳理了本书所借鉴的知识资源，如多元文化主义、后殖民主义、哈贝马斯交往行为理论等。

第二章阐述了国家形象建构视域下中国体育跨文化传播能力提升的时代背景和逻辑前提。本书分析了全球化时代文化的多元化趋势以及文化交往中的冲突与融合；论述了文化软实力竞争日益成为全球化时代国际竞争的重点之一，国家形象是文化软实力的表征，体育跨文化传播能力是国家文化软实力的重要体现；提出了文化自信是提升中国体育跨文化传播能力和建构国家形象的逻辑前提。

第三章论述了国家建构是中国体育跨文化传播能力提升的国家使命。本书分析了体育的媒介属性及其在跨文化传播中的优势和特点；论述了体育的民族文化基因及其身份认同功能；阐释了体育所蕴含的中华民族爱国主义精神及其与国家形象建构的内在逻辑关联，提出并论证了国家形象建构是中国体育跨文化传播能力提升的当代使命。然而，中华体育文化的民族性只有在世界的共享性中才能得到最充分、最完美的诠释，故实现文化共享，是中国体育跨文化传播及其能力建设不可或缺的价值维度。

第四章论述了近代以来国际体坛上中国形象的嬗变与体育跨文化传播能力。本书以民族集体记忆的叙事方式，再现了近代中国在国际体坛上的"东亚病夫"形象以及西方现代性话语所构建的"他者"形象；回顾了新中国成长为世界体育大国的形象建构历程；论述了新时代中国开启体育跨文化传播能力与体育强国形象建设的新的历程。

第五章分析了国家形象建构视域下中国体育跨文化传播能力提升所面临的挑战和存在的主要问题。本书阐述了百年未有之历史大变局中的世界传播秩序及中国应有的角色担当；分析了中国体育跨文化传播能力发展的现状、特点，以及当今时代所面临的一系列新挑战；全面、深入地考察了当下中国体育跨文化传播能力建设存在的主要问题及其制约因素。

第六章论述了国家形象建构视域下中国体育跨文化传播能力提升的路径选择。本书提出并论证了构建"传播空间命运共同体"是中国体育跨文化传播能力提升的空间治理诉求；分析了体育跨文化传播能力提升的应然逻辑；以国家形象建构为价值旨归，探讨了中国体育跨文化传播能力提升的具体路径和着力点。

四 研究方法

本书属于跨学科研究，涉及诸多学科领域，需要有广阔的学术视野，从不同学科视角开展研究。因此，本书综合运用传播学、体育学、文化学、政治学、社会学以及马克思主义等多个学科的理论和方法进行研究。除此之外，具体还运用了如下方法。

（一）历史与逻辑相统一的方法

一方面，以马克思主义唯物史观为指导，用历史的眼光观照社会实践活动的历史进程，通过对事物发展历史过程的探究为理论的出场和展示其逻辑魅力提供基础和可能；另一方面，运用理论的概念、范畴和逻辑力量来揭示和把握事物发展的客观进程及其规律。质言之，就是思维的逻辑应能抽象地反映事物发展的内在规律。在本书中，笔者将近代以来中国体育发展历程所折射出的国家形象的嬗变，以"集体记忆"的方式和厚重的历史感呈现出来；同时，对不同历史时期国家形象的定位如"东亚病夫""体育大国""体育强国"展开叙事逻辑的分析。

（二）应然研究与实然研究相结合的方法

此方法亦称为规范研究与经验研究相结合。应然研究关注的是价值问题，即"应当是什么"的问题，属于人文范畴；而实然研究关注的是事实问题，即"实际是什么"的问题，属于科学认知范畴。应然研究与实然研究是不可分割的。前者需要以后者为立论的根据，否则会成为无根之论；而后者需要前者提供价值指引，否则会走偏方向。在本书中，笔者从国家形象建构的宏大叙事入手，系统地考察了当今全球化背景下中国体育跨文化传播所面临的挑战和机遇，以及体育跨文化传播能力建设存在的问题、成因及其对中国文化软实力竞争和国家形象建构的影响；在此基础上，探讨了体育跨文化传播能力的提升路径，阐释了中国体育强国形象历史性出场的媒介应然逻辑。

(三) 质性研究与定量研究相结合的方法

质性研究与定量研究分别具有各自的独特优势。质性研究是深嵌于特定历史、文化和社会时空中、具有根植性的一种研究方法。它注重通过复杂性的叙事逻辑来解释事物发展的因果机制，解读社会文化结构的变迁和人的社会活动的内涵、性质及意义；而定量研究则遵循技术逻辑，注重运用数据和具有普遍性的模型来解释事物发展的因果规律，即用数据和模型来解释意义。在本书中，笔者把二者有机地结合起来，在侧重质性研究的基础上用数据分析支撑质性研究，如通过数量关系的比较，把握国家形象的现状，评判体育跨文化传播的成效和能力，进而为体育跨文化传播能力提升的路径选择提供依据。

(四) 批判性分析与建构性分析相结合的方法

从认识论的角度来看，批判性分析与建构性分析是人文社会科学研究的基本方法。批判性分析又具体分为否定性批判与反思性批判，前者是指批判主体对目标主体观点、结论的反驳和否定，是颠覆性的，如本书对西方文化霸权主义的批判，对西方强势体育文化表现出的傲慢和偏见的排斥；而后者则指批判主体基于环境、形势、条件变化而进行的自我省思，是修正性的，如本书关于中国文化软实力的反思，关于中国体育跨文化传播能力的批判性审视等。建构性分析是批判性分析的逻辑必然，是在批判性分析基础上进行的创新性探索，如本书关于国家形象跨文化建构的思考，关于中国体育跨文化传播能力提升路径的系统探索，关于全球"传播空间命运共同体"构建的理性分析等。

五 研究新意

(一) 研究范式转换

也就是研究范式从"国际传播"转向"跨文化传播"。目前，国内学界基于国家对外战略和国际关系的需要，主要采用传统的"国际传播"（亦称"对外传播"）研究范式，如"体育外交""体育文化对外传播""中华武术国际传播"等,带有明显的自我主导和对外宣传特征。本书认为,体育作为一种世界性的通用"语言文化",是人类最具跨文化特征及其传播优势的文化形态之一,更适用于"跨文化传播"而非"国际传播"的解释框架。因此,本书将研究范式从"国际传播"转向"跨文化传播",更符合当今全球化时代文化传播的交互性、共情性、共享性和在场性的规律。

(二)研究视角新

目前,国内学界大多从单一的学科角度研究"国家形象"问题,或"国际传播能力"问题,或"体育国际交流"问题。关于中国体育跨文化传播能力建设及其与国家形象建构的内在机理的研究,基本上是空白的。因此,本书发挥跨学科知识生产的协同优势,从体育学、传播学、政治学交叉融合的视角进行研究。即从体育的本质规定中探求其跨文化传播的本质及其能力发展规律,从体育跨文化传播的本质及其能力发展规律中探求其政治即国家形象建构的内在机理,揭示了体育跨文化传播建构国家形象的基本逻辑。

(三)研究内容与观点有新意

一是本书界定了体育跨文化传播能力概念,提出了体育跨文化传播能力是国家文化软实力的重要体现,文化自信是提升中国体育跨文化传播能力和建构国家形象的逻辑前提。

二是本书提出并论证了中国体育跨文化传播及其能力建设所承载的国家使命。本书认为,体育是建构民族和国家身份认同的重要载体;中华体育文化是中华文化的有机组成部分,是展示国家文化软实力的重要平台;而体育跨文化传播及其能力建设直接关系着中国国家形象的全球显示度和认可度,承载着建构国家形象的历史使命。

三是本书指出,一方面,中华体育文化的民族性只有在世界的共享性中才能得到最充分、最完美的诠释,因此实现文化共享是体育跨文化传播及其能力建设不可或缺的价值维度;另一方面,中华体育文化本身就是一个开放性、包容性的文化体系，它在跨文化传播中不断学习、吸纳体育文化和异域体育文化之精华，从而实现其自身的现代转型和创新性发展。

四是本书全面系统地分析了中国体育跨文化传播能力建设问题，力图尝试构建一个具有本土化能力的可持续提升的理论与实践框架。目前，学界关于此问题的研究成果几近空白。本书全面、深入地分析了中国体育跨文化传播能力建设所面临的时代挑战、存在的主要问题及其制约因素。在此基础上，以问题为导向，系统地探讨了中国体育跨文化传播能力提升的路径和着力点，初步构建了一个具有本土化能力的可持续提升的理论与实践框架。

五是本书从中国参与全球传播空间治理的高度观照体育跨文化传播及其能力建设，认为这是中国体育走向世界和建构"体育中国"全球身份认同的前置性条件。根据构建"人类命运共同体"理念，本书提出应将构建"传播空间命运共同体"作为中国参与乃至引领全球传播空间治理的目标选择和价值定位。本书进一步论证了这一新型共同体的结构性特征及其价值合理性。

六是本书提出并论证了在新时代提升中国体育跨文化传播能力、塑造体育强国形象应处理好五对关系。本书认为，体育强国形象既是一种政治形象，又是一种文化形象，或者更准确地讲，是一种以文化形象为载体的政治形象。通过体育跨文化传播的文化形象建构来实现国家形象的政治性建构，比单纯通过意识形态宣传实现国家形象的政治性建构或许更为明智和更有效果。本书提出，体育跨文化传播是一种关系性建构，在这一过程中，应处理好"走出去"与"引进来"的关系、竞争与合作的关系、建构自我话语权与尊重他者话语权的关系、政府主导与民间协同的关系、价值逻辑与情感逻辑的关系。

第一章
核心概念、理论基础与知识资源

任何科学研究都必须有一定的基础理论做支撑，即在一定的理论框架下进行。科学、恰当的理论框架，是科学研究得以开展的前提和逐步走向深化的必要条件。而科学恰当的理论分析框架的确立，在于对研究对象（问题域）、核心概念和研究范畴（论域）的准确把握。因此，在本书正式展开之前，有必要对核心概念、理论基础及其他知识资源进行界定和梳理，以便准确把握所要讨论的核心问题及其语境和论域。

第一节 核心概念解析

本书的研究对象是国家形象视域下中国体育跨文化传播能力如何提升的问题，因此核心概念主要有四个：国家形象、体育文化、跨文化传播和跨文化传播能力。

一 国家形象

国家形象理论的奠基者美国学者肯尼斯·博尔丁从国际传播学的角度最先使用"Nation Image"，并将其定义为一个国家对其自己的认知与国际体系中其他行为体对该国的认知的结合，是"存在于受众意识层面的、具有共享性的事件和体验的总和",是一个结构十分明确的"信息资本"。他认为,国家形象有三个维度:一是国家的地理空间即"地理想象",二是外部对其的态度是"友好"抑或"敌视",三是外部对其实力的判断是"强大"抑或"赢弱"。[①] 20世纪80年代,美国政治学者约瑟夫·奈提出了著名的"软实力"概念,并将"国家声誉"作为软实力的重要标志。"软实力"和"心灵政治"理论的提出,在一定程度上深化了关于国家形象的研究。巴洛古等人强调个体感知对国家形象建构的意义,认为国家形象是对某一国家认知和感受的评价总和,"是一个人基于这个国家所有变量因素而形成的总体印象"[②]。克莱普等人认为,国家形象"是个人对某一个国家的亲身经历、领悟、观点、回忆和印象的总和",包括个人对该国的"情感和审美"。[③] 还有一些学者从品牌营销和管理的视角研究国家形象,认为国家形象与国家品牌具有同一内涵,如范·汉姆(Van Ham)强调,后现代的媒体将一个国家的形象当作一种品牌来消费,给其贴上各种"标签",因此,谁能更有效地利用国际传媒,谁就能在国家形象品牌竞争中占据优势。[④]

进入21世纪以来,随着中国日益走近世界舞台中央,关于国家形象的研究在国内学界逐渐成为"显学",纵观近些年来的研究成果,国内学者关于国家形象的定义主要有以下四种类型:一是将国家形象视为媒介所显现的形象。如徐小鸽认为,国家形象是"一个国家在国际新闻流动中所形成的形象",或者说是他国在新闻媒介报道中所呈现的形

[①] K. E. Boulding, "National Images and International Systems", *Journal of Conflict Resolution*, Vol. 3, No. 2, 1959, pp. 120-131.

[②] Seyhmus Baloglu and Ken W. McCleary, "A Model of Destination Image Formation", *Annals of Tourism Research*, Vol. 26, No. 4, 1999, pp. 868-897.

[③] I. A. Kleppe and N. M. Iversen and I. G. Stensaker, "Country Image in Marketing Strategies: Conceptual Issues and an Experiential Asian Illustrations", *Journal of Brand Management*, Vol. 10, 2002, p. 42.

[④] 参见孟建、于嵩昕《国家形象:历史、建构与比较》,江苏人民出版社2019年版,第15页。

象。① 张毓强认为，国家形象是一个主权国家"发出的信息被公众映像后在特定条件下通过特定媒介"输出的形象。② 二是将国家形象视为社会公众对国家的整体认知和评价。如管文虎认为，国家形象是一个国家的内部和外部公众对该国多项活动与成果的综合评价。③ 孙有中认为，国家形象是一个国家内外公众对该国政治、经济、文化、地理等方面的认知和评价。④ 刘小燕则认为，国家形象是公众对国家的"印象、看法、态度和评价的综合反映"，包括公众对国家的"情感和意志"。⑤ 三是将国家形象视为国家实力的体现。如张昆等认为，国家形象是国家物质力量和精神力量的综合体现，是国家最重要的无形资产和产生国际影响的重要实力来源。⑥ 王家福等认为，国家形象是国家"物质文明、精神文明和政治文明在历史文化传承中所形成的国家素质及其信誉的总尺度"，是"基于硬权力和软权力的总和，是国家软实力的最高层次"。⑦ 四是将国家形象视为国家之间在交往互动中形成的相互认同关系。如丁磊认为，国家形象是"参照意义上的形象"，它"反映了国家间的相互建构关系"。⑧ 李智认为，国家形象的实质"是国家间基于社会互动而构成的一种相互身份认同关系"，因此它是"国家在国际社会中通过交往互动而被对象国赋予的一种身份表达"。⑨

国内外学者的上述观点从不同学科视角定义"国家形象"，应该说，具有一定的合理性，但由于所处学科的限制，也存在着不同程度的局限性。一般说来，对国家形象的认知分为两个层面：一个是一国

---

① 徐小鸽：《国际新闻传播中的国家形象问题》，《新闻与传播研究》1996年第2期。
② 张毓强：《国家形象刍议》，《现代传播》2002年第2期。
③ 管文虎：《国家形象论》，电子科技大学出版社2000年版，第22—23页。
④ 孙有中：《国家形象的内涵及其功能》，《国际论坛》2002年第3期。
⑤ 刘小燕：《关于传媒塑造国家形象的思考》，《国际新闻界》2002年第2期。
⑥ 张昆、徐琼：《国家形象刍议》，《国际新闻界》2007年第3期。
⑦ 王家福、徐萍：《国际战略学》，高等教育出版社2005年版，第115、127页。
⑧ 丁磊：《国家形象及其对国家间行为的影响》，知识产权出版社2010年版，第81页。
⑨ 李智：《中国国家形象：全球传播时代建构主义的解读》，新华出版社2011年版，第25页。

内部国民对本国形象的自我认知，它常常与国民的自我民族身份认同和自我国家认同相联系；另一个是国际社会对某国形象的他我认知，它常常与域外民众的跨文化认同相联系，也被称为国家形象的跨文化建构。本书所讨论的国家形象属于第二个层面，特指国际社会对某国形象的认知和"他塑"。

从跨文化传播学的角度来考量，笔者尝试作如下定义：所谓国家形象，是指一个国家在历史发展中所形成的地理、经济、政治、文化等诸要素，通过文化交往在国际传播领域的综合性符号化呈现，是该国综合国力与文明样态的集中体现，其实质是国际社会对该国的总体认知，或者说是该国在国际舞台上的身份建构。具体而言，国家形象概念包括以下内涵：第一，国家形象是一个国家的整体样态在国际传媒领域的符号化呈现；第二，国家形象是一个国家在其自身历史发展中所形成的政治、经济、文化、地理、军事等综合国力要素的集中体现，是国家软实力的标志；第三，国家形象本质上是国际社会对一个国家的总体认知，或者说是一个国家在国际舞台上的一种动态化的身份建构；第四，国家形象形成的应然逻辑是主权国家彼此间平等的、主体间性的文化交往。

二 体育文化

文化是一个社会历史范畴，是人类在长期的生产和生活实践中创造和积淀的。那么，什么是文化？对此很难用科学的语言加以准确表述。正如美国人类学家洛威尔（Lawrence Lowell）所说，世界上"没有别的东西比文化更难琢磨。我们不能分析它，因为它的成分无穷无尽；我们不能叙述它，因为它没有固定的形状；我们想用文字来定义它，这就像要把空气握在手里：除了不在手里，它无处不在"。[1] 正因如此，国内

---

[1] 赵学琳：《文化概念的差异性考析与整体性界定》，《江西科技师范学院学报》2011年第5期。

外学者从不同的学科视角给文化下了至少 200 多个定义,但很难形成一种众所公认的定义。根据本书的研究对象,笔者更倾向于采用本尼迪克特(Benedict)的文化定义。他在《文化模式》一书中指出:"文化是通过某个民族的活动而表现出来的一种思维和行为模式,一种使该民族不同于其他民族的模式。"[1] 本尼迪克特的文化概念不仅指狭义的文化即精神文化,而且更强调文化的多样性、民族性和差异性。

体育文化作为一种大众文化,是近代社会的产物。"体育文化"是"文化"的下位概念,由德国学者费特(Fett)在《体育史》(1818)一书中最先提出。由于"文化"有广义和狭义之分,因而"体育文化"概念也分为广义和狭义两类。一类是广义的体育文化,如卢元镇将体育文化视为关于人类体育运动的物质、制度、精神文化的总和,不仅包括体育的精神层面,还包括体育制度和体育的物质条件[2];张国力认为,体育文化是一种以人的体育行为为特征的社会现象,是从人对体育的需要出发,包括多种精神和物质因素的复杂整体[3];张键华认为,体育文化是人类特有的社会文化现象和文明成果,泛指人类在体育历史发展过程中所创造的物质和精神财富的总和。[4] 另有一些学者把体育文化的内容分为若干层次,其中都包括了物质层面,甚至更为宽泛。另一类是狭义的体育文化,即把体育文化限定在社会意识形态以及制度和组织等范畴之内,如任莲香认为,体育文化是在以身体活动为形式、以身体竞争为手段、以身体完善为目标的体育运动过程中,"关于人的精神生活"的内容[5];童昭岗等人认为,体育文化是人类社会活动创造的产物,是个总括性概念,侧重于精神性。[6] 需要说明的是,本书是从狭义的角度

---

[1] [英]露丝·本尼迪克特:《文化模式》,王炜译,浙江人民出版社1988年版,第45—46页。
[2] 卢元镇:《中国体育社会学》,北京体育大学出版社1998年版,第188页。
[3] 张国力:《从社会学角度看体育文化的多样性》,《体育与科学》1987年第5期。
[4] 张键华:《中西体育文化比较》,硕士学位论文,武汉体育学院,2014年。
[5] 任莲香:《体育文化论纲》,《体育文化导刊》2003年第3期。
[6] 童昭岗、孙麒麟、周宁:《人文体育——体育演绎的文化》,中国海关出版社2002年版,第343页。

使用体育文化概念的。

笔者认为，民族性是体育文化的基本属性，任何体育文化都是民族文化的重要组成部分，总是具体地、现实地存在于特定的民族文化之中的，呈现出与本民族文化一脉相承的特质。因此，从这个意义上讲，所谓体育文化，是指某一特定民族或国家在长期体育发展实践中所形成的，由体育思想、体育价值观、体育精神、体育制度、体育行为等诸要素所构成的，具有内在逻辑关联的文化体系。其中，体育思想是体育文化的理论基础，体育价值观是体育文化的核心要义，体育精神是体育文化的精神标识，体育制度是体育文化的机制载体，体育行为是体育文化的实践表征。就中国而言，中国传统体育文化蕴含着中华优秀传统文化包容和合、修身养性、身心和谐的伦理精神。而我们正在致力于建设的新时代的中国体育文化，是在继承中国传统体育文化精髓的基础上，创造性地融入现代体育文化竞技精神和公共理性精神而形成的一种崭新的体育文化。

三 跨文化传播

跨文化传播涉及文化与传播之间的关系。美国学者苏珊·朗格（S. K. Langer）是较早考察文化和传播之间关系的学者之一。她认为，人们由于信仰或价值观的差别，在处理来自外部的各种信息时会采取不同的行为方式。沟通的障碍和误解，不仅存在于同一文化内，更普遍地存在于跨越文化边界的信息传播与交流中。显然，苏珊已经意识到了跨文化传播的重要性及存在的问题。被誉为"跨文化传播研究之父"的美国著名文化人类学家爱德华·霍尔，在《无声的语言》（1959）中首次提出了"跨文化传播"这一概念。20世纪70年代，跨文化传播逐渐成为一个相对独立的研究领域和传播学的一个分支学科。20世纪80年代跨文化传播研究有了新的进展，实现了从宏观到微观的转向。

那么，何谓"跨文化传播"？美国传播学者拉里·A.萨默瓦和理查

第一章 核心概念、理论基础与知识资源

德·E. 波特等在《跨文化传播》(1972) 中指出,"跨文化"是指具有不同文化背景的个体或群体之间进行的文化交流活动。① 德国著名文化哲学家沃尔冈·韦尔施在《跨文化:文化瓦解后的生活形态》(1992) 一文中认为,全球化颠覆了传统的经典文化观念,催生出新的文化形态和生活形态即跨文化②,在跨文化社会中成长起来的个人本身就是"跨文化混血儿"。因此,跨文化交往就是穿行于各种不同的文化之间,吸取各种文化的风格。进入 21 世纪以来,越来越多的中国学者开始涉足这一研究领域,但早期译著大多将跨文化传播 (intercultural communication) 译为"跨文化交流"或"跨文化交际"。国内有学者将跨文化传播分为两类:一类是跨文化人际传播,另一类是跨文化国际传播,前者是狭义的,后者是广义的。童兵认为,广义的跨文化传播是指属于不同文化体系的个人、组织、国家之间的信息传播与文化交流活动。③ 侯东阳认为,跨文化传播包括了国际传播,因为国际传播实质上就是跨文化的新闻信息传播。④ 姜飞分析了"国际传播"与"跨文化传播"的区别和联系,他认为国际传播跨越的是国家或地区边界,借助的一般是大众传媒,实现的往往是国家的利益目标,而跨文化传播跨越的是文化边界,借助的不仅是大众媒介还包括其他媒介,实现的是包括国家利益在内的更大范围的利益目标,因而影响更大、更为深远。⑤

借鉴国内外学者的观点,本书认为,跨文化传播是指具有不同历史传统和文化背景的个体、群体组织、国家之间通过平等对话进行的信息传达和文化交流活动,它包含了文化领域的国际传播。跨文化传播与一

---

① [美] 拉里·A. 萨默瓦等:《跨文化传播》,闵惠泉等译,中国人民大学出版社 2010 年版,第 4 页。
② Wolfgang Welsch, "Transkulturalitat: Lebensformen nach der Auflosung der Kulturen", *Information Philosophie*, Vol. 2, 1992, p. 5.
③ 童兵:《试析跨文化传播中的认识误区》,《新闻大学》2004 年第 3 期。
④ 侯东阳:《国际传播学》,暨南大学出版社 2012 年版,第 3 页。
⑤ 姜飞:《新阶段推动中国国际传播能力建设的理性思考》,《南京社会科学》2015 年第 6 期。

般传播的最大区别在于,它不是一个单向度的意义表达和意义建构的过程,而是一个双向的意义融合、共识达成和认同建构的过程。当然,在这个过程中,不同文化之间的碰撞乃至冲突在所难免,然而,正是这一充满诚意的平等对话过程,才实现了不同文化之间的意义融合与认同建构。值得注意的是,大众媒介在跨文化传播中起着基础性的重要作用,它通过培育新的文化生产主体进行新的知识生产即意义融合,从而实现不同文化之间的理解、合作、共荣。正是在这个意义上,美国学者艾瑞克·克莱默(Eric Mark Kramer)等人将跨文化传播定义为具有不同文化背景的有机体通过对话"彼此相互学习,进而改变对方"的"协同进化式传播"。[①]

需要说明的是,本书研究的不是一般意义上的跨文化传播,而是体育跨文化传播。在当今时代,体育跨文化传播呈现如下基本特点:第一,随着传媒技术特别是网络传媒的发展,体育作为一种基本的生活方式和独特的文化形态在全球传播,成为人们生活不可或缺的组成部分。第二,以互联网为代表的现代传媒打破了体育跨文化传播的时空藩篱,改变了全球体育文化地理版图,不仅促进了各民族体育文化的"杂交""融合",同时也使得强势体育文化借力消费主义在竞技体育领域悄无声息地推行"体育殖民"[②]。第三,举办全球关注度极高的世界级体育赛事,是推动体育跨文化传播的最佳契机和理想平台,它把奥林匹克精神和东道国文化传播到了全世界。第四,体育跨文化传播的形式是"体育",核心是"文化",各民族(国家)的体育思想、体育精神、体育价值观和体育文化产品等,都会在体育交流的过程中得到共享和发展。

四 体育跨文化传播能力

目前,国内外学术界没有现成的"体育跨文化传播能力"概念。

[①] [美]艾瑞克·克莱默:《全球化语境下的跨文化传播》,刘扬译,清华大学出版社2015年版,第15—16页。

[②] 单波、石义彬主编:《跨文化传播新论》,武汉大学出版社2005年版,第187页。

第一章 核心概念、理论基础与知识资源

在界定这一概念之前,有必要先厘清"跨文化传播能力"的内涵。

跨文化传播能力是跨文化传播研究的核心概念之一。国外学者大多从操作性的角度梳理跨文化传播能力的构成要素。有学者提出,跨文化能力应包括按照不同文化系统规则行动的能力,根据特定文化情景需要作出正确回应的能力,以及通过调节不同观点达成和谐、创新的能力。[①] 美国传播学者艾瑞克·克莱默将跨文化传播能力概括为"恰如其分的传播",认为只有当传播的参与者彼此理解对方的语义和文化并采用恰当的表达、沟通和协商方式,才能收到良好的跨文化交际效果。[②] 所以,他概括的"恰如其分的传播"实际上强调了跨文化传播所需的理解能力、表达能力、沟通和协商能力。

根据国内外学者的观点,本书对跨文化传播能力作如下理解:第一,跨文化传播能力是全球化时代任何个体、群体、组织和国家都不可或缺的一种能力,换言之,它是全球化时代的一种基本生存能力和发展能力。从国家层面来看,跨文化传播能力是国家软实力的重要体现,是决定国家影响力、建构国家形象的重要因素。第二,从抽象的意义上讲,跨文化传播能力是指具有不同文化背景的个体、群体、组织和国家之间通过平等对话,运用各方均能接受的表达、沟通方式,进行信息交流、民主协商、意义融合及共识达成的能力。第三,从具体的操作性层面上讲,跨文化传播能力包括:(1)跨文化理解能力,即尊重文化差异、对不同文化进行比较、识别的能力;(2)跨文化适应能力,即能适应各种不同文化环境,能在各种文化中自如穿行的能力;(3)跨文化行动能力,即运用恰当的方式进行表达、交流、沟通以及信息接受和内化的能力;(4)跨文化创新能力,即通过协商促进意义融合的能力,意义融合意味着创新性思维和新意义的生成。

---

① [英] 弗恩斯·特朗皮纳斯等:《跨文化营销》,刘永平、刘洁、郑波译,经济管理出版社 2008 年版,第 78 页。
② [美] 艾瑞克·克莱默:《全球化语境下的跨文化传播》,刘扬译,清华大学出版社 2015 年版,第 110—117 页。

目前，国内外学术界尚无体育跨文化传播能力的概念。笔者认为，体育跨文化传播能力有着广义和狭义之分。广义的体育跨文化传播能力，是对国家层面围绕体育跨文化传播所展现出的一系列能力的总称。具体包括理论思维与战略规划能力、资源整合与机制再造能力、交流沟通与话语解释能力、内容生产与品牌塑造能力、人才培养与队伍建设能力、危机应对与舆情引导能力等。国家层面的体育跨文化传播能力，主要是一种以制度安排为基本特征的体制性能力。它是国家文化软实力的构成要素之一，是建构国家形象的重要力量，是国家治理能力和参与全球公共治理能力的重要体现。

狭义的体育跨文化传播能力，特指体育从业人员、媒体从业人员、从事对外文化交流的人员以及民间人士或民间社会组织等所具有的以本土体育文化域外传播和交流为主要目的的跨文化传播能力。具体包括对本民族体育文化的认知能力、对世界体育文化多样性的认知和理解能力、学习域外体育文化知识和他者经验的能力、跨文化沟通能力和共情能力等。个体或社会组织层面的跨文化传播能力，是国家层面体育跨文化传播能力的基础，后者只有通过前者才能真正落实，而后者又给前者能力的充分施展提供了体制性保障。二者相辅相成，相得益彰。

第二节 研究的理论基础

一 马克思的世界历史理论和共同体思想

马克思的世界历史理论和共同体思想，是马克思运用唯物史观分析资本主义经济运动规律和人类历史发展趋势的科学理论。马克思从资本主义雇佣劳动关系中"现实的人"出发，分析了资本主义剥削的实质，揭示了资本主义生产方式形成、演变的规律，论证了资本主义的历史暂存性和由共产主义取而代之的历史必然性，为未来"自由人联合体"的生成提供了历史观的科学依据。这一理论对我们今天研究全球化时代的人类文化交往和跨文化传播，仍有重要的现实指导意义。

马克思的世界历史理论和共同体思想是一个严整的理论体系：

第一，生产力的发展是世界历史形成的根本动因。马克思和恩格斯在《德意志意识形态》中论述了生产力的普遍发展对于世界历史形成的决定意义，描述了在生产力、交往、分工三种力量综合作用下世界历史形成和发展的过程。他们指出，大工业"首次开创了世界历史"，它使每个文明国家及其每一个人的需要的满足都依赖于整个世界，"因为它消灭了各国以往自然形成的闭关自守的状态"①。社会生产力的发展推动了人们普遍交往的发展和民族之间分工的改变。"只有随着生产力的这种普遍发展，人们的普遍交往才能建立起来；普遍交往……使每一民族都依赖于其他民族的变革"，"地域性的个人为世界历史性的、经验上普遍的个人所代替"。② 这说明世界历史的形成是社会生产力发展以及由生产力发展所导致的交往和分工的发展所决定的。

第二，世界历史本质上是资本主义生产方式全球扩张的历史。马克思认为，资本自我增殖和对外扩张的本性不仅推动了生产力的发展，而且使资本主义生产方式直接成为世界历史的助产士。他指出："创造世界市场的趋势已经直接包含在资本的概念本身中。"③ 而资本的逐利本性"力求摧毁交往即交换的一切地方限制，征服整个地球作为它的市场"④。从资本扩张到世界市场的开辟，资本主义生产方式随着资本和商品的流动被推广到了全球，资本主义世界一体化格局逐步形成。因此，在马克思看来，世界历史本质上就是资本主义生产方式全球扩张的历史，换言之，资本主义生产方式全球统治地位的确立，标志着历史真正成为世界历史，世界历史只是人类历史长河中一个特殊的阶段即资本主义阶段。

---

① 《马克思恩格斯文集》第1卷，人民出版社2009年版，第566页。
② 《马克思恩格斯文集》第1卷，人民出版社2009年版，第538页。
③ 《马克思恩格斯文集》第8卷，人民出版社2009年版，第88页。
④ 《马克思恩格斯文集》第8卷，人民出版社2009年版，第169页。

第三，无一例外地把一切民族和国家卷入竞争斗争是世界历史的必然逻辑。马克思认为，工业发达的国家或多或少地影响着非工业国家，"因为那些国家由于世界交往而被卷入普遍竞争的斗争中"①，只有以大工业为基础的交往成为世界交往的时候，"只有当一切民族都卷入竞争斗争的时候，保持已创造出来的生产力才有了保障"②。显然，在马克思看来，资本主义生产方式无限扩张的趋势，必然会把一切民族和国家都卷入以大工业为基础的竞争中来，这是资本主义世界历史的必然逻辑。竞争的结果无疑是发达工业国家对非工业国家的掠夺和欺凌，这就是世界历史建构的全球格局。这种由资本逻辑建构的格局，至今还影响着世界话语格局的走向。

第四，用真正的"共同体"取代"虚幻的共同体"是世界历史的必然趋势。资产阶级是世界历史的开创者，但并不是它的最终完成者。资本在开辟世界市场的同时，也把资本主义生产方式的内在矛盾即生产力和生产关系的矛盾推向了全球。在马克思看来，随着历史向世界历史的转变，每一单个的人乃至每一民族和国家都成为"世界历史性"存在，但这种转变的进步意义是有限的，它并不意味着人的真正解放和世界历史的最终完成。因为这种"世界历史性存在"反而使人们愈益受到"异己的力量的支配"，即"受到日益扩大的、归根结底表现为世界市场的力量的支配"③。这种"私有制的力量"不仅限制了单个人的活动，造成无产者的彼此孤立，而且严重阻碍了作为生产力总和的社会生产力发展。因此，资本主义世界历史必然会终结，从而为"自由人联合体"的共产主义世界历史所取代。马克思强调，"自由人联合体"是取代一切虚幻共同体的"真正的共同体"，只有在这种共同体中，"个人才能获得全面发展"的条件和自由。④

---

① 《马克思恩格斯文集》第1卷，人民出版社2009年版，第567页。
② 《马克思恩格斯选集》第1卷，人民出版社2012年版，第560页。
③ 《马克思恩格斯文集》第1卷，人民出版社2009年版，第541页。
④ 《马克思恩格斯选集》第1卷，人民出版社2012年版，第199页。

二　马克思的文化交往思想

马克思没有专门研究过文化交往问题，因而也没有关于文化交往的系统理论，但是，马克思的交往理论中蕴含着丰富的文化交往思想。今天，我们重温这些思想，对于深刻认识当今世界文化交往的困境和开创未来对外文化交往的新局面，具有重要的学理性启迪。

第一，普遍的世界交往的本质是人与人，民族与民族之间互动关系的建构。马克思1846年12月28日在写给安年柯夫的信中首次对"交往"的内涵进行阐释。他写道："为了不致丧失已经取得的成果，为了不致失掉文明的果实，人们在他们的交往方式不再适合于既得的生产力时，就不得不改变他们继承下来的一切社会形式。"例如，各种特权、行会制度等交往规则"曾是唯一适应于既得的生产力和产生这些制度的先前存在的社会状况的社会关系"①。显然，在马克思看来，交往就是泛指人们在生产、消费和交换等物质活动中所形成的与既定生产力相适应的各种社会关系。马克思认为，人类的交往活动可以分为物质交往和精神交往，交往的主体可以是个人，也可以是民族和国家。尤其是随着世界市场的开辟，人们之间的交往发展为普遍的世界交往，于是"各民族之间的相互关系取决于每一个民族的生产力、分工和内部交往的发展程度"②。可见，普遍的世界交往的本质，是不同个人、民族和国家之间相互关系的建构。

第二，人们的文化交往是物质生产和物质交往活动的产物。马克思指出："思想、观念、意识的生产最初是直接与人们的物质活动，与人们的物质交往……交织在一起的。人们的想象、思维、精神交往在这里还是人们物质行动的直接产物。"③ 这说明人们以思想、观念、意识为

---

① 《马克思恩格斯选集》第4卷，人民出版社2012年版，第409页。
② 《马克思恩格斯选集》第1卷，人民出版社2012年版，第147页。
③ 《马克思恩格斯选集》第1卷，人民出版社2012年版，第151页。

主要内容的精神生产和精神交往活动，是他们的物质生产和物质交往活动产生出来的。物质生产和物质交往活动不仅生成了特定社会的经济关系，而且生成与这种经济关系相适应的政治关系和文化关系。值得注意的是，马克思认为，由于文化交往是由物质资本的活动所创造的，因此文化在执行历史的社会职能的过程中发生矛盾冲突是不可避免的，而"一切历史冲突都根源于生产力和交往形式之间的矛盾"①。当既有的文化形式不能适应生产力发展的要求时，已成为生产力桎梏的旧的交往形式就会被新的交往形式所取代。显然，马克思这里所说的"交往形式"是后来成熟的"生产关系"概念的代名词。可见，马克思眼中的文化交往，是与以大工业为基础的社会生产力和资本主义生产方式紧密联系的，是作为世界历史性存在的文化交往，即资本主导的文化交往。

第三，文化交往的目的是共享人类在实践活动中创造的全部精神财富。在文化交往中，交往主体相互交流的是"文明中一切精致的东西"②，这些成果是文化交往主体创造性的实践活动中本质力量的对象化。马克思指出，作为交往主体的个人，他们分散的和彼此对立的力量"只有在这些个人的交往和相互联系中才是真正的力量"③。这也就是说，文化交往的过程实质上是交往主体之间交换、汇聚各自的本质力量及其所创造的文化成果的过程。在马克思看来，这一过程同时也是各个民族共享人类创造的精神财富的过程，"各民族的精神产品成了公共的财产。民族的片面性和局限性日益成为不可能，于是由许多种民族的和地方的文学形成了一种世界的文学"④。马克思在这里是从世界市场的开拓打破了各民族的封闭状态上谈论文化共享的。他清醒地认识到，在资本主义私有制条件下，文化精神产品不可能为广大普通劳动者无偿共享，只有当资本不再成为统治力量，精神产品才能真正成为人类的公共

---

① 《马克思恩格斯选集》第1卷，人民出版社2012年版，第196页。
② 《马克思恩格斯全集》第3卷，人民出版社2002年版，第480页。
③ 《马克思恩格斯选集》第1卷，人民出版社2012年版，第208页。
④ 《马克思恩格斯选集》第1卷，人民出版社2012年版，第404页。

产品。

第四，文化交往的终极价值追求是实现每一个人的全面自由发展。马克思对文化交往乃至整个交往的考察，是把历史尺度与人的尺度有机统一起来的，并最终落在了人的尺度上，即实现人的解放和人的全面自由发展。在马克思看来，世界历史进程中社会生产力的普遍发展和人的普遍交往的不断扩大，孕育着新的社会形态生成的条件和人的解放的前提条件。马克思指出："物质生活的生产方式制约着整个社会生活、政治生活和精神生活的过程。不是人们的意识决定人们的存在，相反，是人们的社会存在决定人们的意识。"① 随着现存的社会制度被共产主义所取代，资本对文化生活和文化交往的主宰不复存在，人们在文化生产和交往中完全是自由的，于是"单个人才能摆脱种种民族局限和地域局限而同整个世界的生产（也同精神的生产）发生实际联系，才能获得利用全球的这种全面的生产（人们的创造）的能力"②。到那时，文化与文化创造者（劳动者）的分离消失，文化作为人的对象化的本质力量即人创造文化的本质力量真正归还给了人，进而通过每个人的全面自由发展实现所有人的全面自由发展。

三　新时代党的文化强国思想

2011年10月，党的十七届六中全会通过的《关于深化文化体制改革　推动社会主义文化大发展大繁荣若干重大问题的决定》明确提出了建设"文化强国"的战略目标。党的十八大以来，习近平在建设文化强国实践中，提出了一系列新思想、新观点。习近平文化思想，是习近平新时代中国特色社会主义思想的重要组成部分，是破解全球化时代文化多元化背景下中国文化走出"西强我弱"困境的理论指南。主要包括以下内容：

---

① 《马克思恩格斯文集》第2卷，人民出版社2009年版，第591页。
② 《马克思恩格斯文集》第1卷，人民出版社2009年版，第541—542页。

第一,掌握意识形态领导权和话语权是文化强国建设的首要前提。意识形态关系着国家的发展方向、发展道路及政治安全和文化安全,尤其是在当今文化价值冲突日趋加剧的全球化背景下,意识形态建设显得尤为重要。习近平反复强调,"意识形态工作是党的一项极为重要的工作","我们必须把意识形态工作的领导权、管理权、话语权牢牢掌握在手中,任何时候都不能旁落,否则就要犯无可挽回的历史性错误"。[①]为此,要始终坚持马克思主义在意识形态领域的指导地位,充分发挥主流媒体的引导作用,理性地对待外来文化特别是西方文化,建设有中国特色、中国风格、中国气派的哲学社会科学,对内增强社会主义意识形态的凝聚力、向心力,对外扩大中国思想文化的传播力和影响力。

第二,坚守社会主义核心价值观是文化强国建设的根本引领。如果说文化是一个民族的灵魂,那么核心价值观就是文化的精髓和灵魂。它体现着一个民族的价值追求和文化理想,规定着该民族文化的性质和发展方向。习近平高度肯定核心价值观对文化强国建设乃至一个民族和国家发展的终极意义,他指出,核心价值观"是决定文化性质和方向的最深层次要素"[②],"对一个民族、一个国家来说,最持久、最深层的力量是全社会共同认可的核心价值观"[③]。他进一步强调指出,社会主义核心价值观是当代中国精神的集中体现,凝结着中华民族共同的价值追求,因此,大力培育和弘扬社会主义核心价值观,就是为构筑中国精神、凝聚中国力量、彰显中国价值即为提升国家文化软实力强基固本。

第三,实现中华文化创造性转化和创新性发展是文化强国建设的基础工程。我们正在建设的当代中国文化根植于中华传统文化。中华传统文化博大精深、源远流长,是中华民族五千多年智慧的结晶。习近平指

[①] 张晓松、黄小希:《习近平在全国宣传思想工作会议上强调 举旗帜聚民心育新人兴文化展形象 更好完成新形势下宣传思想工作使命任务》,《光明日报》2018年8月23日第1版。

[②] 《习近平在中共中央政治局第十三次集体学习时强调 把培育和弘扬社会主义核心价值观 作为凝魂聚气强基固本的基础工程》,《光明日报》2014年2月26日第1版。

[③] 徐京跃、霍小光:《习近平在北京大学考察时强调 青年要自觉践行社会主义核心价值观 与祖国和人民同行努力创造精彩人生》,《光明日报》2014年5月5日第1版。

出,"中华优秀传统文化是中华民族的精神命脉","是我们在世界文化激荡中站稳脚跟的坚实根基"。① 这表明夯实中华文化根基,是今天文化强国建设的一项重要的基础工程。为此,要进一步深入挖掘和整理中华优秀传统文化资源,"实现中华文化的创造性转化和创新性发展",在广泛吸收外来优秀文化精华的基础上,创造和发展出"面向现代化、面向世界、面向未来的,民族的科学的大众的社会主义文化"②。这样的文化必然具有跨时空、超国界的永恒价值和魅力。

第四,最大限度地激发全民族的文化创造力是文化强国建设的必然要求。中华民族之所以能够创造五千多年的灿烂文明,是因为中华民族是一个勤劳、勇敢、富有伟大创造力的民族。习近平指出,历史和现实一再证明,"中华民族有着强大的文化创造力。每当重大历史关头,文化都能感国运之变化、立时代之潮头、发时代之先声"③,为民族复兴和国家富强提供智慧和精神力量。因此,要激活中华文化的生命力和自我创造力,通过深化文化体制改革繁荣发展文化事业、文艺事业和文化产业,创造出更多"有鲜明民族特点和个性的优秀作品"④,建立和完善现代文化产业体系与公共文化服务体系,用中国标识的文化作品和文化产品与世界文化对话,传播中国文化价值观。

第五,提高国家文化软实力是文化强国建设的价值旨归。根据最先提出"软实力"概念的美国学者约瑟夫·奈的解释,软实力实际上是指一个国家的对外吸引力、感召力和影响力。那么,文化软实力就是一个民族、一个国家文化对外的吸引力、感召力和影响力。文化软实力是

---

① 习近平:《坚定文化自信,建设社会主义文化强国》,《实践》(思想理论版)2019年第7期。
② 习近平:《坚定文化自信,建设社会主义文化强国》,《实践》(思想理论版)2019年第7期。
③ 习近平:《坚定文化自信,建设社会主义文化强国》,《实践》(思想理论版)2019年第7期。
④ 习近平:《坚定文化自信,建设社会主义文化强国》,《实践》(思想理论版)2019年第7期。

国家实力的重要组成部分，决定着一个国家的国际地位和国家生存、发展的环境。习近平十分重视文化软实力建设，他强调："文化软实力关系到我国发展的方方面面，文化地位不高，国家的地位也不会高，因此，文化软实力的提高是势在必行的。"① 那么如何提高文化软实力呢？习近平指出："大力传播中国价值观念是提高我国文化软实力的有效途径。"② 其中，创新和弘扬中华优秀传统文化，是文化软实力建设的基础；培育和弘扬社会主义核心价值观是文化软实力建设的重点。当代中国的文化价值观内在地包含着人类的共同价值，要通过平等的交流对话，把当代中国的文化价值观传播到全球。

四 新时代党的体育强国思想

2022年4月8日上午，习近平总书记在北京冬奥会、冬残奥会总结表彰大会上发表重要讲话指出：

> 成功筹办举办北京冬奥会、冬残奥会，极大激发了亿万人民的体育热情，极大地推动了我国体育事业发展。我们要坚持以增强人民体质、提高全民族身体素质和生活质量为目标，高度重视并充分发挥体育在促进人的全面发展中的重要作用，继续推进体育改革创新，加强体育科技研发，完善全民健身体系，增强广大人民群众特别是青少年体育健身意识，增强我国竞技体育的综合实力和国际竞争力，加快建设体育强国步伐。③

体育是社会发展和人类进步的重要标志，是综合国力和社会文明程

---

① 中共中央宣传部：《习近平总书记系列重要讲话读本（2016年版）》，学习出版社、人民出版社2016年版，第207页。
② 《习近平在中共中央政治局第十二次集体学习时的讲话》，《人民日报》2014年1月1日。
③ 《北京冬奥会冬残奥会总结表彰大会隆重举行 习近平发表重要讲话》，《人民日报》2022年4月9日第1版。

第一章 核心概念、理论基础与知识资源

度的重要体现。自党的十八大以来，习近平总书记高度关心和重视体育事业，多次强调加快建设体育强国，为中国体育事业发展指明了方向、绘定了蓝图。这主要分为以下几个部分：

第一，体育承载着国家强盛、民族振兴的梦想。它不仅仅是促进人们全面发展，提高身体素质和全面教育水平，增强体质和提高运动能力，改善生活方式和提高生活质量的有意识，有目的、有组织的社会活动，还是衡量一个国家、社会发展进步的重要标志，也是国家间外交和文化交流的重要手段。2017年8月27日，习近平在天津会见全国群众体育先进单位、先进个人代表和全国体育系统先进集体、先进工作者代表以及在天津全运会群众比赛项目中获奖的运动员代表时指出：

> 体育承载着国家强盛、民族振兴的梦想。体育强则中国强，国运兴则体育兴。加快建设体育强国，就要坚持以人民为中心的发展思想，把人民作为发展体育事业的主体，把满足人民健身需求、促进人的全面发展作为体育工作的出发点和落脚点，落实全民健身国家战略，不断提高人民健康水平。[①]

体育作为国家综合实力和民族文化的重要组成部分，承载着国家在全球舞台上展示实力、提高声誉的梦想。通过体育，国家可以传递自信、凝聚民众，展现国家的繁荣和强大。同时，体育与国家发展相互关联。当国家实力强大、综合发展水平提高时，相应地，体育事业也会蓬勃发展。反过来，一个强大的体育事业有助于推动国家的发展，增强国家和民族的凝聚力和影响力。

第二，建设体育强国和健康中国的根本目标是增强人民体质和保障

[①] 张晓松、高鹏、张泽伟：《习近平在会见全国体育先进单位和先进个人代表等时强调 开创我国体育事业发展新局面 加快把我国建设成为体育强国》，《光明日报》2017年8月28日第1版。

35

人民健康。全民健康是全面小康的基础。党的十八大以来，习近平亲自策划和推动全民健身，将其视为全面建成小康社会的重要组成部分，更好地发挥全民健身在实现中华民族伟大复兴中国梦中的积极作用。2020年9月22日，习近平在教育文化卫生体育领域专家代表座谈会上指出：

> 加快体育强国建设。体育是提高人民健康水平的重要途径，是满足人民群众对美好生活向往、促进人的全面发展的重要手段，是促进经济社会发展的重要动力，是展示国家文化软实力的重要平台。党的十八大以来特别是"十三五"时期，我们全面推进群众体育、竞技体育、体育产业、体育文化等各方面发展，深入实施全民健身国家战略，提升体育公共服务水平，大力发展冰雪运动，体育事业取得长足发展。①

自 2011 年以来，我国连续颁布了三个全民健身计划，并将全民健身提升为国家战略。目前正在实施《全民健身计划（2021—2025 年）》。根据《全民健身计划（2011—2015 年）》实施情况的评估结果，全国经常参加体育锻炼的人数比例、各类体育场馆的数量、体育健身设施和全民健身中心的覆盖率、体育社会组织的覆盖率等主要指标均已完成或基本完成，这表明我国已初步建立了广泛覆盖且比较完善的全民健身公共服务体系。

第三，坚持竞技体育和群众体育一体推进。竞技体育源于人类的生产生活实践，在提升民族体质、强化民族团结、振奋民族精神、促进民族交流等方面发挥了重要作用，推动了人类文明的进步。加快建设体育强国，需要持续改进竞技体育规则，追求更好、更快、更高、更强的发

---

① 《习近平主持召开教育文化卫生体育领域专家代表座谈会强调 全面推进教育文化卫生体育事业发展 不断增强人民群众获得感幸福感安全感》，《光明日报》2020 年 9 月 23 日第 1 版。

展，以让体育为社会提供强大的积极影响力。2021年1月20日，习近平总书记在北京、河北考察并主持召开北京2022年冬奥会和冬残奥会筹办工作汇报会时提出："体育强国的基础在于群众体育。要通过举办北京冬奥会、冬残奥会，推动我国冰雪运动跨越式发展，补缺项、强弱项，逐步解决竞技体育强、群众体育弱和'夏强冬弱'、'冰强雪弱'的问题，推动新时代体育事业高质量发展。"[①] 竞技体育和群众体育一体推进，需坚持竞技体育与群众体育协同互促，以竞技体育带动群众体育、以群众体育促进竞技体育。牢固树立以人民为中心的发展思想，始终把人民作为发展体育事业的主体，把满足人民健身需求、促进人的全面发展作为体育工作的出发点和落脚点，全面落实全民健身国家战略，不断提升群众体育水平。

第四，为中华民族伟大复兴提供凝心聚气的强大精神力量。2019年2月1日，习近平总书记在考察北京冬奥会、冬残奥会筹办工作时提到："体育强则国家强，国家强则体育强。发展体育事业不仅是实现中国梦的重要内容，还能为中华民族伟大复兴提供凝心聚气的强大精神力量。我们要弘扬中华体育精神，弘扬体育道德风尚，推动群众体育、竞技体育、体育产业协调发展，加快建设体育强国。"[②] 中华体育精神蕴含着爱国主义、公平竞争、遵纪守法、团结协作、敬业奉献等核心价值观，与社会主义核心价值观高度契合。它不仅是我国社会主义核心价值体系的重要组成部分，也深深地影响着青年一代的人生观、价值观和世界观。这种伟大的精神能够激励人们不断奋进，在新时代中焕发出更加绚丽的光彩，经得起时代的考验。在体育强国建设的道路上，中国体育

[①]《习近平在北京河北考察并主持召开北京2022年冬奥会和冬残奥会筹办工作汇报会时强调 坚定信心奋发有为精益求精战胜困难 全力做好北京冬奥会冬残奥会筹办工作》，《人民日报》2021年1月21日第1版。

[②]《"要拿竞技奖牌，也要拿精神奖牌、廉洁奖牌"》，求是网，http://www.qstheory.cn/zhuanqu/2022-01/29/c_1128313709.htm，2022年1月29日。

通过丰富实践和深入探索，使中华体育精神展现出更生动的时代特色。推进体育改革，努力打造体育强国，是我们当前努力追求的目标。体育作为提升人民健康的重要手段，也是中国梦的重要组成部分，为中华民族实现伟大复兴提供了强大的精神力量。每个人都与体育强国的梦想紧密相连。在新时代新形势、新需求和新场景下，我们更需要广泛传承中华体育精神，加强对文化自信的信仰，汇聚起强大的中国力量。①

五　人类命运共同体理念的提出

当今世界发展中的诸多矛盾、问题和不确定性，使人类社会进入了乌尔里希·贝克（Ulrich Beck）所说的"风险社会"。地区冲突、恐怖主义、信任危机、贫富悬殊、环境恶化等一系列问题，导致全球面临和平赤字、发展赤字、治理赤字、信任赤字的严峻挑战。世界向何处去？人类该怎么办？这是一个亟待解决的全球性重大课题。正是基于对这一问题的深刻思考和对人类历史发展趋势的准确洞察，习近平提出了构建人类命运共同体的理念。2013年3月，习近平在莫斯科国际关系学院发表的演讲中第一次向世界表达了人类是一个命运共同体的理念。他指出，当今世界，各国的相互联系和相互依存度超过了以往任何时候，"人类生活在同一个地球村里，生活在历史和现实交汇的同一个时空里，越来越成为你中有我、我中有你的命运共同体"②。2015年9月，习近平在联合国成立70周年系列峰会上系统地阐释了人类命运共同体的基本框架和具体内涵。党的二十大报告又进一步指出，当前，世界之变、时代之变、历史之变正以前所未有的方式展开。一方面，和平、发展、合作、共赢的历史潮流不可阻挡，人心所向、大势所趋决定了人类前途终归光明。另一方面，恃强凌弱、巧取豪夺、零和博弈等霸权霸道

---

① 葛会忠：《中华体育精神凝聚奋进力量》，《中国体育报》2021年7月1日第2版。
② 习近平：《决胜全面建成小康社会 夺取新时代中国特色社会主义伟大胜利——在中国共产党第十九次全国代表大会上的报告》，《人民日报》2017年10月28日第1版。

第一章 核心概念、理论基础与知识资源

霸凌行径危害深重，和平赤字、发展赤字、安全赤字、治理赤字加重，人类社会面临前所未有的挑战。① 构建人类命运共同体理念，在国际社会上产生了强烈反响，得到越来越多国家的支持和认可，多次被载入联合国决议包括联合国安理会决议和人权理事会决议。

习近平以人类的共同命运为基点，以共同利益为纽带，以共同价值为引领，以共同发展为目标，为世界勾画了人类命运共同体的蓝图、多维样态及实践路径。

其一，人类命运共同体是一个和平和谐的社会共同体。习近平指出，构建人类命运共同体，就是要"营造共建共享的安全格局"②，建设一个"持久和平、普遍安全"的世界③，为此，就要坚持以和平发展为主题，反对霸权主义，通过和平的方式解决国家之间的争端。他曾多次代表中国向世界郑重承诺，中国人民是爱好和平的，中国坚定不移地走和平发展道路，既不会对外发动战争但也不害怕战争。中国希望世界各国能够和平共处、和谐共存，共同致力于维护世界的持久和平。

其二，人类命运共同体是一个公平正义的伦理共同体。公平正义是人类共同的价值追求，是国际主体交往行为的基本准则。习近平强调，要以"公正道义"为价值准则，建立"平等相待、互商互谅的伙伴关系"④。为此，要顺应时代发展的要求，站在人类道义的高度协调彼此的行为，摒弃零和博弈的冷战思维，重构国际政治伦理规范，坚持平等相待、以诚相待，通过协商对话机制建立和维护公平正义的世界秩序。

其三，人类命运共同体是一个合作共赢的利益共同体。利益是人类

---

① 习近平:《高举中国特色社会主义伟大旗帜 为全面建设社会主义现代化国家而团结奋斗——在中国共产党第二十次全国代表大会上的报告》,《人民日报》2022年10月26日。
② 韩显阳、王传军:《习近平出席联合国发展峰会并发表重要讲话〈谋共同永续发展 做合作共赢伙伴〉》,《光明日报》2015年9月27日第1版。
③ 习近平:《决胜全面建成小康社会 夺取新时代中国特色社会主义伟大胜利——在中国共产党第十九次全国代表大会上的报告》,《人民日报》2017年10月28日第1版。
④ 韩显阳、王传军:《习近平出席联合国发展峰会并发表重要讲话〈谋共同永续发展 做合作共赢伙伴〉》,《光明日报》2015年9月27日第1版。

社会发展的根本动力。当今时代既是一个利益高度分化的时代，又是一个利益高度融合的时代，国家利益和人类共同利益的存在都是不争的事实。习近平指出，随着经济全球化的加深，世界"正日益形成利益交融、安危与共的利益共同体和命运共同体"①。就是说，人类命运共同体本质上是一个利益共同体。因此，在实现本国利益的同时，要兼顾他国利益，谋求"包容互惠""互利共赢""共同繁荣"的发展前景。特别是要把人类共同利益摆在优先考虑的位置，让世界人民共享人类发展的成果。

其四，人类命运共同体是一个开放包容的文化共同体。文化作为区分民族身份的一种独特的精神标识，其多样性与差异性是客观存在的。面对当今世界文化交往中的碰撞与冲突，习近平指出，要以开放包容的心态承认各民族文化的差异性，尊重其存在和发展的价值，要认识到文化的差异化并不表明不同文化之间有高低贵贱之分，要抛弃狭隘的民族偏见，"促进和而不同、兼收并蓄的文明交流"②。文明因交流而互鉴，因互鉴而发展。文明和文化越是民族的就越是世界的。人类命运共同体为各民族文化的交流互鉴、共同发展创造了理想的空间。

其五，人类命运共同体是一个生态文明的绿色共同体。日益反常的气候变化，凸显出全球生态环境问题的严重性，它已威胁到人类的生存安全。正是基于这一现实，习近平把生态文明建设纳入人类命运共同体的思维框架中。他强调，人与自然是生命共同体，要"构筑尊崇自然、绿色发展的生态体系"③，建设一个"清洁美丽"的世界，实现人与自然和谐共生。显而易见，习近平是从人类生存的高度思考全球生态环境

---

① 李陈士、戴军:《习近平在伦敦金融城市政厅发表题为〈共倡开放包容 共促和平发展〉的重要演讲》，《光明日报》2015年10月23日第1版。
② 韩显阳、王传军:《习近平出席联合国发展峰会并发表重要讲话〈谋共同永续发展 做合作共赢伙伴〉》，《光明日报》2015年9月27日第1版。
③ 韩显阳、王传军:《习近平出席联合国发展峰会并发表重要讲话〈谋共同永续发展 做合作共赢伙伴〉》，《光明日报》2015年9月27日第1版。

危机问题的。他认为，治理生态环境危机是全世界应有的责任担当，各国必须积极参与、共同行动，为人类的可持续发展作出贡献。

综上所述，习近平的构建人类命运共同体思想，是在新的时代条件下对马克思共同体思想的继承、发展和超越，是一种具有原创性价值的理论贡献。它超越了传统的意识形态对抗的鸿沟，从全人类面临的一系列关乎生存、发展的共同问题着眼，为未来人类社会实现可持续发展和美好世界的建立贡献了中国智慧和中国方案。这一思想对我们研究全球化时代的跨文化传播，不失为一种具有指导意义的理论支撑。

第三节 其他知识资源

一 多元文化主义批判理论

多元文化主义作为一种社会历史现象和意识形态，最早可以追溯到20世纪初。1924年，美国犹太裔学者霍勒斯·卡伦（Horace Kallen）在将他自己曾发表于《民族》杂志上的一篇文章收入论文集时，首次使用了"文化多元主义"这一概念，用以批评美国在外来移民中强制推行盎格鲁—撒克逊一元文化的做法。[①] 20世纪60年代，随着西方尤其是美国民权运动的兴起，"多元文化主义"作为一种社会思维开始广泛流行。由于多元文化主义直接挑战了西方主流文化及其赖以生存的政治—经济结构，并且表达了全球化时代世界秩序变革的诉求，因而引起了强烈的震撼和反响。米歇尔·霍伊（Mchael W. Hughey）对"文化多元主义"（Cultural-Pluralism）与"多元文化主义"（Multicul-Turalism）作了区分，认为前者是指在统一的多民族国度和普遍性的文化框架下，少数民族文化的合法性及其发展程度；而后者强调的是不同文化的差异和权利，以及在没有统一的、普遍性的文化框架的前提下，这些文化如

[①] Horace M. and Kallen, *Culture and Democracy in the United States*, Taylor and Francis, 2018, p. 98.

何通过互动被整合进一个更大的文化联合体中。① 因此，后者比前者指涉的范围更加广泛、意义更为深刻，涉及了不同民族和国家之间的文化交往。当然，国内外也有一些学者没有对这两种概念作严格区分，而是在文化身份认同和文化交往的意义上混用。正如人类学家古迪纳夫（Goodenough）所说，多元文化已成为人类生活的存在方式，可以说"人人都生活在一个多元文化的世界中"②。

国内学者清华大学卢风教授认为，多元文化主义是对人类文化演变及其多样性的根据性描述，它强调人类社会存在多种性质差异、形态多样且不可归并的文化。③ 自 20 世纪 70 年代以来，多元文化主义已从文化批评领域拓展到政治学、历史学、教育学和社会改革等领域，其内涵已超越了"文化"本身，因而很难有一个确切的、公认的定义。尽管如此，具有不同诉求的"多元文化主义"仍包含一些相同或相通的原则性主张。

首先，多元文化主义对西方"文明优越论"及其文化霸权地位提出了挑战。多元文化主义认为，人类社会任何一种文明都有其产生的历史根据，也都有其独特的价值体系和存在的充分理由。不同文明之间只有性质和形态差异，而没有优劣之分。因而，任何一种文明都不能自称是比其他文明更为优秀的文明，同时更没有理由将其他文明"他者化"，对其他文明采取排斥甚至敌视的态度。文化多元主义强调，西方工业文明之所以在今天的世界文明体系中居主导地位，主要原因在于，资本主义的世界性扩张将西方的思想、知识和文化扩展到了全球。哈佛大学教授亨利·路易斯·盖茨（Henry Louis Gates Jr.）提出，多元文化

---

① Michael W. and Hughey eds., *New Tribalisms: The Resurgence of Race and Ethnicity*, MaCmillan Press Ltd., 1988, p. 7.

② Ward H. and Goodenough, *Multiculturalism as the Normal Human Experience*, Ough John Wiley & Sons, Vol. 7, No. 4, pp. 4-7.

③ 卢风：《文化多元主义与后现代主义》，《吉首大学学报》（社会科学版）2012 年第 4 期。

第一章　核心概念、理论基础与知识资源

主义的核心是承认文化的多元性及彼此间的平等和相互影响，打破西方文明的垄断地位。①

其次，多元文化主义谋求建立一种后冷战时代的文化与政治关系。多元文化主义认为，对不同民族文化能力的尊重和保护应该上升到普遍人权的高度，得到国际社会的保护。美国芝加哥文化研究小组的研究报告指出，多元文化主义力图寻求的实际上是一种更适合后冷战时代需要的、处理行为体之间相互关系的文化和政治模式。随着冷战结束后各民族、国家之间的交往日益频繁，无论是在一国内部还是世界范围内，都需要以一种更加务实的态度建立起相互尊重和相互认可的文化关系与政治关系。因此，多元文化主义实质上描述了后冷战时代下一种新的民族、国家交往关系和世界秩序。②

再次，多元文化主义主张通过社会改造实现文化平等。多元文化主义认为，文化是社会权力关系的缩影，文化的不平等实质上反映的是社会经济和政治权力的不平等。因此，要实现文化平等，就必须改造和转换社会的权力结构，实现社会平等也就是实现不同族群分享社会公共资源的平等权利，特别是实现那些长期受歧视和被边缘化的族群在分享社会资源方面的平等权利。因此，多元文化主义是一种争取各族群权利平等、推动社会经济、政治改革、实现受压迫族群文化身份认同的思想意识形态。

最后，多元文化主义主张通过教育培养公民的包容意识和消除种族主义偏见。多元文化主义认为，教育是培养公民包容意识和文化理解能力的重要手段。必须给学生提供新的知识，帮助他们认识到美国是一个多民族的移民国家，美国的"历史经验"和文化是各族群相互影响、共同创造的，本质上具有"多元性"。在此基础上，帮助他们消除种族

---

① Henry Louis Gates Jr., "Goodbye, Columbus? Notes on the Culture of Criticism", *American Literary History*, 1991, pp.11–27.

② Chicago Cultural Studies Group, "Critical Multiculturalism", *Critical Inquiry*, 1993, pp.531–532.

偏见和对其他族群文化的误解，培养他们学会尊重和欣赏族群差别，以及用"非等级"的态度和方式对待族群差别，进而掌握在相互依存的文化世界中自由共处的能力。①

在当今全球化背景下，多元文化主义的合理性和积极意义是毋庸置疑的，这从上文的阐述中即可看出。但是，多元文化主义也存在一定的局限性，正如有学者所指出的，它没有解决也不可能解决"一元"文化传统与"多元"文化的关系问题，以及"一元"权力体制与"多元"文化共处的关系问题。② 值得注意的是，多元文化主义对西方文明的挑战和对美国主流价值观的批判，引起了学术界和政界部分保守势力的恐慌，于是，从20世纪80年代开始，一场至今仍未停止的批判文化多元主义的"文化冷战"产生了。

二　后殖民主义文化批判理论

后殖民主义理论作为一种颇有影响的社会文化思潮，产生于20世纪70年代末。1978年，美籍巴勒斯坦裔学者爱德华·萨义德（Edward Waefie Said）《东方学》一书的出版，标志着后殖民主义理论的形成。后殖民主义的代表人物主要有萨义德、斯皮瓦克（Gayatri C. Spivak）、霍米·巴巴（Homi K. Bhabha）等。后殖民主义理论不是凭空产生的，其有着深刻的社会历史根源。"第二次世界大战"之后，随着冷战的开启，出现了两大阵营的尖锐对峙，同时一大批殖民地纷纷宣告独立。但是，原西方殖民主义者坚持固有的政治和文化偏见，肆意干涉已独立国家的内部事务，强行灌输西方的文化价值观，由此导致了东西方之间的紧张关系。冷战结束后，随着经济全球化的逐步深化，民族主义重新崛起，民族身份认同问题日益凸显，非西方国家对本民族文化独立性的坚

---

① D. M. Gollnick and P. C. Chinn, *China Multicultural Education in a Pluralistic Society*, Merrill, 1990, pp. 55-56.

② 王希：《多元文化主义的起源、实践与局限性》，《美国研究》2000年第2期。

第一章　核心概念、理论基础与知识资源

守成为一种不可遏制的力量。在这一背景下，后殖民主义应运而生。一些具有东方血统的后殖民主义思想家如萨义德等，站在西方文化立场上思考如何重建"西方文化世界"中边缘与中心的关系。① 后殖民主义关注的问题主要是：如何看待殖民主义的历史后果及其对殖民地文化的影响，如何看待后殖民时代特别是全球化时代的世界文化秩序和文化关系，如何看待东方国家的民族身份认同和民族文化建设，以及文化差异巨大的民族能否跨越文化鸿沟达成文化共识等。

第一，揭露和批判了东方主义的实质、作用机理和历史影响。在《东方学》一书中，萨义德赋予东方学相对独立但又相互联系、相互作用的三重含义：一是作为学术研究的东方学，包括一切作品、著作等文献资料对东方的描述、书写和研究；二是作为思维模式的东方学，它以东西方的二元对立为认知基础，并经过长期的历史积淀已在西方人的心灵深处固化，成为他们俯视东方、建构东西方关系的理论范式；三是作为统治或治理机制的东方学，即东方学是"西方用来控制、规制和君临东方的一种机制"②。萨义德将这一重含义的东方学称为"东方主义"。他认为，东方主义的作用机理在于，这三重含义的东方学相互支撑、相互作用，共同服务于东方主义的理论与实践。其中，作为思维模式的东方学为作为统治机制的东方学提供了学理依据和理论基础。萨义德指出，几乎每一个欧洲的思想家或作家都用东方主义的思维逻辑来审视、批判东方，他们"是东方人所有行为的目击者和审判者"③，无论他们对东方发表什么样的看法，他们最终都"是一个种族主义者、一个帝国主义者、一个彻头彻尾的民族中心主义者"④。

---

① 段忠桥：《当代国外社会思潮》，中国人民大学出版社2004年版，第123页。
② [美] 爱德华·W. 萨义德：《东方学》，王宇根译，生活·读书·新知三联书店1999年版，第4页。
③ [美] 爱德华·W. 萨义德：《东方学》，王宇根译，生活·读书·新知三联书店1999年版，第142页。
④ [美] 爱德华·W. 萨义德：《东方学》，王宇根译，生活·读书·新知三联书店1999年版，第260页。

第二，揭露和批判了西方殖民主义对东方民族文化身份与民族形象的扭曲。后殖民主义思想家着重考察了东方主义是如何通过语言、翻译和文学扭曲东方民族文化身份和民族形象的。斯皮瓦克指出，语言是一个"建构意义的过程"，"翻译的政治"就是要通过语言的转换将一种文化转换为另一种文化。①这样一来，一方面，殖民者对东方民族文化的翻译，实际上建构的是殖民者自己的文化价值观；而他们再现的东方民族文化则是一种被扭曲的形象；另一方面，东方民族又借助殖民者的语言和文化来塑造并确认其自我身份与自我形象。在西方文化殖民面前的失语，必然导致东方民族文化身份和形象的扭曲。赛义德指出，故事是殖民者讲述东方国度的主要形式与核心内容，也是殖民地人民用来确认其自己身份和历史存在的方式。②殖民主义者对东方的描述充满了"白人优越论"和"欧洲中心论"，而东方民族也在潜移默化中接受了殖民者的思想，自觉地充当了西方的附庸。因此，"现代东方，参与了其自身的东方化"③。

第三，探讨了东方民族的文化抵抗与文化身份重建。面对西方的文化殖民，东方民族并没有表现出绝对的失语，而是掀起了重建民族文化身份的抵抗运动。正如萨义德所说，"身份认同"是19世纪帝国文化的标志，也是"那些力图抵抗欧洲入侵文化的标志"④。那么，要运用什么样的策略进行文化抵抗和重建东方民族的文化身份呢？也就是说，如何重构东西方之间的文化关系？后殖民主义思想家认为，不应采取简单拒绝或直接对抗的方式，而应采取"协商"的方式进行平等的文化对话。斯皮瓦克指出，东西方之间的文化关系是异质并存，而非绝对冲

---

① Spivak and Gayatri Chakravorty, "The Politics of Translation", In Gayatri Chakravorty Spivak, *Outside in the Teaching Machine Routledge*, 1993, pp.179-200.
② [美]爱德华·W.赛义德：《赛义德自选集》，谢少波、韩刚译，中国社会科学出版社1999年版，第164页。
③ [美]爱德华·W.萨义德：《东方学》，王宇根译，生活·读书·新知三联书店1999年版，第418页。
④ [美]爱德华·W.赛义德：《赛义德自选集》，谢少波、韩刚译，中国社会科学出版社1999年版，第164页。

突,"知识得以产生和维系依靠的是不可化约的差异性而不是同一性"①。霍米·巴巴认为,殖民者与被殖民者之间存在着一种既相互排斥又相互吸引的状态。在双方的文化互动中,被殖民者进行某种抵抗,不会全盘接受所谓"先进的"西方文明,也不是一味地"模仿"西方,而是采取"模仿"的策略进行抵抗,并且通过"杂糅"的方式巧妙地消解殖民文化权威,重建东方民族文化身份认同。②此外,他还提出了一个既模糊又矛盾的"第三空间"概念,作为东方民族文化重建的"过渡空间"。

综上所述,后殖民主义是一批具有东方血统的西方学者,站在西方文化立场上思考重建东西方文化关系的一种理论思潮。由于研究者具有双重身份以及情感上的双重关怀,因而其研究视角也是双重的;既持有西方的学术视野和分析框架,又继承了东方的思想传统。由此决定了后殖民主义理论的社会效应也是双重的:一方面,它无情地揭露和批判了东方主义的本质及其对东方民族的文化殖民和身份扭曲;另一方面,由于未能深刻触及西方文化霸权的经济、政治根源,因而在客观上起到了间接维护西方中心主义的作用。但是,后殖民主义理论对西方文化霸权的批判,以及关于东方民族文化重建的思想,对本书的研究是颇有启发的。

三 哈贝马斯交往行为理论

尤尔根·哈贝马斯(Jürgen Habermas)是法兰克福学派第二代的代表人物,是当代德国颇负盛名的思想家之一,被英国学者威廉姆·奥斯维特(William Outhwaite)誉为"马克思化了的韦伯"③。哈贝马

---

① G. C. Spivak, *In Other Worlds: Essays in Cultural Politics*, New York: Methuen, 1987, p. 254.
② 生安锋:《霍米·巴巴的后殖民理论研究》,北京大学出版社2011年版,第115—118页。
③ [英]威廉姆·奥斯维特:《哈贝马斯》,沈亚生译,黑龙江人民出版社1999年版,导言5。

斯在批判性地继承马克斯·韦伯合理性理论的基础上，创造性地吸收西方现代语言哲学、马克思交往理论、米德符号互动理论、卢卡奇物化理论、胡塞尔生活世界思想等的合理成分，创立了其独特的交往行为理论。

哈贝马斯交往行为理论是他对工具理性和资本主义现代性进行批判的产物。哈贝马斯认为，在西方社会的现代化进程中，工具理性的滥用，导致了现代性的困境即"生活世界的殖民化"，主要表现为经济和权力系统对生活世界的侵入及扭曲、工具理性对交往理性的排斥和僭越、货币和权力媒介取代语言媒介等。因此，要消解现代性困境，就必须破除自我意识哲学的单一主体思维模式，用互主体的交往理性取代被神化了的工具理性，以此来重建被殖民化的生活世界。

哈贝马斯的交往行为理论主要包括以下几方面内容：

第一，语言作为理解的媒介是交往的核心范畴之一。哈贝马斯认为，传统意识哲学有两大缺陷：一是以自我意识为核心来处理认知主体与世界和自身的关系。他指出："自康德（Immanuel Kant）以来，自我占据了双重位置：既是世界上的一个经验主体，表现为众多客体中的一个；又是一个面对世界的先验主体，并把世界作为一切经验对象的总和加以建构。"① 这表明传统意识哲学实际上建构的是一种现代性的主客关系。二是他们不懂得语言表达和意义辨识在交往过程和认识过程中的作用。因此，一方面，必须与意识哲学决裂，"从意识哲学范式转向交往范式"②，因为"'自我'是在与'他人'的相互关系中凸显出来的，这个词的核心意义是其主体间性，即与他人的社会关联"③。另

---

① ［德］尤尔根·哈贝马斯：《现代性的哲学话语》，刘东译，译林出版社 2004 年版，第 309 页。
② ［德］尤尔根·哈贝马斯：《现代性的哲学话语》，刘东译，译林出版社 2004 年版，第 347 页。
③ ［德］尤尔根·哈贝马斯：《历史唯物主义的重建》，郭官义译，社会科学文献出版社 2000 年版，第 53 页。

第一章　核心概念、理论基础与知识资源

一方面，把语言作为意义理解和共识达成的媒介，即作为交往范式的核心范畴。

第二，交互主体的交往行为是更全面、更合理的理性行为。理解交往行为是准确把握哈贝马斯交往理论的关键。哈贝马斯把人的社会行为分为四种类型：一是目的性行为，即工具理性行为，它遵循的是基于经验知识的技术逻辑，只考虑手段的选择是否能够达到目的，而不考虑目的本身是否合理、正确，它反映的是主体对客观世界的支配关系，其有效性要求其真实性；二是规范调节行为，即社会成员依据共同的价值规范所实施的行为，它关涉的是主体与社会世界、客观世界的关系，其基本要求是公正性；三是戏剧行为，即行为主体有意识地在社会公众面前表现他们自己以建构某种形象的行为，它关涉的是主体与主观世界、客观世界的关系，其基本要求是真诚性；四是交往行为，即具有语言能力和行动能力的主体之间通过语言媒介（符号互动）相互理解并形成共识的行为。他指出："交往行为是以象征（符号）为媒介的相互作用""是按照必须遵守的社会规范进行的"，而这些社会规范又规定着彼此间的相互期待，并得到各行为主体的理解和承认。[①] 在哈贝马斯看来，交往行为是比其他三种行为更全面、更合理的一种行为，因为它关联的生活世界最广泛，其有效性要求也最全面。

第三，用交往理性破解现代性社会的困局。哈贝马斯对现代性社会的批判基于他对生活世界殖民化的批判。他认为，就社会结构而言，"体系"和"生活世界"是两个完全不同的领域，前者遵循驾驭和控制的逻辑，而后者遵循对话和相互理解的逻辑，"驾驭"和"相互理解"是"不能够随便相互取代的资源"，因为金钱和权力既不能购买也不能排斥团结的意义。[②] 哈贝马斯强调，现代社会的诸多矛盾和问题，根源

[①] ［德］尤尔根·哈贝马斯：《作为"意识形态"的技术与科学》，郭官义译，社会科学文献出版社1999年版，第49页。

[②] ［德］尤尔根·哈贝马斯：《交往行动理论（第二卷）论功能主义理性批判》，洪佩郁、蔺青译，重庆出版社1994年版，第456页。

于体系对生活世界的渗入、破坏和扭曲，由此导致生活世界的殖民化。他指出，现代主体工具理性的无限膨胀，使"经济的和行政管理的合理性的形式渗入反对转变为货币和权力媒体的行动领域，才导致交往日常实践的片面合理化或物化"①。也就是说，经济和权力体系工具理性的侵入，导致了生活世界意义的丧失、秩序的紊乱、个体的心理问题等一系列非理性化的病理学症候。因此，在哈贝马斯看来，用交往理性取代工具理性，实现体系与生活世界的统一，是走出现代性社会困局的必由之路。

第四，通过重建理性来重建现代性。与汉娜·阿伦特（Hannah Arendt）等人对现代性的彻底否定不同，哈贝马斯并不赞同彻底否弃现代性，而是主张通过重建生活世界主体的交往理性来重建现代性。在哈贝马斯看来，交往理性之所以能够承载双重的重建任务，是因为：首先，与传统理性特别是工具理性相比，交往理性更能贯通所有的知识领域和价值领域，同时能满足客观世界、主观世界、社会世界等不同价值领域的有效性需求，因而更具有合理性；其次，交往理性根植于生活世界之中，而生活世界是一个用语言和对话组织起来的先验的公共场域，通过平等对话、民主协商和充分发挥语言的相互理解功能，是完全有可能超越传统理性的局限而达致理性与现代性重建的。国内有学者评说道，这"正是哈贝马斯独特的思想魅力之重要所在"，也是哈贝马斯研究经久不衰的深层原因。②

客观地看，哈贝马斯对传统理性特别是工具理性的批判、对体系与生活世界相互关系的考察、对重建交往理性和商谈伦理的论证，无疑是其交往行为理论中最精彩、最有思想魅力的一部分，对我们深入思考全球公共场域的文化对话及其秩序重建不无启发。然而，问题是：撇开资

---

① ［德］尤尔根·哈贝马斯：《交往行动理论（第二卷）论功能主义理性批判》，洪佩郁、蔺青译，重庆出版社1994年版，第427页。

② 李佃来：《公共领域与生活世界——哈贝马斯市民社会理论研究》，人民出版社2006年版，第310页。

第一章 核心概念、理论基础与知识资源

本主义固有的社会矛盾去思考现代性问题,是否真正把握住了现代性的实质?在不改变资本主义生存方式的前提下,企图通过重建生活世界的交往理性摆脱现代社会危机,是否具有现实的可能性?也许,这就是福柯所说的"交往乌托邦"。

第二章

国家形象建构视域下中国体育跨文化传播能力建设的时代背景和逻辑前提

第一节 全球化与文化交往

一 全球化与文化多元化

在当今世界,一个无可辩驳的事实是全球化已成为不可逆转的时代潮流。于是,"全球化"也成为时代的热门话语,正如约翰·卡西迪(John Cassidy)所言:"'全球化'是二十世纪末每一个人都谈论的时髦词语。"①

(一)全球化是当今时代不可逆转的世界潮流

学界一般认为,"全球化"是美国学者西奥多·莱维特(Theodore Levitt)在《市场全球化》一文中最先提出的。他并没有刻意给"全球化"下定义,而是用这个概念来描述此前20年间世界经济发生的巨大变化,即"商品、服务、资本和技术在全世界生产、消费和投资领域"的全面扩散。② 那么,究竟什么是"全球化"?

---

① 俞可平:《全球化时代的"马克思主义":九十年代国外马克思主义新论选编》,中央编译出版社1998年版,第4页。
② Theodre Levitt, "Globalization of Markets", in A. M. Kantrowled, *Sunrise*: *Challenging the Myth of Industrial Obsolescence*, New Jersey: John Wiley & Sons, 1985, p. 53.

第二章　国家形象建构视域下中国体育跨文化传播能力建设的时代背景和逻辑前提

国内外学术界对此众说纷纭，并无共识性的定义。不同学科领域的学者从各自的学科角度解释全球化。例如，有的学者认为，全球化是资本、商品、技术、服务等生产要素在全球范围的自由流动和优化配置；有的学者认为，全球化是生产力和科学技术发展的客观要求及必然结果，它不仅促进了资本和商品的流动，而且促进了各国人民的交往以及文明的进步；有的文化学者认为，全球化意味着世界范围内不同文化之间的碰撞、交流、融通，这种文化全球化有可能引发文化对立，也有可能生成新的文化样态；经典马克思主义学者认为，全球化是以美国为首的西方资本主义世界主导的，其目的是为西方资本在全球市场上实现利益最大化服务，因而，全球化本质上就是全球资本主义化。

关于全球化的定义还有许多，这里无须一一赘述。从学者们的不同观点中，可以归纳出全球化的一些基本特点：(1)全球化是20世纪80年代以来席卷全球、不可抗拒的历史潮流和历史趋势，是生产力发展和科学技术进步的客观要求及必然结果。(2)全球化的核心是经济全球化，或者换言之，经济全球化是全球化的动力源，它促进了生产要素在全球的自由流动和优化配置，从而把生产力的社会化推向了一个崭新的阶段。(3)全球化是由西方资本主导的，是资本扩张本性的全球性呈现，因而全球化在本质上是资本的全球化。(4)全球化把世界经济连接为一个整体，即促进了世界经济的一体化，从而加深了各民族国家的相互依存度。伴随着互联网时代的到来，全球化构建起了一个高度联通的全球世界，任何一个民族国家都无法在全球化"漩涡"中独善其身。(5)全球化不仅仅是一种经济现象，生产和消费的国际化进一步加强了国际垄断资本"在全球范围内霸权的确立和对全球经济、政治和文化空间的殖民"[①]。

2008年国际金融危机爆发后，以"英国脱欧"和美国贸易保护主义为标志的"逆全球化"思潮涌动。经济全球化的速度明显减缓，从

---

① 吕世荣：《马克思经济全球化思想的哲学阐释逻辑》，《中国社会科学》2015年第4期。

内容到格局都发生了变化，传统游戏规则遇到挑战，于是，经济全球化进入了一个调整期。然而，全球化是不可逆转的时代潮流。2019年1月22—25日，全世界110多个国家的3000多名代表出席在瑞士举行的世界经济论坛年会，共同探讨新一轮全球化未来走势，谋求打造"全球化4.0"版。中国是经济全球化的重要参与者，也是受益者和积极的推进者。中国主张，以人类命运共同体理念和更加开放的姿态引领新一轮经济全球化走向，正如习近平所说的，在"理念上应该更加注重开放包容，方向上应该更加注重普惠平衡，效应上应该更加注重公正共赢"①。

（二）全球化促进了世界范围内文化的多元化发展

首先，经济全球化是文化多元化格局形成和发展的直接推动力。经济全球化的效应远不止于经济，它在促进经济要素跨国流动的过程中，也客观上促进了各民族国家文化传统、风俗习惯、生活方式、价值观念、意识形态等精神文化要素的跨国流动，由此推动了全球范围内文化的多元化发展，即文化之间的对话、碰撞、交流、融通。实际上，全球化背景下的经济交往活动已不是单纯的经济活动，而必然渗透着精神文化层面的活动，如经济交往主体特有的思维模式、价值选择、交往伦理观、人类责任感、行为准则和行为方式等。这些精神文化层面的要素和活动，是经济主体及其交往活动出场的民族文化基因，也就是说，经济主体是携带着沉积于民族心理的独特文化基因展开经济交往活动的。如此一来，不同文化价值观之间的碰撞、冲突、交汇、融通，在经济交往活动中展现得淋漓尽致。在这一过程中，无论是对立、冲突，还是交汇、融通，都根源于交往主体各自文化的独特性和差异性。所以，经济全球化直接推动了文化的世界性发展和全球文化多元化格局的形成。

其次，经济全球化进一步加剧了文化的多元分化。一方面，经济全球化推动了文化霸权主义的出场。在经济全球化进程中国际垄断资本的

---

① 姜微、白洁、刘红霞：《习近平出席首届中国国际进口博览会开幕式并发表主旨演讲》，《光明日报》2018年11月6日第1版。

第二章　国家形象建构视域下中国体育跨文化传播能力建设的时代背景和逻辑前提

权力触角越过了其固有的经济疆域而侵入了政治和文化场域，在政治上推行强权政治，在文化上推行霸权文化和殖民文化。以美国为首的西方发达国家凭借其强大的经济、技术和军事实力，不遗余力地向全球推销其文化价值观和生活方式，宣扬"西方文明优越论"，把西方文明标榜为可以终结人类历史的"全球文明"，把西方文化标榜为全世界最先进、最优秀的文化。与此相反，把非西方民族国家的文化则"他者化"地贬斥为"野蛮文化""落后文化"，属于人类文明史上应该淘汰和消解的文化。这无疑加剧了民族国家之间的文化对立，把整个全球文化场变成了战场。正如美国学者爱德华·W. 萨义德（Edward Waefie Said）在《文化与帝国主义》一书中所说：全球化使"文化成了一种舞台，上面有各种各样的政治和意识形态彼此交锋。文化绝非什么心平气和、彬彬有礼、息事宁人的所在；毋宁把文化看作战场，里面有多种力量崭露头角，针锋相对"[①]。

另一方面，全球化进程中非西方国家的现代性转型，导致了文化多元主义等一系列思潮的兴起。经济全球化推动了发展中国家的现代性转型，其实质是西方现代性逻辑的全球性扩张。这种现代性逻辑是工具理性逻辑与资本逻辑"联姻"的产物，其精神内核就是追求同一性、同质性、中心化、排他性以及可以精确计算以取得利益最大化的经济理性。显而易见，这种现代性逻辑扼杀了非西方文化的丰富性、多样性，建立起了西方生活世界推崇的大众消费主义文化的一统天下。在这种情况下，非西方世界的人们普遍陷入了精神家园坍塌的迷茫和恐惧之中，担心失去对本民族文化的认同。于是，对现代性进行反思和寻求文化突围的各种文化思潮，如文化多元主义、后现代主义、后殖民主义、反激进主义等竞相登场，并在全球文化场上展开了话语博弈。

（三）文化多元化对文化交往和发展的意义

所谓文化多元化，是指具有不同特质的民族或国家文化，以独立的

[①] [美] 爱德华·W. 萨义德：《文化与帝国主义》，李琨译，生活·读书·新知三联书店2003年版，第16页。

主体性身份及其价值包容并存、平等交流、相互借鉴、共同发展的状态。联合国教科文组织2001年9月11日通过的《世界文化多样性宣言》指出，文化多样化是指"文化在不同的时代和不同的地方具有各种不同的表现形式，具体表现为构成人类群体和各社会的独特性及其全部独特性所构成的多样化"[①]。该宣言强调，文化多样化是人类社会交流、革新和创造新事物的源泉，正像生物多样性一样，对于维护文化的生态平衡和可持续发展必不可少。从该宣言中可以得出如下能称之为全球共识的结论：(1)文化多样化是文化的存在方式和基本样态；(2)文化多样化是人类不同群体和不同社会所具有的全部独特性与差异性的表征；(3)文化多样化是人类交流、社会变革和创造力的源泉；(4)文化多样化是维护文化生态平衡和实现文化可持续发展的重要保障。

需要强调的是，文化多元化归根结底是思维模式和价值观的多元化。文化是一个具有多层次结构的整体性概念。有学者将文化分为表层和深层两个层次，但是，笔者认为，分为表层、中层、深层三个层次更为恰当，更符合文化的生成规律及其结构特性。其中，表层文化通常是指感性层面的行为文化；中层文化一般是指作为观念形态的文化，是文化的核心，主要表现为价值认知和秉持的价值准则；深层文化则是沉淀于民族心理层面的思维文化，是文化的底色，是深深根植于民族心理结构中的文化基因。这三个层次的文化具有内在的逻辑关联，思维文化决定观念文化，观念文化引导行为文化。也就是说，思维模式和价值观念决定着特定民族（国家）文化的基本走向。因此，文化多元化归根结底体现了思维文化和价值观的多元化。

文化多元化对于各民族国家的文化交往和全球文化发展乃至人类的文明进步，有着非常重要的意义。

---

① 《联合国教育、科学及文化组织大会第三十一届会议通过的世界文化多样性宣言》，中国艺术品收藏网，http://www.360doc.com/content/12/0118/11/276553_180147359.shtml，2001年12月25日。

第二章　国家形象建构视域下中国体育跨文化传播能力建设的时代背景和逻辑前提

第一，有利于促进不同文化之间的交流互鉴，实现各民族国家文化共同发展。文化多元化是历史地形成的。每一个民族（国家）在长期的历史实践中都形成了独特的语言文字、风俗习惯、生活方式和思维方式，从而形成了人类社会各具特色的文化样态，其中每一种文化都有其自身存在的独立价值。文化的这种多元化发展，客观上要求不同文化之间相互尊重、相互包容，并且通过平等的对话交流，互学互鉴，取长补短，进而促进各民族（国家）文化繁荣创新、共同发展。实践证明，正是由于文化的多元化发展，才造就了今天人类社会多姿多彩的文化景观。

第二，有利于不同文化之间的良性竞争，遏制文化同质化倾向。如前所述，经济全球化带来的消极影响之一，就是将渗透着西方价值观的大众文化推向了全球，力图建立起大众文化一统天下的格局，这极有可能消解文化的差异性，导致全球文化的同质化倾向。正如菲利浦·英格哈德（Philip Inghard）所言："通过市场使世界同质化，从而消除民族国家和民族文化。"[①] 文化的差异性是文化具有生命力和存在价值的天然属性。消解了文化的差异性，就扼杀了文化的生命力和存在价值。因此，尊重和保护文化差异性，就是尊重和保护文化的生存价值。毫无疑问，促进多元文化之间的良性竞争和协调发展，是文化保持生机和活力的源泉，是文化创新、发展的源泉。在人类历史长河中，无论中国文化还是欧洲文化，都是在文化的碰撞、交流中不断汲取外来文化精华而获得自身发展的。

第三，有利于维护全球文化生态平衡，实现文化的可持续发展。人类社会的每一种文化都是特定民族（国家）在长期历史实践中所积累的智慧和经验的结晶，因此每一种文化都有其他文化所无法替代的价值。同时，每一种文化的发展又都离不开对异质文化的选择性吸

---

① ［德］乌·贝克、哈贝马斯：《全球化与政治》，王学东、柴方国译，中央编译出版社2000年版，第56页。

收。这说明维护文化的多样性和相互依存性,直接关系着全球文化生态的平衡和文化的可持续发展。文化越具有多样性,文化选择性吸收的资源就越丰富,文化实现创新性发展的可能性就越大。当今世界在西方强势文化的冲击下,一些发展中国家的族群文化濒临消失,人类面临着文化多样性和文化生态平衡被破坏的危机。因此,维护文化的多样性及其生态平衡,"是为了人类全体文化的永续存在"而作出的必然选择。[①]

第四,有利于反击文化霸权主义,打破西方的话语垄断。文化霸权主义亦称"文化帝国主义"或"文化殖民主义",是当今世界以美国为首的西方国家推行文化一元化的思想武器,其目的是在全球范围内阻遏文化多元的时代潮流,维护西方世界的话语垄断权,巩固其意识形态合法性。20世纪末以来,随着中国等一批新兴市场国家的崛起,国际力量对比发生了不利于西方世界的变化。美国等西方国家基于其自身影响力的衰落,对文化多元化深感忧虑。美国学者塞缪尔·亨廷顿就曾坦言道:美国"要想重新唤起较强的国家优越感,还需要战胜美国存在的崇尚多样性及多文化主义的思想","如果多元文化盛行……美国就可能同苏联一道落进历史的垃圾堆"。[②] 作为冷战思维的遗产,文化霸权主义与文化多元化潮流背道而驰。所以,只有坚持文化多元化,才能打破西方文化霸权操控的话语垄断。

二 文化交往中的冲突与融合

(一) 文化交往的理论逻辑:可能性及其意义

本书所说的文化交往中的冲突与融合,特指不同文明体系在交往中各自所蕴含的不同民族文化之间的碰撞、冲突与融合。它并不意味着在

[①] 《中国文化与新世纪的社会学人类学——费孝通、李亦园对话录》,《北京大学学报》(哲学社会科学版) 1998年第6期。

[②] [美] 塞缪尔·亨廷顿:《美国国家利益受到忽视》,《美国外交》1997年第10期。

第二章 国家形象建构视域下中国体育跨文化传播能力建设的时代背景和逻辑前提

这一过程中，会最终生成一种单一的居统治地位的全球性文明体系；也不意味着各民族国家异彩纷呈的多元文化最终会同质化为一种单一的起支配作用的全球性文化。

那么，文化交往何以可能？人是天生的社会性动物，交往是人的社会性本质及其价值的实践表征。文化交往作为一种理性的实践活动，是人类社会跨入文明时代以来一直锲而不舍追求的一种交往的理想境界。从文化学的角度来思考，文化交往，简言之，就是人类社会不同文化主体之间，彼此以文明的方式和行为进行的交往活动及其过程。文化交往之所以可能，是因为"文明"本身就标识着体现人类终极价值追求的人文精神。中华古老文明中已经包含着这样的人文意识。《周易·贲卦·象辞》云："刚柔交错，天文也；文明以止，人文也。观乎天文，以察时变；观乎人文，以化成天下。"这里的"天文"是指自然界运化的法则和规律，而"人文"则是指社会的礼乐规范对人的行为的教化和约束作用。只有用礼乐之义来教化人，普天之下才能有顺应天理的文明，人们也才能行其所当行、止其所当止。可见，中华古老文明中天然地具有与霸道格格不入的伦理文明观。著名历史学教授彭树智把人文精神归结为"文明的真谛"。他写道："人文精神是文明的本质内涵，是文明发生的内在逻辑，是人类各种文明形态的真正核心，是不同文明交往的涵化基线。"[①] 文明是一个具有民族性、广泛性、统一性的高度组织化、系统化的社会状态和社会生活体系，包括物质生活体系和精神生活体系，其中精神生活体系就是我们通常所讲的狭义的文化，而文明的人文精神主要体现在精神生活体系中，并潜移默化地渗透于物质生活体系中。也就是说，文明的人文精神主要是通过文化的人文精神具体表现出来的。文化的人文精神作为一种观念形态，一是民族精神，二是历史传统，三是价值体系，四是伦理准则，五是情感关联。这五个方面浑然一体，缺一不可。文化的人文精神蕴含着人类社会的超越性价值，如中

[①] 彭树智：《文明交往论》，陕西人民出版社2002年版，第50页。

华人文精神中的以人为本。正是由于文明和文化共有的这种人文精神，才使得人类社会的文化交流与合作成为可能。

文化交往对于促进人类文明的进步和文化繁荣有着不可低估的价值。首先，文化交往有助于促进不同文明和文化的交流、共享，从而推动人类的文明进步和文化繁荣。"传播""交流""共享"是文明和文化的基本属性。文化交往的本意，就是作为文化生成主体的民族国家，将它自己的文化主动传播出去，供其他民族共享，并在这一过程中促进文明和文化之间的交流互鉴。在人类文明发展史上，任何一种文化都有其生成和存在的理由及其独特价值，也都以这样或那样的方式对人类文明的进步和发展作出它们自己的贡献。因此，任何一种文明和文化都没有理由自我封闭、孤芳自赏，而需要通过交流、传播让世界共享；同时，任何一种文明和文化也都不是完美无缺的，都需要通过交流互鉴，相互补益和不断发展完善。"文明因多样而交流，因交流而互鉴，因互鉴而发展"[①]，"文明交流互鉴是推动人类文明进步和世界和平发展的重要动力"[②]。习近平的论述揭示了人类文明演进的基本规律。其次，文化交往有助于增强民族文化的自我认同。在人类文化交往史上，任何一个民族的自我文化认同建构，都不是在"自我"封闭的空间里完成的，而必然是在一个相互主体性交往关系的开放性空间中实现的。也就是说，一个民族或国家的自我文化认同，不能单方面依赖内部的自我传播和自我说服来建构，还必须通过跨文化传播得到对象性主体的认同。只有这样建构的文化认同，才是真正有说服力和持久生命力的文化认同。因为跨文化传播的过程，本身就是各种文化以平等的主体性身份进行交流、比较和选择性借鉴的过程。在这一过程中，交往各方都会对它们各自文化与对方文化的优点和不足进行理性审视，在交流中比较，在比较中鉴

[①] 本报评论员：《中华文明应为亚洲文明和世界文明作出更大贡献》，《人民日报》2019年5月19日。

[②] 习近平：《文明交流互鉴是推动人类文明进步和世界和平发展的重要动力》，《求是》2019年第9期。

别,在鉴别中选择和借鉴。真正富有持久生命力的民族文化认同和文化自信,正是在这种相互认同、求同存异、互学互鉴、取长补短的文化交往过程中实现的。

(二) 文化交往的现实逻辑：文化的冲突与融合

按照马克思主义唯物史观,文化是人类社会发展到一定历史阶段的产物,从人类蒙昧时代结束到文明的出现,经历了一个相当漫长的过程。在人类历史上,文化的发展并非单一形态的线性发展。由于人们生存环境以及生产方式和生活方式的巨大差异,文化呈现出多样化发展态势。不同的历史时期有不同的文化形态,即便在同一历史时期也有不同的文化形态。这些不同形态的文化之间或依次更替,或进步倒退,或相互碰撞,或相互交融。于是,不同文化之间的冲突与融合就成为一种历史景观,令人眼花缭乱。问题在于,一方面,文化之间的交流互鉴乃至融合发展是不可逆转的历史大趋势,顺之者昌,逆之者亡；另一方面,不同文化之间的对立乃至冲突又是一种客观存在,因为每一种文化都有其存在的独特价值和谋求独立发展的冲动。如此一来,就形成了文化交往的鸿沟乃至冲突。

1. 文化交往中冲突的类型及其表现形式

文化交往中的矛盾冲突有两种不同的类型,一种是在同一文明体系内部的文化冲突。在同一文明体系内部,不同区域之间经济、文化发展的不平衡以及社会化程度的差别造成了文化区隔,特别是不同民族基于语言文字、生活方式、思维方式、风俗习惯的差异而导致的文化差异；还有不同价值观或不同宗教派别之间的对立,等等。另一种是不同文明体系之间的文化冲突。由于种种历史的或现实的原因,世界上各文明体的发展速度和发展水平不尽相同。因此,在世界文明格局中,各民族、国家或区域的文化发展并不处于同样的历史水平或发展阶段。这种差异性使得不同文化各有千秋并各展其姿、竞相斗艳,从而导致不同文化之间的冲突,而且这些冲突会随着全球化的深入推进而呈现愈演愈烈之势。在这种情况下，如果不同国家之间的利益冲突也卷入进来且处置不当，就极可能引发如实体战争、贸易战争、文化战争等极端化冲突。

文化冲突主要有以下几种表现形式：一是根源于利益之争的文化冲突。利益冲突是最根本的冲突也是最常态化的冲突。"利益是文明交往的驱动因素"[1]，它既可以导致交往中的冲突，也可以导致交往中的融合，是文化交往的原动力，利益冲突往往以文化冲突的形式表现出来。如持续至今的中美贸易战所引发的舆论冲突，就是一个典型实例。美国基于其自身经济利益的考量和对中国崛起的恐惧，不仅在经济和政治上遏制中国，而且动用宣传机器大肆散布"中国威胁论""中国霸权论"，不遗余力地歪曲事实，污名化、"妖魔化"中国。二是基于政治意识形态对立的文化冲突。这种形式的冲突主要源于社会政治制度、发展道路、权力结构、政党关系等诸多对立因素所引发的政治领域的意识形态之争。三是文化价值观冲突。这种形式的冲突，主要是基于历史传统、生活环境、生活方式、生活习俗等差别而形成的不同价值认知，这些不同的价值认知以观念形态反映出来就表现为价值观冲突。如人们围绕集体主义还是个人主义、社会本位还是个体本位、利己主义还是利他主义、公平优先还是效率优先、排他性竞争还是互利合作等一系列问题展开的争论。四是文化差异性引发的冲突。文化差异性是文化的存在方式，是文化多样性的生动体现。文化差异性所导致的文化冲突在人类历史上并不鲜见，如中世纪的宗教战争、持续了百年之久的阿以冲突，以及伊斯兰文明内部什叶派与逊尼派的战争等，是不同文明体之间的文化冲突或同一文明体内部的文化冲突。

不同文化之间的冲突，不会导致其中某一种文化的彻底消亡，但可能会阻碍这种文化的正常发展，从而在一定程度上形成弱势文化对强势文化的依附关系，这对于弱小国家的民族文化而言，无疑是一场历史性

---

[1] 彭树智：《文明交往论》，陕西人民出版社2002年版，第27页。

的灾难。因此，在全球文化交往中，我们既不能无视文化冲突的存在，又不能过分夸大或者强化不同文化之间的冲突，任何极端化的处理方式都会损害全球文化的多样性发展。

2."文明冲突论"的傲慢与偏执

不同文明、文化之间的对立和碰撞，是否必然导致彼此之间的对抗性冲突，即排他性的零和博弈或负和博弈？美国政治学家塞缪尔·亨廷顿对此做了十分肯定的回答。1993年，亨廷顿在美国《外交》季刊夏季号上发表了《文明的冲突》一文，首次提出"文明冲突论"，引发了国际学术界的热议和争论。1996年，亨廷顿又出版了《文明的冲突与世界秩序的重建》一书，系统地阐释了"文明冲突论"。亨廷顿认为，在后冷战时代的世界里，"最普遍的、重要的和危险的冲突不是社会阶级之间、富人和穷人之间，或其他以经济来划分的集团之间的冲突，而是属于不同文化实体的人民的冲突"[1]。他强调，"文明的断层线正在成为全球政治冲突的中心"[2]，断层线冲突是一种"持久的冲突"，"是发展成为暴力的冲突"[3]。亨廷顿预言，"断层线战争"将在西方文明与非西方文明之间爆发，这是一场"全球文明之战"，是关系文明认同的一场"认同战争"[4]。亨廷顿武断地将中华文明和伊斯兰文明归结为针对西方世界的"挑战者文明"[5]。

"文明冲突论"是"西方中心论"和"西方文明优越论"的当代变种，堪称后冷战时代世界文化交往史上最具影响力和危害性的言论

---

[1] [美]塞缪尔·亨廷顿：《文明的冲突与世界秩序的重建》，周琪等译，新华出版社2010年版，第6页。
[2] [美]塞缪尔·亨廷顿：《文明的冲突与世界秩序的重建》，周琪等译，新华出版社2010年版，第105页。
[3] [美]塞缪尔·亨廷顿：《文明的冲突与世界秩序的重建》，周琪等译，新华出版社2010年版，第227页。
[4] [美]塞缪尔·亨廷顿：《文明的冲突与世界秩序的重建》，周琪等译，新华出版社2010年版，第244页。
[5] [美]塞缪尔·亨廷顿：《文明的冲突与世界秩序的重建》，周琪等译，新华出版社2010年版，第164页。

之一。

第一,"文明冲突论"将不同民族、国家之间的文化碰撞和冲突上升并放大为世界不同文明体系之间持久的对抗性冲突,即所谓的"全球文明战",违背了人类文明交流互鉴、求同存异、融合发展的基本规律。

第二,"文明冲突论"用零和博弈的冷战思维和所谓的"断层线战争",固化了东西世界文明之间的"敌对关系",不利于东西方国家文化的交流合作和人民的友好交往。

第三,"文明冲突论"把冷战后的国际冲突归结为文明和文化的冲突,在政治上迎合了以美国为首的西方国家推行全球战略的需要,它用"文化差异"取代"意识形态对立",用"文化认同"取代"政治认同",极其巧妙地为美国谋求后冷战时代的霸权地位提供了理论依据。

第四,"文明冲突论"用"文明战"和"认同战"的分析框架解释东西方文明之间的关系,并把中华文明归结为"挑战者文明",不仅暴露了其固守"西方中心论"和"西方文明优越论"的傲慢与偏执,而且为"中国威胁论"提供了论据。就连美国的一些有识之士也批评"文明冲突论"显示出"惊人的傲慢和敌意"[1]。

从人类发展的历史长河来看,不同文化的交融是历史的大趋势,而不同文化之间的碰撞乃至冲突只不过是历史的插曲,是文化交往所付出的一种代价,不会改变文明和文化融合的历史趋势。

3. 文化交往的逻辑归宿:从冲突走向融合

文化的多样性以及不同文化之间的冲突、融合,构成了人类文明发展史上绚丽多彩的篇章。换言之,没有不同文化之间的碰撞、冲突

---

[1] 本报评论员:《荒唐的"文明冲突论"愚蠢的强权霸道心态》,《光明日报》2019年5月16日。

与融合，就没有精彩纷呈的当今世界。但是，无论冲突以怎样的形态表现出来，从冲突走向融合是文化交往的逻辑归宿，是文化发展的必然趋势。

首先，文化从冲突走向融合，是一个否定之否定的辩证过程。如前所述，不同文化之间的碰撞、冲突是一种客观存在和历史的必然。但是，存在冲突并非一件坏事。冲突可以引起人们深入思考文化冲突的特点、原因，探索冲突消解的路径和规律，从而在更深层次上达到文化的互鉴与融合。从这个意义上讲，冲突是融合的前提，融合是冲突的逻辑归宿，没有冲突就无所谓融合，即没有冲突的融合毫无意义，而没有融合的文化会走向衰亡。这说明，从冲突走向融合，本身就是一个否定之否定的辩证过程。德国著名思想家恩斯特·卡西尔（Ernst Cassirer）把这种"辩证的统一"，称为"对立面的和平共处"。他指出，人类文化的统一"是一种动态的平衡……是对立面斗争的结果。这种斗争不排斥看不见的和谐"[1]，因为"不和谐者就是与他自身的相和谐：对立面并不是彼此排斥，而是互相依存：对立造成和谐，正如弓与六弦琴"[2]。因此，不同文化之间的冲突，在更高、更深刻的层面上孕育着不同民族国家之间更多且更新的融合，人类文化正是在这种"否定之否定交往中为自己开辟前进的道路"[3]。

其次，要从冲突走向融合必须夯实文化对话的伦理基石。人是一种生活在共同体中的社会存在物，任何一个社会都有其特定的伦理准则和伦理规范，要求每一个社会成员履行维护社会公共利益的责任和义务。因此，人在本质上也是一种伦理存在物，必须遵守基本的社会伦理规范。著名哲学家罗素（Bertrand Arthur William Russell）高度肯定人的伦理觉醒对于人类种族绵亘的终极意义："在人类历史上，我们第一次达

---

[1] [德]恩斯特·卡西尔：《人论》，甘阳译，上海译文出版社2013年版，第349页。
[2] [德]恩斯特·卡西尔：《人论》，甘阳译，上海译文出版社2013年版，第349页。
[3] 彭树智：《文明交往论》，陕西人民出版社2002年版，第20页。

到这样一个时代：人类种族的绵亘已经开始取决于人类能够学到的为伦理思考所支配的程度。"①

文化是人类与动物世界的根本分水岭，人类的一切活动都需要通过人与人、群体与群体之间的文化交往来实现。文化交往之所以是"文化"的，是因为交往中蕴含着基本的价值要素即伦理要素。所以，人类社会的交往关系本质上是以利益为纽带而形成的伦理关系，文化交往得以实现的过程是社会伦理价值和伦理关系建构的过程。

人类不同文化之间的交往作为一种精神交往活动，是通过文化对话实现的。文化对话是文化从冲突走向融合的桥梁，是交往主体建构伦理关系并彰显伦理价值的实践活动。文化对话的过程，是一个从"需求伦理"到"对话伦理"再到"行动伦理"的完整过程，其中"需求伦理"强调的是文化对话作为人类交往需求的正当性与合理性，亦可称为动机伦理；"对话伦理"强调的是，人摆脱自然属性，自觉地以尊重、平等、坦诚、互信、包容、和谐的伦理价值进行的沟通和协商；"行动伦理"强调的是，人在能动地改造其自身世界和外部世界的过程中，建构伦理关系并付诸伦理实践的活动。从这个意义上讲，文化对话作为当今时代不同文化之间自觉而理智的生存智慧，是人类文化交往的伦理回归。

第二节　全球化时代的文化软实力竞争与国家形象建构

冷战结束后，随着信息化时代的到来，经济和文化全球化进程加快，各国之间的交往特别是文化交往日益密切。一个值得注意的新变化是，大国之间的国力竞争从过去主要倚重军事、经济、科技等硬实力开始转向注重文化软实力。文化软实力竞争借助现代传媒技术愈演愈烈，

---

① ［英］伯特兰·罗素：《伦理学与政治学中的人类社会》，肖巍译，中国社会科学出版社1992年版，第159页。

日益成为国际竞争的焦点之一,成为重塑国家形象的重要手段和载体。

一 全球化时代的文化软实力竞争

(一) 文化软实力竞争日益成为全球化时代国际竞争的重点之一

1990年,美国哈佛大学教授约瑟夫·奈(Joseph Nye)在美国《外交政策》上发表了《软实力》一文,首次把一国的综合实力划分为硬实力与软实力两种类型。此后,约瑟夫·奈又陆续出版了《美国定能领导世界吗》《硬权力与软权力》《软实力:世界政治成功之道》等一系列著作,系统地论述了当代国际竞争中的软实力理论。约瑟夫·奈把软实力归结为三个基本要素:一是自由、民主、人权的"价值标准",二是市场经济的制度安排,三是文明、文化和宗教的影响力。显而易见,文化价值观是软实力的核心要素。他认为,在未来国际竞争中,软实力的优势越来越突出,地位越来越重要。如果一个国家拥有了软实力资源,那么在争端发生时,就无须消耗巨大的军事、经济硬实力资源来达到目的。

"软实力论"是对"后冷战时代"国际竞争中文化价值功能的重新审视与深层表达。文化是植根于民族土壤中的精神标识,是融入民族血脉中的精神力量,可以说,有什么样的文化,就有什么样的民族。笔者认为,文化的最高价值和最大功能就是凝聚人心,提振精神,建构认同。因此,文化内在地具有凝聚力、感召力和认同力。这是文化本质力量的确证,是文化成为软实力的根本所在。冷战结束后,文化作为软实力的价值和功能被重新发现,文化软实力竞争也逐渐成为国际竞争的重点之一。人们从历史大变局中清楚地看到,苏联解体东欧剧变,就是西方世界发挥文化软实力作用不战而胜的"经典"范例。如果说,过去美国等西方大国主要是通过诉诸硬实力来征服世界,进而奴役人心的,那么,今天则主要是通过诉诸软实力即通过文化输出、文化殖民来征服人心,进而统治世界。对此,权力政治学派的代表人物汉斯·摩根索直言不讳地指出:"文化帝国主义的东西,是最巧妙的……也是最成功的帝国主义政策。它的目的,不是征服国土,也不是控制经济生活,而是征服和控制人心。"① 美国前总统克林顿曾宣称:"要开辟一个新的战场,其目标就是西方价值观统治世界,实现思想的征服。"② 一些极端论者将文化软实力竞争视为21世纪的"文化战争""认同战争",强调"文化的冲突……比以往任何时候都更危险"③。文化软实力竞争是一场没有硝烟的战争,我们似乎都闻到了浓烈的火药味。

(二)中国参与文化软实力竞争面临的挑战和压力

中国是全球化的积极推动者,也是国际文化软实力竞争的主动参与者。长期以来,我们对文化的功能、价值和文化建设的认识一直是工具性的,所谓"文化搭台,经济唱戏",就是这种理念的集中体现。这一认识的偏颇之处在于,仅仅把文化看作服务经济的工具,而没有认识到文化是国家软实力的标志,是支撑经济社会可持续发展的最深层的力量之源。目前,我国的文化软实力较之美国等西方发达国家在文化软实力竞争方面还有相当大的差距,完全不在一个重量等级上。资料显示,美国为首的西方国家发布和流向其他地区的信息量是反向流量的100倍,美联社等三大通讯社控制了全球四分之三以上的新闻发稿量,美国还可以通过其控制的全球互联网IP地址在两小时内隐身群发70万条信息覆盖我国几乎所有的网站。④ 另据联合国贸易统计数据(UNCOMTRADE),1996—2013年,中国核心文化产品"出口品质远低于发达国家","低端产品占据文化产品贸易出口额的绝大部分",其中从"联系持续期"这一衡量出口文化产品竞争力的重要指标来看,中

---

① [美]汉斯·摩根索:《国际纵横策论》,卢明华等译,上海译文出版社1995年版,第90页。
② 陈曙光:《话语权是一种什么权力》,《光明日报》2015年1月15日第16版。
③ [美]塞缪尔·亨廷顿:《文明的冲突与世界秩序的重建》,周琪等译,新华出版社2010年版,第299页。
④ 高岸明:《全球视野 中国观点 遵循规律 提升效果——简析中国国际传播面临的挑战、机遇与对策》,《对外传播》2015年第1期。

第二章 国家形象建构视域下中国体育跨文化传播能力建设的时代背景和逻辑前提

国的图书比美国落后1.6年，电影比美国落后2年，报刊比法国落后3.2年。① 不难看出，中国在全球文化软实力竞争方面存在明显的差距，同时也面临着来自外部与内部两方面的挑战和压力。一方面，以美国为首的西方国家主宰了全球的文化生产与文化传播，极力贩卖其理性主义的文化价值观、享乐主义的生活方式、自由主义的民主和人权观。西方文化的强势冲击，造成了包括中国在内的广大发展中国家民族文化身份认同的合法性危机。另一方面，博大精深的中华优秀传统文化作为当今中国最深厚的软实力，未能适应时代要求实现创新型转化和发展，表现为深耕不够、阐释不足、传播不力，因而缺乏吸引力和影响力。

改革开放40多年来，随着国家硬实力的增长，和平崛起的中国需要拥有与之相匹配的文化软实力，需要用中国的声音影响世界而不是支配世界。在此背景下，提升中国的文化软实力已刻不容缓，于是，文化软实力建设上升为国家战略。国家主席习近平曾多次强调，要切实"提高国家文化软实力"，不断加强国际传播能力建设，努力掌握国际话语权，用讲好中国故事向世界传播好中国声音。② 近年来，美国对中国国力的快速提升深感焦虑，因而迫不及待地再次掀起对中国的舆论围攻。2017年11月，美国《外交事务》发表了克里斯托弗·沃克等人的《"锐实力"的意义：威权国家如何投射影响力》一文，首次提出"锐实力"概念；2017年12月，英国《经济学人》杂志发表了《"锐实力"中国影响的新形态》《如何应对中国的锐实力》等文章；2018年1月，约瑟夫·奈在美国《外交事务》上发表了《"锐实力"如何威胁"软实力"》。这一系列文章和研究报告将锋芒直接指向了中国，表明美国等西方国家无法接受一个日益强大的中国，企图通过营造国际舆论压力来遏制中国的崛起和文化软实力的增长。因此，只有加强跨文化传播能力

---

① 张欣怡：《中国文化产品出口的现状、问题与对策研究》，《云南社会科学》2015年第4期。
② 《习近平在中共中央政治局第十二次集体学习时强调建设社会主义文化强国 着力提高国家文化软实力》，《光明日报》2014年1月1日第1版。

69

建设,切实提升中国文化软实力,掌握国际话语权,才是粉碎西方企图的唯一正确的选择。

二 国家形象是国家文化软实力的表征

如前所述,从国家形象与国家实力的关系来看,国家形象是一个国家综合国力及其国际影响力的集中体现,是国家软实力的精神文化标识。因而,在国际社会塑造和传播良好的国家形象,是一个国家提升其自身国际竞争力的不二选择。在当今时代,有越来越多的国家认识到国家形象之于国家发展的极端重要性,于是纷纷将国家形象建构纳入国家战略,努力提升本国的国际形象。如此一来,国家形象博弈也成为我国参与国际竞争的焦点之一。

(一)国家形象的多维审视及其媒介表达

学界对国家形象的研究有两种不同的学术视角:一是本质主义,二是建构主义。本质主义论把国家形象视为一个国家实体即本体性本质的客观状态,包括物质、制度、精神等要素在国际受众头脑中的反映,它表现为国际社会通过国际舆论形成的对该国客观实在的主观评价和认知。本质主义强调的是,对国家形象的主观认知和评价应尽可能地再现国家的物质本原性和客观实在性。然而,这种基于实体性思维的直接反映论,并不能保证对国家形象的认知和评价一定是客观的和真实的。与本质主义论相反,建构主义论则强调世界的整体性和世界万物之间的关联性即关系结构。它认为,国家形象不是由一国单方面自我建构的,而是在互动交往中基于国家身份的相互认同与他者"互构"(共同建构)的产物。也就是说,一国在与他国的交流、沟通中,通过观念的交换、互享,建构起一种彼此身份认同的国家间关系。从这个意义上讲,国家形象在本质上是一种基于国家身份相互认同的关系性建构。笔者认为,这两种研究视角各有所长,分别从不同角度诠释了国家形象的建构逻辑,为我们提供了多向度审视国家形象的方法论。

第二章　国家形象建构视域下中国体育跨文化传播能力建设的时代背景和逻辑前提

国内学者段鹏认为，与传播学中所讲的客观真实、媒介真实、主观真实相对应，一个国家的国家形象可以呈现为三种类型，即"国家实体形象（客观真实）、国家虚拟形象（媒介符号真实）和公众认知形象（主观真实）"①。在笔者看来，同一主权国家的这三种形象并不是一种割裂关系，其中虚拟形象起着非常重要的连接实体形象与公众认知形象的"桥梁"作用。一方面，由于受时空条件所限，通过媒体塑造的国家虚拟形象，对国家实体形象的客观真实再现和对公众认知形象的真实建构，都起着决定性的作用。当今全息化的媒介时代是一个媒介建构形象、形象主宰话语、话语影响认知的时代。问题在于，国家虚拟形象是经过媒体对国家实体形象加工处理之后，借助文字、音像等媒体语言呈现给广大受众的。也就是说，国家媒介形象是经过媒体根据需要进行特定"编码"后建构起来的。如此一来，就形成了一个有着内在逻辑关联且依次推进的"形象链"：自塑实体形象→自塑媒介形象（编码）→他塑媒介形象（解码/再编码）→他塑受众认知形象（再解码）。②正如鲍德里亚所言："社会事物是通过它在文化形式中的表达而出现的。这些形式都通过媒介得以扩散，每一种形式都有一个特定的'编码'与之对应。"③这种经过特定"编码"的媒介形象，并非国家实体形象的"镜式反映"，它们或是对国家实体形象的描摹，或是拔高和美化，甚或是"扭曲和变形"④。

另一方面，公众（尤其是域外公众）主要是通过媒体建构的国家媒介形象来认识和评价一个国家的。然而，国家媒介形象与公众认知形象并不一定完全对应，甚至会相左。这是因为"媒介产品的多义表达以

---

① 段鹏：《国家形象建构中的传播策略》，中国传媒大学出版社 2007 年版，第 8 页。
② 王翔、鲍海波：《近代以来国际体坛中国形象的嬗变及其文化解析》，《新闻与传播评论》2023 年第 3 期。
③ ［美］道格拉斯·凯尔纳：《波德里亚：批判性的读本》，陈维振等译，江苏人民出版社 2005 年版，第 193 页。
④ 刘丹凌：《论国家形象的三重内涵——基于三种偏向的分析》，《南京社会科学》2014 年第 5 期。

及受众阅读的多元模式"增加了国家认知形象的不确定性,① 进而可能导致"解码"与"编码"的错位。这说明,就国家认知形象的建构而言,认知"意义"的生成并不完全取决于意义的生产者,而在一定程度上受制于信息接收者。但是,媒介之于国家形象的意义无论怎样估计都不算高,"媒介在历史上对于想象国家社群发挥了核心作用,或许事实上,要是没有……媒介的贡献,也不可能创建共同的文化群落和认同"②。

（二）文化软实力与国家形象相互依存、相互表征

文化软实力与国家形象犹如一枚硬币的两面,二者相互依存、相互表征又相互支持。在国家形象建构中,以往人们更为关注的是经济、军事、科技等硬实力对形象塑造的重要作用,这当然无可厚非。随着全球化和后冷战时代的到来,软实力尤其是文化软实力在综合国力竞争和国家形象塑造中的作用及地位日益突出。可以说,没有坚实的文化软实力做后盾,就没有强大的国家形象。一方面,国家形象作为一个国家的精神标识,其本身就是一种文化软实力。国家形象对内的意义在于,凝聚民心,鼓舞民志,增强国民的民族身份认同和国家认同；国家形象对外的意义在于,展示中国的综合国力,彰显民族精神风貌,增强中国的世界影响力和吸引力,提高国际社会认同度,减少中国在融入全球化进程中的阻力。当今世界的国际竞争从一定意义上讲,是以国家形象之争表现出来的文化软实力竞争。一国的形象能否得到国际社会的认同,在很大程度上取决于该国文化的吸引力和影响力,也就是取决于文化软实力建设和发展的状况。国家文化软实力强,则该国在国际社会的认同度就高,反之亦然。所以,文化软实力是国家形象的内核,而国家形象是文化软实力的外在表现。

---

① 刘丹凌:《论国家形象的三重内涵——基于三种偏向的分析》,《南京社会科学》2014年第5期。
② [英]戴维·莫利、凯文·罗宾斯:《认同的空间:全球媒介、电子世界景观与文化边界》,司艳译,南京大学出版社2001年版,第265页。

第二章　国家形象建构视域下中国体育跨文化传播能力建设的时代背景和逻辑前提

另一方面，文化软实力又为国家形象建构提供了强有力的支撑。文化作为精神力量，具有潜移默化的社会整合功能。就一国内部而言，文化在培育民族感情和精神、维护国家凝聚力和向心力方面发挥着至关重要的作用。国家的统一，民族的团结，不仅需要制度的强制力作保障，而且需要通过民族文化这一共同的精神家园来聚合，文化作为一个民族的灵魂和血脉，正是这样一种任何东西都无法替代的整合性力量。就世界范围而言，大国兴衰的历史规律表明，世界大国发展的成就、大国身份的获得、大国地位的长期巩固，取决于该国是否拥有足够强大的文化软实力，是否能对其他国家乃至整个世界的文化发展产生巨大影响并作出重要贡献。如果一个大国不能给时代提供一种具有引导力的文化或价值观念，不仅难以被国际社会认可，而且其本身发展的可持续性都难以为继。正因如此，世界各主要大国都把加强文化软实力建设和提升本国文化的整体实力作为重塑大国形象的重要措施，力求占据国际文化竞争的制高点。在此背景下，中国作为世界大国应当强化其自身的文化身份意识，努力加强文化软实力建设，提高中华文化的世界影响力，为实现民族复兴和重塑国家形象奠定坚实基础。

（三）中国国家形象建构的现状与困境

不可否认，我国经过几十年的持续高速发展取得了举世瞩目的成就，国家整体面貌发生了翻天覆地的变化，综合竞争力显著增强。这无疑为国家形象建构奠定了良好的基础。然而，我国的文化软实力建设完全滞后于国家形象建设，从而导致国家形象的建构不能适应国家现代化发展的需要，尤其是在西方世界中国形象或者被误读，或者被扭曲。由于各民族国家的历史传统、发展道路、语言和文化价值体系有很大差异，一般说来，对异国形象的文化误读是难以避免的，在一定程度上是一种规律性的现象。国家形象建构中的文化误读，通常有三种情形：一是基于语言译介或文化差异的误读，这种误读大多是善意的;二是基于某种偏见或其自身文化优越感而产生的误读,这种误读有偏见但无恶意;三是基于某种险恶用心而蓄意误读,这种误读完全是出于某种特殊需要,有计划、有预谋地恶意歪曲、抹黑某国形象。西方主流媒体和受众对中国的误读,使得中国国家形象并未得到西方主流社会的认同。另据中国外文局当代中国与世界研究院《中国国家形象全球调查报告2019》,2019年,海外受访者对中国的总体印象为6.3分,较上年上升0.1分,其中发展中国家对中国形象的好感度较高,达7.2分,而发达国家对中国形象的好感度相对较低,为5.3分,较上年下降0.1分(见图2-1)。

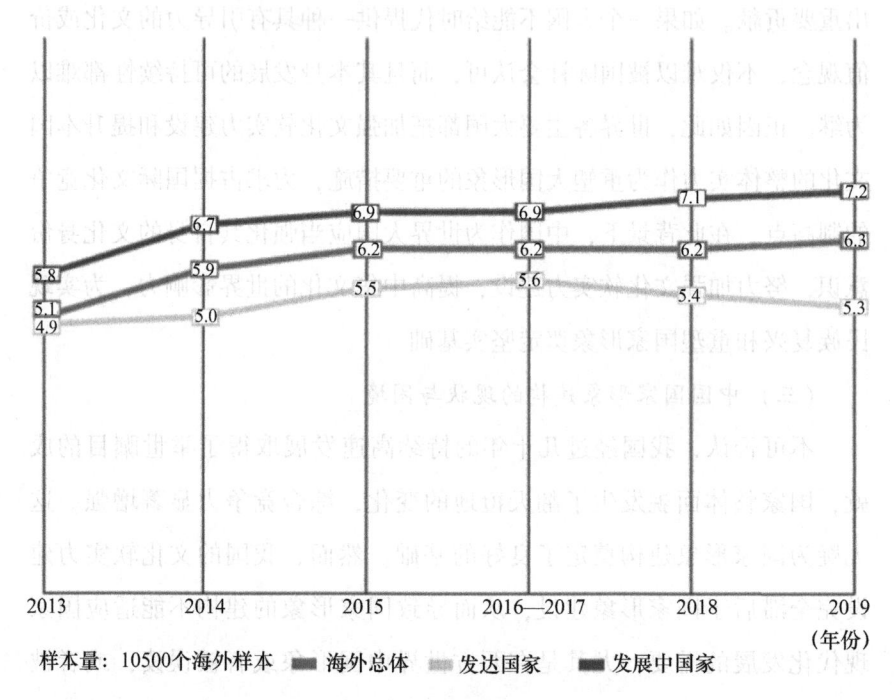

样本量:10500个海外样本　■海外总体　■发达国家　■发展中国家

图2-1　中国整体形象得分(1—10分)

中国国家形象建构中的文化误读现象固然有着诸多客观原因,也与西方国家推行的文化霸权政策、发动的意识形态战争以及构筑的西强我弱的国际传播格局有直接关联。然而，反观中国自身，我们在文化软实力和国家形象建设方面所存在的不足乃至缺陷，是导致国家形象被误读的主观因素。具体说来，一是对跨文化传播和国家形象建构一般规律和特殊规律的研究不够，认识不足。二是观念陈旧落后，不能适应后冷战时代国际环境变化的需要，因而常常掉入西方通过议题引导设置的"意识形态陷阱"。三是在国家形象传播中，重视经济形象而忽视精神文化形象，重视官方形象而轻视民间社会形象，重视国家整体形象而忽视国民素质的培育及其形象建构。四是从文化产品的输出来看，具有中国符号形象的文化产品在国际市场上的份额占比偏低。这表明中国文化产品的世界影响力小，认可度普遍偏低。

三　体育跨文化传播能力是国家文化软实力的重要体现

从一定意义上讲，中国体育的国际影响力不仅取决于竞技体育的发展，而且取决于体育跨文化传播的能力和成效。纵观近代以来中国体育的跨文化传播历程，我们基本上是在欧美预设的话语体系中蹒跚前行，还没有取得参与决定体育国际规则的话语权。这当然与我国竞技体育实力不强有关，但另一个重要原因是体育的跨文化传播能力有限，中国体育文化、体育成就、体育政策的国际知晓度不高。因此，提升我国体育跨文化传播能力，是建构国家形象的迫切需要。

（一）体育跨文化传播能力是国家文化软实力的重要构成要素

如前所述，习近平从中华民族伟大复兴的战略高度曾多次强调，要"提高国家文化软实力"。文化软实力有两个基本维度：一是文化内在的价值意涵及其引领力，二是文化对外的吸引力和影响力，二者相互依存，缺一不可。因此，要提高我国文化软实力，就必须在这两个基本向度上下功夫，一方面深入挖掘、开发我国文化的价值内涵，不断扩大文化的价值增量；另一方面，通过跨文化传播和文化交流，不断增强我国文化的域外影响力和吸引力。需要强调的是，文化软实力是一种开放性的力量。它不是在自我封闭的一国环境中形成的，而是在国与国之间的文化交往中即跨文化传播的过程中形成和发展起来的。严格说来，文化只是一种潜在的软实力，只有被其他国家的受众认可和接受才能真正转化为软实力。所以，文化软实力的形成和发展离不开跨文化传播。中华文化只有在与异质文化交往过程中才能充分彰显自身的魅力，而且传播力越强，文化符号越具有冲击力，文化的影响力和吸引力就越大，他国受众对我国文化的认同度和接纳度就越高。问题在于，跨文化传播实践活动本身并不会直接导致文化软实力的提升，关键是跨文化传播的能力是否能够支持文化软实力的可持续发展，"能力"才是全部问题的"核心"。只有不断提升跨文化传播能力，才能可持续地有效增强国家文化软实力。由此可见，跨文化传播能力既是一种国家文化软实力，又对文化软实力的形成和发展具有非常重要的作用。[1] 因此，我们要将体育跨文化传播能力建设上升到提高我国文化软实力的战略高度，从而在体育文化激烈竞争的国际格局中把握机遇，应对挑战，优化文化传播能力结构，不断拓展文化辐射空间，更好地服务于我国体育跨文化传播和国家形象建构。

　　文化软实力作为国家间的一种比较优势，不是自我确认、自我标榜的，而是经过广泛的跨文化传播，在与其他国家文化的交往和比较中得以确认的。就我国而言，虽然文化软实力与西方发达国家相比还有很大差距，但国家硬实力的强大为文化软实力的发展奠定了坚实的基础、创造了良好的条件。毫无疑问，我国悠久的历史文化遗产包括体育文化遗产在内具有跨时空的文化价值。但是，文化软实力是一个特定时空条件下的概念，每一个时代都有属于该时代的文化软实力，过去时代的文化软实力未必就是当今时代的文化软实力。中华传统体

---

[1] 杨琳、申楠：《论跨文化传播活动中我国文化软实力的提升》，《西安交通大学学报》（社会科学版）2012年第1期。

育文化乃至整个历史文化遗产的文化价值只有实现当代转换,能为当代所用即通常所说的赋予其鲜活的"时代价值",才能称之为我们时代的文化软实力。

(二) 塑造中国体育强国形象必须十分重视体育跨文化传播能力的提升

国家形象建构的过程,是一个主权国家面向国际社会展示其自我形象的过程,也是国际社会通过舆论对一个主权国家进行总体评价的过程,前者是"自塑"形象,而后者是"他塑"形象。由于世界各国语言、历史文化和意识形态存在巨大差异,国家形象塑造的过程,是一个"自塑"主体与"他塑"主体互动博弈的错综复杂的过程,其中有许多具有不确定性的变量因素在发生作用。这一过程的复杂性和艰巨性,对国家的跨文化传播能力提出了很高的要求。跨文化传播能力强,意味着一个国家的国际表达能力强,则该国就会利用其自身的传播优势传递大量的正面信息,从而在世人面前树立起本国的良好形象,赢得国际社会的尊重。这说明,跨文化传播能力对国家形象的建构甚为重要,用拟人化的语言来形容,或许可以说,是国家形象的"设计师"和"助产士"。当前,我国正处在从体育大国向体育强国迈进的历史征程中。体育强则国强,体育承载着国家强盛和民族复兴的伟大梦想。然而,我国体育尤其是竞技体育和体育文化的国际影响力和竞争力还非常有限。尽管在近几届奥运会上,中国运动健儿取得了令世界瞩目的骄人成绩,但并不足以改变由欧美国家主导的世界体坛格局。特别是在西方强势体育文化的冲击下中国传统体育文化面临着衰落的危机,传统体育项目不仅难以为世界所接纳,而且正逐渐淡出国人的生活和视野。体育文化的影响力是衡量体育强国的重要尺度,体育跨文化传播能力又是国家文化软实力和竞争力的重要体现。因此,不断提升体育跨文化传播能力,是建成体育强国和向世界展示中国形象的必然要求。

体育作为一种世界通用"语言",天然地具有跨文化特性,而中国体育文化又是世界上历史最悠久、内涵最丰富、最具民族特色的文化形态。在构建人类命运共同体和体育全球化语境下，加强体育跨文化传播能力建设，推动中国体育文化走出国门，为世界人民所共享，既是中国给人类贡献的公共文化产品，又是中国建构体育强国形象的需要。在这一进程中，媒体的使命和责任，就是讲好中国故事，塑造中国体育强国形象。一方面，通过对内宣传，增强国人的文化自信，鼓舞民众以体育自强促进国家强盛；另一方面，通过体育跨文化传播，阐释中国和平崛起的强国之路，塑造中国强国形象，让世界认同和拥抱中国。建设体育强国是一项系统工程，讲好中国体育故事也必然涉及诸多方面。笔者认为，媒体在体育跨文化传播中应着重讲好如下三方面故事。一是要讲好中国体育做"大"的故事，重点是开展全民健身、发展群众体育的故事；二是要讲好中国体育做"强"的故事，重点是发展竞技体育，书写运动员在国际体育大赛中为国争光的故事；三是要讲好中国体育做"优"的故事，重点是发展体育文化产业、塑造民族体育文化品牌的故事。然而，遗憾的是，目前，我国对外讲好中国体育故事的能力还不强，远不能满足塑造体育强国形象的需要，内容不丰富，渠道不畅通，方式不灵活，话语不新颖，受众不广泛，效果不理想。因此，在新时代，提升体育跨文化传播能力已经迫在眉睫。

第三节　文化自信：国家形象建构与体育跨文化传播能力建设的逻辑前提

一　文化自信是国家认同和民族复兴的力量源泉

（一）文化自信的内涵与特征

习近平曾高度肯定文化自信在中国特色社会主义"四个自信"逻辑体系中的基础地位及其独特价值。他指出，与道路自信、理论自信、

第二章　国家形象建构视域下中国体育跨文化传播能力建设的时代背景和逻辑前提

制度自信相比,"文化自信,是更基础、更广泛、更深厚的自信,是更基本、更深沉、更持久的力量"[①]。美国人类学家克利福德·格尔茨（Clifford Geertz）借用马克斯·韦伯（Max Weber）的话,把文化喻为人自己"所编织的意义之网"[②],而人就是悬在这个"网"中寻求生活意义的精神动物。的确,文化作为人共有的精神家园和心灵栖息地,是一个民族、国家的"根"和"魂",是历史绵延传承下来、流淌在民族血脉中的精神基因,是维系民族团结和国家统一的精神纽带。正因如此,从根本上说,文化自信是最彻底的民族自信和国家自信。

笔者认为,文化自信作为一个具有中国特色的话语范式特指文化主体（国家或民族）对其自身所建构的文化的积极评价和充分肯定。也就是说,文化自信是文化主体基于对象性文化的比较、反思,而形成的对自身文化价值及其生命力高度认同的稳定的心理结构及坚定信念。具体来说,第一,文化自信是一种文化心理现象,是从个体心理认知向群体心理认知的跃迁,是文化主体对其自身所建构的文化充满信心和寄托情感的一种积极的心态。第二,文化自信是文化软实力的象征,是文化主体在与异质文化的交流中,基于对自身文化的积极评价而确立的一种自我认同的坚定信念,确信其文化有强大的生命力和创造力。第三,文化自信是行动的前奏,是文化主体决心付诸实践解决面临的时代问题的一种积极的姿态。

文化自信具有如下特征：

其一,鲜明主体性。文化作为人的社会实践活动的产物,是人的主体性、能动性和创造性的生动体现。因此,文化自信实质上是人的主体性价值及其本质力量的确证。这种主体性价值表现在两个方面：一是文化自信所指向的文化本身具有主体价值。这种文化是世界文化谱系中具

[①] 习近平：《坚定文化自信,建设社会主义文化强国》,《实践》（思想理论版）2019年第7期。

[②] ［美］克利福德·格尔茨：《文化的解释》,韩莉译,译林出版社2014年版,第5页。

有独特品性、独特风格和鲜明民族特色的文化。只有这样的文化，才是自信的文化，才能以其主体性价值成为世界性文化。因为"越是民族的就越是世界的"。二是文化自信的民族国家本身具有主体性身份。文化自信说到底是民族国家自信。一个处于依附地位的不自信国家，其所建构的文化很难说不是一种依附性文化。所以，文化自信必然是文化的主体性价值与民族国家主体性及其主体性自觉的有机统一。

其二，价值指向性。文化自信具有明确的价值指向。这种价值指向在于自信的文化本身具有"善"和"德性"。"善"和"德性"是优秀文化的本质属性。坚定文化自信，意味着文化主体通过文化传播向世界传递文化的"善"和"德性"，如传播中华和合文化的伦理精神，从而遏制恶文化的泛滥，建立一个平等正义、和谐共荣的文化世界。需要强调的是，文化自信指向的"善"和"德性"，归根结底源自于作为文化主体的民族和国家固有的德性伦理价值观。随着时代的发展，文化自信的国家和民族，将在人类命运共同体框架下创造出无愧于时代的崭新的文化价值体系。

其三，开放包容性。文化自信不等于文化自负、文化自满，它营造的是一个开放包容的文化生态系统，是对文化多样性和"他者"文化的尊重，这正是文化自信的根本原因之所在。因此，文化自信与两种错误的文化倾向格格不入：一种是文化自我封闭。即文化主体认为它自己的文化已经尽善尽美，不需要学习和吸纳外来文化，因而孤芳自赏，关闭了与其他文化交流的大门；另一种是自我扩张。即文化主体把它自己的文化视为世界上最"高等"的文化，而"高等"文化有权支配或取代"低等"文化或弱势文化。[1] 于是，对外推行文化霸权主义，进行文化扩张和文化殖民。相反，文化自信的中国既反对文化霸权主义，也反对文化封闭主义，主张以开放包容的心态加强与不同文化之间的对话与

---

[1]［美］托马斯·哈定等：《文化与进化》，韩建军、商戈令译，浙江人民出版社1987年版，第61页。

第二章 国家形象建构视域下中国体育跨文化传播能力建设的时代背景和逻辑前提

合作,实现各民族国家文化共同繁荣。

(二) 文化自信是实现民族复兴伟业的强大精神动力

第一,文化自信是中华民族文化软实力的重要标志和力量之源。文化作为一个民族的精神追求和价值载体,承载着该民族自我认同的价值准则。从国际竞争和国家发展的角度来看,文化作为国家软实力,主要表现为一种精神上的向心力和影响力,它对于国家凝聚力的形成、国民性格和精神的塑造,具有极为重要的意义。文化自信是一个民族、国家对其自身文化的高度认同和自觉坚守,是国家文化软实力的重要标志之一。这里涉及文化认同、国家认同与文化自信的关系问题。文化认同(cultural identity) 即文化身份认同,它既是某一特定的个体、族群或民族在文化交流中对其自身特有的身份特征的认同,也是文化主体在民族文化发展中对其自身建构的文化特征的认同。就文化认同与国家认同的关系而言,文化认同作为民族的文化心理建构是国家认同的前提和基础,国家认同是文化认同的归宿。判断一个国民对国家是否认同,关键要看其是否拥有对其本国文化的认同;就文化自信与国家认同的关系而言,二者具有内在的统一性。文化自信是国家认同的前提,国家认同是文化自信的目标追求。文化自信通过对民族文化的认同实现国家认同,没有文化自信,就不可能建立自觉的、稳固的国家认同。正因为文化自信是建构国家认同的"更基本、更深沉、更持久的力量",所以,以高度的文化自觉,坚定中华文化自信,是提升国家文化软实力的必然要求。

第二,文化自信是保持民族文化独立性的重要心理支撑。文化作为一个民族国家的精神符号,是与其他民族、国家相区别的根本标识。文化自信说到底就是对本民族文化独立品性及其精神特质的自信,其核心是价值观自信,本质是民族自信、国家自信。也就是说,文化自信体现了一个民族、国家对其自身文化独立品性和独特价值体系的高度认同与执着坚守。因此,文化自信实际上是对民族文化身份的自我确证,它铸就了民族自我意识中"我是谁"的文化"胎记",即文化密码。正是这种文化密码,成为维系中华民族共同体的强大心理动因和归属意识。在当今世界上,面对多元文化的冲突和强势文化的渗透,我们必须坚定文化自信,维护民族文化的独立品性和国家文化主权的安全。同时,要正确处理与异质文化包括西方文化的关系,以积极审慎的姿态学习他者并客观地反思自我,既不盲目崇拜也不固步自封,而是在保证民族文化独立性的前提下,吸纳异质文化的精华,掌握文化传播交流的主动权。在与异质文化的关系问题上,费孝通先生为我们勾画了从文化自信到文化大同的审美路线:从"各美其美"即展示自我文化之美→"美人之美"即尊重并欣赏他人文化之美→"美美与共"即通过交流互鉴共享文化之美→"天下大同"即实现世界文化融合之美。

第三,文化自信是实现中华民族复兴伟业的强大精神支柱。一个民族国家的复兴和崛起,不仅需要坚实的物质基础,而且需要强大的精神动力。文化自信就是给中华民族的复兴和崛起提供精神动力和文化心理支撑的。很难想象,一个缺乏精神的民族,有资格和能力屹立于世界民族之林。文化自信是民族复兴的内在根据和必要条件。从文化的历史传承和演进来看,绵延五千多年的中华文化是人类历史上唯一没有中断的文化,今天中华民族的文化自信,就根植于这一厚重的文化沃土,它必然成为中华民族再现辉煌的精神支柱。从现实中国的发展需要来看,"没有高度的文化自信,没有文化的繁荣昌盛,就没有中华民族伟大复兴"[①]。文化具有润物无声的渗透力和扩散力。坚定文化自信,就意味着在促进文化繁荣发展的基础上,将中华文化精神渗透和扩散到经济、政治和社会生活的方方面面,夯实道路自信、理论自信、制度自信的文化根基,不断增强民族的创造力,从而筑牢民族复兴伟业的精神基石。

---

① 习近平:《坚定文化自信,建设社会主义文化强国》,《实践》(思想理论版)2019年第7期。

二 文化自信是提升体育跨文化传播能力和建构国家形象的逻辑前提

（一）文化自信与体育跨文化传播能力提升和国家形象建构拥有共同的时代命题与使命担当

当代中国的文化自信有着深厚的历史渊源，经过数千年文明积淀的中华优秀传统文化是文化自信的强大底气，也是中国文化软实力和国家形象建构的强大底气。正因如此，文化自信作为实现中华民族伟大复兴的文化战略，是体育跨文化传播能力建设和国家形象建构的重要基础，只有坚定文化自信，国家形象塑造和体育跨文化传播能力提升才有底气和动力。

文化自信与国家形象议题的出场，有着深刻的时代背景，二者共同服务于实现中华民族伟大复兴这一当代中国最高的时代命题。新中国成立七十年来，随着国家硬实力的显著增强，和平崛起的中国日益走近世界舞台中央，加入全球化时代激烈的大国竞争中。然而遗憾的是，中国在硬实力"硬"起来的同时，软实力却未能得到相应提升，因而中国在国际社会的认可度和美誉度也未能相应提升。在这一背景下，"软实力"日益成为学界一个有重大理论和现实意义的话题。[①] 于是，文化自信与国家形象作为文化软实力研究进一步深化的产物，其话语出场就是一种基于理论自觉的必然选择。文化自信与国家形象在本质上都是国家软实力的表征，而体育跨文化传播能力是软实力的重要体现，它们共同服务于提升中国文化软实力进而实现民族复兴伟业的时代要求。

总而言之，"文化软实力"是打通文化自信与国家形象的桥梁，是二者形成良性互动的轴心。一方面，文化软实力的提升，是文化自信的必然要求和重要内容，是国家政治、经济实现可持续发展的内在动力，因而也是国家形象建构和提升的关键。通过加强文化软实力建设，不但能进一步增强和坚定文化自信，而且能有效提升国家形象。另一方面，

[①] 冯海燕：《国家形象与文化自信的互动关系研究》，《对外传播》2018年第10期。

体育跨文化传播能力和国家形象的提升又反过来促进了文化软实力的增强，从而进一步坚定了文化自信，为国家形象的新一轮升位提供了源源不断的精神动力。

（二）文化自信与体育跨文化传播能力和国家形象具有共同的价值内涵

如果说，文化自信的核心是价值观自信，那么，国家形象的核心就是体现价值观自信的国家文化形象。当代中国的价值观自信（包括体育价值观自信）源于中华优秀传统文化，源于中华民族在数千年文明发展中所缔造的不朽的价值体系。英国著名哲学家罗素说过："中国至高无上的伦理品质中的一些东西，现代世界极为需要。"[①] 的确，一个真正的世界大国，必然是一个思想大国，在思想理念上拥有影响乃至引领世界的精神力量。

其一，以文化自信所蕴含的核心价值观塑造当代中国的国家文化形象。如前所述，文化自信的核心是价值观自信。任何一个国家的文化都包括体育文化，都是该国核心价值观的载体与表征。核心价值观作为一个国家文化的灵魂和精髓，引导并规约着该国文化的发展方向，从而也引导和规约着该国文化形象的塑造。在当代中国，根植于中华优秀传统文化和社会主义先进文化的核心价值观，是国家文化形象塑造的价值引领和根本遵循。它既超越了资本主义核心价值观，又观照了人类的共同价值信仰，有助于世界各国了解中国人民的价值诉求，认识中国文化的特质和价值。面对西方世界的文化围攻和国际价值冲突，我们只有深入挖掘并大力弘扬中华优秀传统文化和当代先进文化中所蕴含的核心价值观，解码中国崛起的文化密码，讲好中国发展故事（包括体育故事），才能更加自信全面地向世界展现中国的国家文化形象。

其二，塑造包容和合的负责任大国文化形象，有助于增强和坚定中华民族的文化自信。良好的文化形象能够有效增强一个民族、国家的文

[①] ［英］伯特兰·罗素：《中国问题》，秦悦译，学林出版社1996年版，第167页。

第二章 国家形象建构视域下中国体育跨文化传播能力建设的时代背景和逻辑前提

化自信。著名历史学家汤因比（Arnold Joseph Toynbee）认为，相较于世界上其他文明，中华文明具有强大的同化再生力量，这种力量主要源于中华和合思想。罗素也充分肯定中国至高无上的伦理品质中"和"是居"第一位"的。[①] 笔者认为，和合文化是中华优秀传统文化（包括中华体育文化）的核心和精髓，是当代中国文化自信与国家形象建构的深厚基础。准确地说，和合文化为当代中国在国际社会及国际体坛上树立包容、和合的负责任大国形象，提供了弥足珍贵且不可或缺的文化资源。

习近平在中国国际友好大会暨中国人民对外友协成立六十周年大会的讲话中指出："中华文化崇尚和谐，中国'和'文化源远流长，蕴含着天人合一的宇宙观、协和万邦的国际观、和而不同的社会观、人心和善的道德观。在5000多年的文化发展中，中华民族一直追求和传承着和平、和睦、和谐的坚定理念。"[②] 这就高度抽象地概括了中华和合文化的基本内涵。一是在人与自然的关系上主张"天人合一"，即人与自然和谐共生。中华传统文化强调人与自然的统一性，所谓"盖天地万物原是一体"[③]，"天即人，人即天"[④]，"天人之际，合二为一"[⑤]。主张从人与自然的关系中寻找人伦道德与人的行为之根据，将仁爱之心扩展到天地万物。二是在族群与族群、国与国的关系上，主张"协和万邦"。"协和万邦"是和合文化的核心价值之一，强调以"协"与"和"的方式处理不同族群、邦国之间的关系。所谓"亲仁善邻，国之宝也"[⑥]，"以和邦国，以统百官，以谐万民"[⑦]，从而达致"万国咸宁"[⑧]，和睦

---

① [英] 伯特兰·罗素：《中国问题》，秦悦译，学林出版社1996年版，第167页。
② 习近平：《在中国国际友好大会暨中国人民对外友好协会成立60周年纪念活动上的讲话》，《人民日报》2014年5月16日第2版。
③ 《传习录》。
④ 《朱熹·朱子语类》。
⑤ 《春秋繁露·阴阳义》。
⑥ 《左传·隐公六年》。
⑦ 《周礼·天官冢宰》。
⑧ 《周易·乾卦》。

共处，天下太平。三是在人与人、人与社会以及社会内部诸要素的关系上，主张"和而不同"。刘梦溪认为，"和而不同"是中国文化贡献给人类的一大智慧，是中国人直面世界的总原则。如"夫和实生物，同则不继"①，借自然运行法则强调"和"在处理政治关系上的重要性；在人际关系上，孔子主张"君子和而不同"②，"礼之用，和为贵"③；在社会内部诸事物的关系上，老子提出"负阴抱阳"之和④的协调平衡之道。总之，中华和合文化的价值理念，是处理社会纷争、构建和谐世界的一大智慧，当然也是体育跨文化传播过程中处理各种复杂关系的一种智慧。

全球化时代是一个多元文化并存、竞争的和而不同的时代。中华和合文化的基本价值，恰好契合了该时代构建人类命运共同体的理念，诠释了新时代中华民族的新世界主义观，为消解人类文化冲突、推动不同文明的交流互鉴以及和谐世界的建立贡献了中国智慧和中国力量，从而塑造了中国和合、包容的负责任大国形象，极大地提升了中华民族的文化自信。

（三）文化自信与国家形象建构有共同的实现路径

路径之一：通过提升文化软实力坚定文化自信和塑造大国形象。如前所述，文化软实力建设，是连接文化自信与国家形象的桥梁，是二者形成良性互动的轴心环节。因此，加强文化软实力建设包括体育跨文化传播能力建设，自然成为增强文化自信、提升国家形象的共同路径。文化软实力建设的着力点，首先是以高度的文化自觉再造中华传统文化的时代辉煌。中华优秀传统文化的价值魅力和历史作用已被实践所证明。但是应该看到，以儒家思想为代表的中华传统文化毕竟是特定历史时代的产物，其历史和思想方法的局限性显而易见。在今天新的时代条件

---

① 《国语·郑语》。
② 《论语·子路》。
③ 《论语·学而》。
④ 《道德经》第四十二章。

第二章 国家形象建构视域下中国体育跨文化传播能力建设的时代背景和逻辑前提

下,我们必须理性反思和辩证审视传统文化,在扬弃和传承中推动传统文化根据时代发展的需要转化、创新,从而焕发出新的生机和活力。毋庸置疑,这种文化反思的勇气和转化、创新的实践本身就是文化自信的表现,它必然提升中华文化的国际影响力,建构起中国作为思想大国的形象。不仅如此,提升文化软实力,还需要创制大量优秀的文化产品包括各种体育文化产品,并通过跨文化传播将这些表征中华文化精神特质的文化符号推向世界。打造文化精品力作,一是要大力发展文化产业特别是体育文化产业,建设有国际竞争力的文化产业"航母";二是要坚持思想性与艺术性的统一、传统性与现代性的统一、民族性与世界性的统一;三是要善于运用具象化、符号化的体育文化产品表达抽象的中华文化价值元素,通过可感知、易传播的文化符号展示新时代的中国形象。

路径之二:通过文化对话彰显文化自信和提升国家形象。在文化对话中,正确处理两组关系极为重要:一是文化自信与文化他者的关系。"他者"是西方后殖民主义理论中一个与"自我"相对的文化概念。"自我"作为西方世界"我们的文化"被标榜为国际社会"主流文化",而超越这一边界的文化则被视为"他者的文化"。在西方主流媒体眼中,中华文化就属于与西方格格不入的"他者的文化"。显而易见,西方话语中的"他者"是一个歧视性的贬义概念。全球化语境下的文化逻辑是新世界主义的,强调世界的整体性[1]、文化的多样性以及与他者文化的互动[2],认为自我与他者同属跨文化传播的平等主体,二者应从相互对抗转变为相互建构。文化自信的自我建构离不开他者。一方面,打开他者的精神世界,了解和学习他者的知识、智慧,可以丰富自我;另一方面,以他者的眼光审视自我,可以发现自我的不足及弱点,从而

---

[1] Craig Calhoun, "Cosmopolitanism and Nationalism", *Nations and Nationalism*, Vol. 14, No. 3, 2008, pp. 427-448.

[2] Ulf Hannerz, "Cosmopolitans and Locals in World Culture", *Theory, Culture & Society*, Vol. 7, No. 2, 1990, pp. 237-251.

引导自我走出盲区并完善和超越自我。所以，从一定意义上讲，他者是自我的一面镜子，自我的意义建构和文化自信，是通过与他者的文化交流互鉴实现的。二是坚定中华文化自信与理性对待西方文化的关系。在全球化时代，中西方文化的激烈碰撞乃至冲突，是一个不争的事实。因此，对于当代中国而言，文化交往的关键是正确处理中西方文化的关系，理性看待西方文化。文明演进的历史证明，一个真正的文化大国必然是一个充满自信、具有高度包容性的国度。尊重和学习他者，反思并修正自我，是一个真正的文化大国应有的心态、修养。今天我们批判西方文化霸权主义，并不意味着完全否定和拒绝西方文明。我们在坚定文化自信的前提下，应以客观的态度辩证地看待包括西方竞技体育文化在内的西方文化，并积极吸纳和借鉴其中所包含的有价值的文化元素。只有如此，才能不断丰富和发展自我，增强中华文化的生命力。

第三章
国家形象建构：中国体育跨文化传播能力提升的价值自觉

第一节 体育的媒介属性、媒介传播及其政治文化意蕴

一 体育的媒介属性

体育是否具有媒介属性，是体育传播学乃至体育史研究领域的重要课题之一。体育作为媒介传播的对象和内容，是与体育媒介的发展相互促进、相辅相成的。体育媒介经历了一个从场域空间媒介到文字符号媒介再到电子网络媒介的演变过程，即体育场馆—体育信息—体育报刊—体育频道—体育网站等递进或共存的体育媒介。笔者认为，体育媒介具体包括两层含义，一是体育本身具有媒介属性和传播功能，二是传播主体借助大众媒介等形式向受众传播体育信息。值得注意的是，体育本身就是一种特殊的"语言文化"。与美术、音乐、舞蹈一样，体育是人类社会几乎没有任何符号传递障碍的、世界性通用"语言文化"之一。是文化，就要传播，这是文化天然具有的一种媒介属性。既然体育本质上是一种文化，其媒介属性当然不容置疑。正是在这个意义上，体育成为人类文化传播的一种十分重要而又独特的形式。

(一) 体育具有仪式性

体育作为一种文化活动，具有很强的仪式感，尤其是大型体育赛事常常被喻为人类共同体的"神圣典礼"和"盛大节日"。美国学者詹姆斯·凯瑞（James W. Carey）从文化学的视角研究传播现象，提出了与传统的"信息传递观"迥然不同的"传播仪式观"。传统的"信息传递观"着眼于传播功能的实现，主要研究信息在物理空间的传递和扩散。而"传播仪式观"注重的是人类整体意义的建构和文化共享的过程。詹姆斯·凯瑞指出：传播仪式观不是指信息在空间上的传递和拓展，"而是指时间上对社会的维系……是共同信仰的创造、表征与庆典"，"其核心则是将人们以团体或共同体的形式聚集在一起的神圣典礼"。[①]在凯瑞看来，作为"庆典"的仪式是传播的最高境界，其目的在于建构并维系一个有意义、有秩序、能够凝聚人们的文化共同体。显然，与"媒介即信息"的传统观点不同，凯瑞的传播仪式观强调的是"媒介即仪式""仪式即信仰"。在这里，"仪式"是对传播本质—价值和信仰传播的隐喻。当今时代是一个高度媒介化和符号化的时代。是媒介将体育塑造成为一种全球性的游戏和全球性的文化符号及文化景观。体育的仪式性突出表现为大型体育赛事的开幕式、闭幕式、升国旗、奏国歌、颁发奖牌（杯），以及运动员和教练员宣誓等。这些亿万观众瞩目的神圣仪式，是人类追求共同价值的宣誓，是人类共同信仰和精神家园的建构，是世界各国人民精神和力量的彰显。

(二) 体育具有"共同在场"的广泛参与性

在当今时代，体育越来越成为人们生活的一部分，成为一种基本的生活方式。特别是随着现代网络技术的迅猛发展，体育的媒介化不仅成为体育的基本存在方式，而且成为人们参与体育的基本方式之一。这使得人类参与体育的广泛性达到了空前的程度和规模。值得注意的是，互联网媒介通过现场直播营造了一种"共同在场"的拟态参与环境，全

[①] ［美］詹姆斯·凯瑞：《作为文化的传播》，丁未译，华夏出版社2005年版，第28页。

第三章 国家形象建构：中国体育跨文化传播能力提升的价值自觉

球数十亿观众在同一时间不同地点共享体育盛宴，参与体育文化狂欢，体验竞技活动之美。如 2008 年北京奥运会开幕式的全球观众达 47 亿人，2014 年巴西世界杯足球赛也有 32 亿观众。特别是对诸如此类的重大国际体育赛事进行现场直播的机位通常多达数十个，镜头的特写、变焦、快速转换将赛场的宏观和微观画面一览无余地呈现给观众，极大地调动了观众的情绪，让观众在强烈的感官刺激和群情激昂的狂欢中有一种身临其境的感受。

（三）体育表达具有大众传播的娱乐性

体育作为一种特殊的大众文化，不仅能够聚集广泛的注意力，引发极高的社会关注度，而且能够生成一系列衍生性价值，如高水平竞技比赛所产生的刺激性、观赏性、释放感、归属感等。与此相适应，体育一般都是通过大众传媒进行传播的，由于受众群体的广泛性，体育传播必然带有大众传播的一个共性特点，即传播内容的趣味性和娱乐性。正如美国学者威尔伯·施拉姆（Wilbur Schramm）等人所言："大众传播的全部内容几乎都具有一种泛化的游戏功能或愉悦功能"，这些内容传递的信息符号是大众传媒受众"共同感兴趣的"。[1] 如世界杯足球赛已被媒体喻为"全球狂欢"的盛大节日。赛前的宣传，刻意营造了浓郁的节日气氛并成为受众心中的期盼。而现场直播更是把体育的娱乐化演绎得淋漓尽致，气势恢宏的场景、扣人心弦的射门、呐喊助威的球迷、激动人心的颁奖等一个个精彩呈现的瞬间，都被巧妙地组合为一种"景观化的文化表达"[2]。在这种全球共享的审美体验中，虚拟世界与现实世界的区分已毫无意义。

（四）体育具有跨文化性

作为一种世界通用的"国际语言"，体育可以一种"共同的人性方

---

[1] ［美］威尔伯·施拉姆、威廉·波特：《传播学概论》，何道宽译，中国人民大学出版社 2010 年版，第 35 页。

[2] 陈力丹：《传播是信息的传递，还是一种仪式？——关于传播"传递观"与"仪式观"的讨论》，《国际新闻界》2008 年第 8 期。

式"冲破种族、地域、语言、宗教等的阻隔,在世界范围内实现不同民族国家、不同语言文化之间的交流与沟通。人们凭借对体育的共同爱好和兴趣,可以在世界任何一个角落找到自己的"知音"。体育的跨文化性突出表现为体育传播的无障碍性,也就是说,具有不同语言文化背景和民族国家身份的受众,可以做到无障碍地观看国际体育赛事,欣赏彼此间的竞技表演。这主要是因为体育赛事有相同的竞技规则,体育审美有基本相同的追求,体育语言可以无师自通,体育观众几乎有相同或相近的情感体验及"共同感兴趣的信息符号"①。所以,体育是人类文化中最具跨文化特征的文化形态。

综上所述,体育的媒介属性除了体育本身具有传播的介质功能外,还与大众媒介的作用密不可分。可以说,体育的媒介属性从根本上体现了体育与媒介的完美融合。这种融合根源于二者都具有公共性、大众性、跨文化性的共同特征,二者在引导个人生活和社会生活、培育社会价值、调整社会关系、建构社会认同方面共同发挥着积极作用。所以,确切地说,是媒介全球化成就了体育全球化,不仅使体育成为"信息化体育"和每个人"身边的体育",而且赋予体育以国家象征意义和全球象征意义。

二 体育的媒介传播与媒介形象

人类的体育发展史就是一部体育传播史。体育的历史与传播的历史同样久远,"体育需要媒体,媒体需要体育"②。随着体育传播的发展,体育的功能性价值从教育向政治、经济、文化精神等领域拓展。特别是体育全球化时代的到来,为体育的媒介传播创设了难得的机遇并提供了广阔的空间。体育新媒体(包括自媒体)不断涌现,体育传播的内容

---

① [美]威尔伯·施拉姆、威廉·波特:《传播学概论》,何道宽译,中国人民大学出版社2010年版,第35页。
② 林景、余君:《试论奥运舵手选拔对我国大众媒介体育传播的影响》,《湖北体育科技》2007年第4期。

第三章　国家形象建构：中国体育跨文化传播能力提升的价值自觉

越来越丰富多彩，从微观的体育知识普及、体育赛事传播拓展到宏观的体育话语权争夺和国家形象建构等。当今信息化时代是一个"注意力经济"的时代，"注意力"成为时代的稀缺资源，也成为各国竞相争夺的战略资源。因此，体育媒介传播的商业化成为顺应这一时代发展需要的必然逻辑。

体育具有一定的产业属性和巨大的商业开发价值。2014年，国务院下发了《关于加快发展体育产业促进体育消费的若干意见》，激发了体育市场活力，迎来了体育产业发展的春天。从2014年到2017年，体育产业增加值年均增长16.87%，是同期GDP增速的2.4倍。[①] 到2022年，全国体育产业总规模为33008亿元，增加值为13092亿元。与上年相比，体育产业总产出增长5.9%，增加值增长6.9%。[②] 随着人们生活水平的提高和消费需求的多元化，体育消费成为一种集旅游、休闲、竞技、娱乐于一体的综合性时尚消费，目前首批96个体育特色小镇和298个国家体育产业示范基地已陆续挂牌。[③] 此外，一批中国体育品牌企业如安踏、鸿星尔克、李宁等，瞄准国际市场变化提升品牌文化、科技含量，创新品牌运营机制，其产品已在100多个国家和地区出售。随着腾讯、苏宁、优酷、乐视、阿里巴巴等新媒体巨头大举进军体育产业，极大地推动了体育媒介传播的商业化。体育媒介传播商业化的核心，是获取体育赛事经营权与转播权。对于体育赛事经营商而言，其经营的并非赛事而是媒介，因为赛事需要通过媒介广为传播；对媒体运营商而言，其经营的并非媒介而是赛事，因为媒介营销的内容是传播赛事。在赛事经营商与媒介运营商共同建立的商业链条上，还有一个特殊的角色即体育赞助商。体育赞助商把赛事转播作为推销本企业品牌的绝佳机会，其

[①] 江小涓：《体育产业发展：新的机遇与挑战》，《体育科学》2019年第7期。
[②] 国家统计局：《2022年全国体育产业总规模与增加值数据公告》，https：//www.stats.gov.cn/sj/zxfb/202312/t20231229_1946084.html.，2023年12月29日。
[③] 姜科仁等：《中国体育产业发展回顾与"十四五"前景展望》，《天津体育学院学报》2022年第1期。

影响力和传播力远超一般广告。资料显示,腾讯体育购买的 NBA (2020—2025)转播权年均费用为 3 亿美元,乐视体育购买的英超联赛(2016—2019)转播权年均费用为 1.33 亿美元,体奥动力购买的中超联赛(2016—2020)转播权年均费用为 16 亿元人民币。[1] 而苏宁体育更是以 5.6 亿英镑买下英超 3 年的转播权。由此不难看出体育品牌的国际影响力及其价值增值力。[2] 信息化时代体育的全球化,使体育媒介传播的商业化成为不可逆转的潮流和趋势,只有顺应潮流,加快体育产业发展,做大体育产业蛋糕,不断提升体育文化品牌包括赛事品牌和明星品牌的竞争力,中国的体育媒介传播才能如虎添翼,在国际体育传播格局中占有一席之地。

体育媒介传播的符号化呈现是体育媒介形象。体育媒介形象,是指媒体通过传播有内在关联的体育信息,在受众脑海中形成的关于现实体育活动的影像。换言之,受众脑海中的体育媒介形象,就是媒体基于现实体育景观而传输的体育相关信息所形成的投影图像。

(一)体育媒介形象是媒介与受众共同建构的

媒介形象生成规律告诉我们,虽然体育媒介形象直接产生于体育活动的客观事实,但毕竟是由媒体传播的相关体育信息建构的,而媒体在多重因素的作用下,往往根据某种特定的价值尺度对信息进行选择、加工、编辑,于是呈现在受众面前的,就是一个经过媒体重新编排后的全新的体育形象。该形象并非体育事实的原生形象,而是被媒介修正后重塑的"媒介形象",是受众理解体育信息的主要信源。这种由媒介表达的体育形象被受众认为是真实的形象,受众根据媒介表达的体育信息对现实世界的体育事实进行合理性和价值性判断。大众媒介是社会的公器和良心,应当客观、真实地塑造体育的媒介形象。

---

[1] 李进、王相飞、王真真:《中超联赛新媒体版权研究》,《沈阳体育学院学报》2018 年第 3 期。

[2] 江小涓、李姝:《数字化、全球化与职业体育的未来》,《上海体育学院学报》2020 年第 3 期。

第三章 国家形象建构：中国体育跨文化传播能力提升的价值自觉

由于大多数受众不能直接参与体育赛事，因此，他们对体育事实的理解和对体育形象的认知，主要依据媒介传播的信息，当然，这种理解和认知也不是完全被动的。所以，体育媒介形象的塑造，不仅取决于媒介如何表达体育事实，而且取决于受众如何根据媒介表达的体育信息理解和认知体育形象。这表明体育媒介形象的塑造，是媒介与受众合作共同完成的。这是一个以体育事实为基础，从媒介议题设置开始到媒介议题结束再转化为大众舆论的过程。在这一过程中，媒介舆论与受众观点之间存在着一种张力关系。从另一角度来看，媒介与受众共同建构的媒介形象以及受众话语所引发的体育舆情，也会反过来影响现实的体育活动及其发展趋势。也就是说，现实的体育活动会受到体育媒介形象和相关舆情的影响并出现一定程度的改变，从而形成新的体育事实和体育媒介形象。

（二）运动员形象是体育媒介形象的基础性要素

运动员形象是体育媒介所塑造的代表性形象，是支撑体育媒介形象的基础性要素。运动员是体育竞赛活动的直接参与者，运动员形象分为现实形象与媒介形象，前者是指运动员在竞技场上语言表达、行为举止、竞技状态和竞技水平等；后者是指媒体对运动员个体或群体进行新闻报道所塑造的形象，即媒介表达的运动员形象。一种值得注意的现象是，越来越多的体育明星为企业或公益事业代言，参与了电视、电影等商业活动，于是媒体开始关注赛场外运动员的日常生活，由此塑造出了更多鲜活、丰满的运动员形象。随着互联网新媒体的发展，许多体育明星注册了公众平台账号，受众通过微博微信等公众平台对运动员的日常生活有了更多的了解。这无疑是展示运动员形象的一种崭新的方式。运动员在国际大赛中获得的荣誉是国家体育实力的重要标志，运动员在国际体坛上的形象不仅代表运动员个体，而且直接关乎着国家形象。国外受众往往是通过媒介表达的运动员形象来解读和认识一个国家的。因此，运动员形象是国家形象的缩影。要塑造国家良好的国际形象，就要善于利用运动员的明星效应来展示国家体育的全球竞争力。

（三）体育媒介形象的本质是体育精神的媒介表达

体育既是人类的一种基本生活方式，又是一种文化样态和传播媒介，这种三位一体的架构决定了体育具有一定的意识形态性。体育的意识形态功能主要表现为体育精神的诠释、传承、创新和弘扬。体育文化是体育精神的载体和集大成，这种大众流行文化可以陶冶人的品质，塑造人的意志，是一种使人实现全面发展的生活哲学。在体育全球化背景下，体育文化已成为大众传媒建构的全球性文化之一。奥林匹克文化就是对人类体育精神的最经典阐释。"更高、更快、更强"的奥林匹克精神，是人类在改造自然的过程中所创造的精神财富。也是奥林匹克运动向全人类发出的奋斗不息、顽强拼搏、开拓创新的号召。随着时代的变迁，奥林匹克精神不断被注入新的内涵。现代奥林匹克文化不但继承了传统的奥林匹克精神，而且体现了当今时代人类所需要的相互尊重、公平竞争、友谊合作、和谐共生的精神，即所谓的奥林匹克主义。这显然已经是一种具有超越性价值的人生哲学和对人类命运具有前瞻意义的世界哲学。这些精神通过大众媒介传播到全世界。越来越多的受众从体育的媒介形象中重新认识了体育的内在精神及其时代价值，感受到了体育在创造世界历史中的拼搏之美、奋斗之美、竞争之美、合作之美、和谐之美。人们在享受体育所带来的快乐的同时，树立了体育永不言败的人类精神和竞争意识。

三 体育传播的政治文化意蕴

体育与政治的关系问题，是一个非常敏感且无法绕开的话题。一方面，从理论上讲，体育原本是一个超意识形态的中性文化符号，体育跨文化传播也是一个中性概念。因此，体育似乎应该与政治无涉。但是，在现实中，体育与政治难以彻底分离，二者如影随形。正如前文提及的联合国教科文组织报告所说，在所有能引起国家成就自豪感的指标中，

第三章　国家形象建构：中国体育跨文化传播能力提升的价值自觉

体育居第一位。① 2017年8月27日，习近平在会见全国群众体育先进单位、先进个人代表和全国体育系统先进集体、先进工作者代表以及在天津全运会群众比赛项目中获奖的运动员代表时强调，"体育承载着国家强盛、民族振兴的梦想。体育强则中国强，国运兴则体育兴"。这说明，当体育与国家强盛、民族复兴和国家文化软实力紧密联系在一起时，体育就具有了强国功能所折射出的政治色彩，成为标识国家意志和民族精神的重要介质。与此相适应，体育跨文化传播也具有了形塑与传播国家形象的政治价值意蕴。

另一方面，体育是一种具有浓郁国家身份色彩的文化符号。在国际体坛上，体育总是作为国家身份的象征而存在，它不可能脱离国家而独立存在。运动员的国籍，颁奖时的升国旗、奏国歌环节，是体育中不可或缺的标志国家身份的政治元素。此外，球迷为本国球队呐喊助威以及获胜时的狂欢，也折射出鲜明的国家身份认同和国家归属。所以，实际上不可能完全脱离政治来言说体育。20世纪50年代中国因国际奥委会公然支持"两个中国"，退出了第16届墨尔本奥运会并与国际奥委会断绝关系；70年代著名的"乒乓外交"到现今频见的"亚运外交""奥运外交""世界大运外交""元首体育外交"等，都是"体育政治"的典型范例。可见，体育与政治的关联和张力是一种客观存在的现实。问题是，在体育跨文化传播中如何把握好"度"，既要坚持国家利益至上，维护国家的良好形象，又不能无视国际受众的文化认知和情感归属，强硬推介我们的国家意识，更不能滑入狭隘民族主义的泥沼。否则，只能适得其反。总之，从一定程度上讲，体育跨文化传播只有上升到国家层面，其建构国家形象的目标才能最终实现。中国期待的"体育强国"形象，本质上就是文化形象与政治形象的有机统一，或者说，是以体育文化形象为载体而实现的国家政治形象建构。

---

① 张朋：《体育在实现国家认同中的作用研究》，《四川体育科学》2012年第6期。

第二节 体育的民族文化基因与跨文化传播

如同世界文化的多样性一样，体育作为一种文化样态，其多样性存在是一种客观现实。各民族国家的体育文化必然打上了本民族文化的烙印，带有本民族文化的基因。正因如此，世界体育文化才呈现姹紫嫣红、争相斗艳的文化景观。但是，体育文化的民族性只有在世界的共享性中才能得到最充分、最完美的诠释。因此，体育需要传播、交流，让世界人民共享各民族国家体育文化的成果，感受体育文化的魅力。从这个意义上讲，实现价值共享，是中国体育跨文化传播能力提升不可或缺的价值维度。

一 体育的民族文化基因及其身份认同

（一）民族文化是体育的"根"和"魂"

体育与民族文化之间有着天然的、割不断的血脉联系。世界上任何一个国家的体育文化，都是在长期历史发展中形成的一种民族性和地域性的产物，都不可能脱离本民族文化而孤立存在，必然深深地打上了本民族文化的烙印，带有民族文化与生俱来的先天基因。从这个意义上讲，一个国家的体育文化是本国民族文化的符号化表征，是民族文化的载体与具体表现形态。而民族文化是体育的"根"，赋予体育以民族品性和民族精神之"魂"。可以说，有什么样的民族文化，就有什么样的体育文化。窥一斑而见全豹，通过解读一个民族国家的体育文化，可以了解该民族的性格、气质、精神、价值观及整体的文明进化程度。根据这一逻辑，西方强势体育文化虽然具有重视竞争性和规划性的优长，但是其显现出的傲慢与偏见，无疑是西方文化排他性、攻击性及其文化霸权心态的折射。

中华体育文化本质上是一种生命哲学和生活哲学，它从中华优秀传

第三章　国家形象建构：中国体育跨文化传播能力提升的价值自觉

统文化中汲取了丰富的营养，从一个侧面并以一种独特的方式继承和发扬光大了中华文化。

第一，中华体育文化继承和发展了中华优秀传统文化中"天人合一"的宇宙观，主张人与天地万物的统一和谐。"天人合一"是中国传统文化的核心范畴，其要义是将人与自然关系的伦理之道即仁爱之"天道"推广到天地万物，建立一个"民胞物与"的"保合太和"世界。西方文化崇尚自由意志和个体本位，强调对立面的排他性、对抗性。按照这一逻辑，西方强势体育文化动辄对非西方弱势体育文化进行排斥、打压。与此相反，中华体育文化崇尚整体主义和社会本位，强调对立面的统一性、协调性，主张各民族国家体育文化和平共处、共生共荣，建立一个公平、正义的人类体育共同体。作为一种身体性文化，中华体育文化强调身体运动必须遵循自然法则即遵循人的生理和心理规律，最大限度地追求人与环境、空间、场地、对手、观众以及其自身的和谐统一。

第二，中华体育文化继承和发展了中华优秀传统文化中"和而不同"的开放、包容精神，主张各民族国家体育文化平等对话、和谐共生。"和而不同"是中华文化处理万物之间复杂关系的一种哲学理念和生存智慧。西方体育文化崇尚排他性竞争，这源于商业文明的竞争意识和资本对外扩张的征服意识。欧美的橄榄球文化就是寻求征服快感的典型。[①] 与此大相径庭，中华体育文化强调"和而不同"，是对人类体育文化多样性的尊重和对各民族国家体育文化价值的充分肯定。当然，有"不同"，就会有竞争，但竞争并非绝对的排他，而是在和谐相处的前提下公平竞争、各展风采，也就是中华武术文化倡导的"君子之争"即"为而不争""争而不斗"。这种"和而不同"的包容性竞争，为各国彰显自身体育文化的独特价值提供了广阔的空间，营造了一个全球体育文化和谐共生、交流互鉴的秩序化平台，在这里人们欣赏和体验到的

---

① 王翔、鲍海波：《近代以来国际体坛中国形象的嬗变及其文化解析》，《新闻与传播评论》2023 年第 3 期。

不只是竞技之美，而且有和谐之美。

第三，中华体育文化继承和发展了中华优秀传统文化中"亲仁善邻""协和万邦"的政治伦理观，主张以"仁"与"善"、"协"与"和"的方式化解国家之间在体育领域的矛盾、冲突。一般说来，在国际大赛中抑或在体育外交领域，发生矛盾冲突是不可避免的。问题在于，以什么样的态度和方式处理这些矛盾、冲突？中华体育文化主张"和为贵""亲仁善邻""以和邦国"，即以仁义、友善、协调的方式化解矛盾、冲突。这体现了中华文化的伦理价值观和刚柔相济、以柔克刚的文武之道。英国哲学家罗素也充分肯定，在中国至高无上的伦理品质中，"和"是居第一位的，这是现代世界极为需要的。① 20世纪70年代著名的"乒乓外交"，就是运用中华和文化处理国际关系的成功范例。当然，在处理国际体育纷争中，坚持"和为贵"并不是毫无原则的"和稀泥"。在涉及国家利益和国家形象等原则问题上，不排除以针锋相对的方式反击某些国家蓄意挑起的争端。

第四，中华体育文化继承和发展了中华优秀传统文化中"天行健，君子以自强不息"的奋斗精神，鼓励运动员团结协作、顽强拼搏，为国家荣誉而战。竞技体育是力量和速度的较量，拼的是运动员挑战极限的意志、毅力和精神。在竞技体育中，西方体育文化崇尚个人英雄主义，注重个体的荣誉及其自我价值的实现。与此相反，中华体育文化崇尚集体主义，更注重体育奋斗的社会价值，始终把国家荣誉置于至高无上的位置。因此，运动员在国际大赛中永不言败、顽强拼搏，正是中华民族自强不息奋斗精神的生动体现和真实写照。在中华体育文化中，自强不息的奋斗精神是以厚德载物的伦理精神为支撑的。"刚健有为"与"崇德守礼"融为一体，成为体育追求的至高境界。②

---

① [英]伯兰特·罗素：《中国问题》，秦悦译，学林出版社1996年版，第167页。
② 王翔、鲍海波：《近代以来国际体坛中国形象的嬗变及其文化解析》，《新闻与传播评论》2023年第3期。

第三章 国家形象建构：中国体育跨文化传播能力提升的价值自觉

在这里，特别值得一提的是具有鲜明民族文化特征和时代内涵的中国女排精神。"中国女排"这四个字已经不再单纯指代一支体育运动队，而是被提炼为一种时代精神，成为一种具有象征意义的符号。它代表着拼搏、奋进、自强不息和只有中国人才能理解的"集体主义"。它是中华民族精神的代表和中国国家形象的代名词。在中文语境中，"中国女排"已经被浓缩为激励国人不懈奋斗的话语符号。它极大地鼓舞了中国人民实现民族复兴的志气，增强了中国人民的民族自豪感和自信心。

（二）体育的媒介表达关涉民族文化身份认同和国家认同

"认同"（identity），即身份认同，是关于"我们是谁？从哪里来？要到哪里去"的终极性追问。人类的发展是历史的，更是文化的，文化是人类与动物的最根本区别。因此，族群身份界定的核心是文化身份，身份认同的关键是文化认同。文化认同亦称文化身份认同，是人的社会性和文化性辩证统一的表征，是个体或群体对其自身属于某一民族文化共同体的确认，其核心是民族和文化归属感，其要义是对民族文化信仰、价值观、社会道德规范、生活方式和行为方式的认同。民族文化身份认同，既是在民族共同体内部建构的，又是在民族自我与民族他者的对话交流中建构的。文化认同是民族认同和国家认同的基础，是民族和国家凝聚力、向心力的源泉，是维系民族和国家共同体的"识别象征体系"。可以看出，以文化为血脉和纽带，文化认同、民族身份认同与国家认同具有内在的同一性。

中华民族体育文化的认同，以及中华民族文化身份认同和国家认同不是自然而然就能形成的，而是通过体育的媒介表达和媒介传播实现的。就民族共同体内部而言，中华民族体育文化的广泛传播，具有很强的凝聚认同的功能。一方面，通过在场体验，可以让更多的参与者有机会交流心得、沟通情感、切磋技艺、共同磨炼意志，并且在激烈的竞技运动中实现和超越自我，从而切身感受民族体育文化的魅力，增强对民族体育文化的认同；另一方面，充分发挥大众媒介的传播和动员功能，使民众充分认识民族体育文化的深刻内涵及其价值意蕴，从而产生强烈的民族文化身份认同。然而，遗憾的是，在现今体育全球化和媒介化的大背景下，我国民众特别是青少年群体对中华传统体育文化的认同度并不高，相反却热衷于追捧西方现代体育文化。究其原因，一是我国传统体育文化未能顺应时代潮流与时俱进地实现转化和创新；二是我们对民族体育文化的媒介传播十分有限，远远比不上西方大国的宣传力度和效果。国内认同度尚且不高，更遑论海外认同度了。这不能不说是我国民族体育文化面临的一种尴尬局面。国内民众对本土体育文化的自觉认同和弘扬，是对外传播中华体育文化、确立中华民族文化身份地位的重要前提。因此，我们首先必须解决国内民众对中华民族体育文化的认同问题，加大传播力度，创新传播方式，生产更多古典与现代相融合并为群众所喜爱的体育文化产品，培育民族文化感情，使中华民族体育文化的身份地位在国内民众心目中真正确立起来。

一个民族的体育文化不仅可以凝聚本国民众的文化认同，而且可以通过跨文化传播提高海外公众的关注度，建构他者的文化认同。一方面，现代信息技术的迅猛发展，增强了全球文化的流动性，使体育与媒介的互动进一步加强。体育的媒介化生存及其全球性拓展，加速了体育文化的同质化和"去地域化"。但是，另一方面，正如阿伦德尔（Arundel）和罗氏（Roche）所指出的，传播技术的发展和媒介力量的驱动，又给民族性、地域性体育文化的传播创造了机遇，刺激了民族性、地域性体育文化的积极觉醒和过度反应。[1] 这里所谓的"积极觉醒"和"过度反应"，是指非西方国家努力抵抗西方强势体育文化的冲击，力图在西方主导的全球体育文化格局中寻求突围，获得自身生存的空间和国际社会的认同，摆脱被同质化的危险。追求文化认同，不是要追求文化的同质化，更不是要建立"大一统"的全球文化，这既没有现实可能性，又违背了文化多样性的历史发展规律，而是要推动形成

---

[1] Raymond Boyle, "'The Grand Old Game: Football', Media and Identity in Scotland", *Media, Culture & Society*, Vol. 18, No. 4, pp. 549-564.

第三章　国家形象建构：中国体育跨文化传播能力提升的价值自觉

"和而不同""和谐共生"的文化生态。毋庸讳言，西方体育文化的强势传播和引入，挤压了中华体育文化的生存空间。民族体育文化的身份认同危机不仅表现在国内而且反映在国外。我们应理性地看待这种危机，认识到没有认同危机的发生和西方体育文化的强烈刺激，就不会有中华体育文化的"积极觉醒"，中华体育文化就会缺失发展的动力和活力。因此，我们必须善于化危为机，以开放的心态积极吸纳西方现代体育文化的优秀成果，赋予中华传统体育文化以科学精神和新的时代内涵，实现民族传统体育文化的创新性发展。与此同时，强化中华体育文化的海外传播和视觉符号表达，特别是善于从受众的角度思考问题，关注海外受众对中华体育文化的媒介接触。"媒介接触"作为一个专用术语，是指受众通过接触和使用媒介的行为，接受媒介信息，理解或认同媒介内容。因此，媒介接触是建构文化认同的重要途径。诚然，受众的媒介体育接触不可能单方面影响其文化认同，而是要通过综合性的社会文化机制和心理机制发生作用。但是，有一点可以确定，与其他因素相比，受众媒介体育接触在文化认同方面的一个天然优势，就是不具有排他性，[1] 因而更符合现代人渴望了解更多异质文化的心理意愿。受众通过接触媒介体育，就会对某一体育文化的意义和价值给予认同。所以，乔治·格伯纳（George Gerbner）说："体育，尤其是媒体所再现的体育，已经被融入人们对自己和他人的身份界定之中。"[2] 我们应利用这一优势，在体育跨文化传播和受众媒介体育接触两个向度同时发力，建构海外中华体育文化的民族身份认同和中国国家形象认同。

二　体育跨文化传播的优势和特点

跨文化传播是不同文化之间跨越文化鸿沟进行对话、交流和融合的

---

[1] 董青、洪艳：《体育符号：体育传播与国家形象建构》，中国原子能出版社2017年版，第187页。

[2] Gram Burdon, *Media and Society: Critical Perspectives*, Tsinghua University Press, pp. 343,347, 348.

过程，其前提是传播主体具有对话的意愿。在全球化时代，本土体育文化与异质体育文化的对话、沟通、交融已成为必然趋势。如前所述，体育本身就是一种极具跨文化属性的世界"通用语言"和"共享文化"。体育对自由、快乐、奋进、和平等美好精神生活的追求，契合了人类的天性，使得其在跨文化传播过程中可轻易突破各种障碍，率先成为文化交往的破冰者。每个民族的体育文化虽各有特色，但本质上都有共同的体育信仰。因此，体育文化能够跨越不同的种族、民族、地域和文化区隔，在全球范围内广泛传播，最终通过对话交流，在尊重差异、相互理解的基础上实现共享。

（一）体育跨文化传播具有天然的无障碍性

德国著名哲学家恩斯特·卡西尔（Ernst Cassirer）在《人论》一书中将人定义为"符号动物"，人的文化世界是一个符号化的世界，文化的传播实质上是一整套系统化了的符号操作活动。体育作为世界五大通用语言之一，是人们凭借直觉观察就很容易理解的一种具象化的"语言符号"。借助这种特殊的"语言符号"，人们可以跨越民族和地域限制以及语言和文化藩篱，自由地、无障碍地进行交流、沟通。这主要是因为体育在全球传播中具有许多"跨"文化的普适性要素，如人们拥有共同的体育文化信仰和体育价值追求，有一致认同的体育游戏规则，有共同的审美旨趣，有人性化的叙事方式等。不仅如此，新媒体技术的普及和广泛运用，也极大地消除了体育跨文化传播的时空障碍。所有这些都使得体育跨文化传播在全球拥有规模十分可观的受众，受众群体没有民族、职业、性别上的区分。

（二）体育跨文化传播具有包容性

跨文化对话是不同文化之间的平等对话，或者说是平等的主体之间的一种包容性对话。与此相适应，跨文化对话机制也应当是平等的主体之间开放、包容的合作机制。这种包容性要求跨文化对话必须超越狭隘的民族主义，尊重对象性主体的文化差异和文化属性，承认各民族文化

第三章　国家形象建构：中国体育跨文化传播能力提升的价值自觉

身份的合法性。在此基础上进行平等的交流、沟通。与显性的意识形态观念文化不同，体育文化是具有普适性价值的文化，人们对奥林匹克文化的信仰和对体现人类终极关怀的体育价值的追求，是进行体育包容性跨文化对话的前提和基础。包容性对话决定了体育跨文化传播不是单向的信息传递过程，而是一个双向互动的信息交换过程。这有利于增强信息传播的回应性，消除传播过程中的"信息折扣"，从而确保体育跨文化传播的效度。以和合思想为精髓的中华体育文化本身就是一个开放性、通约性和包容性的文化体系，具有海纳百川的气度和胸襟。我们的任务是，必须创造条件，将这种潜在的优势转化为现实的传播优势。

（三）体育跨文化传播具有潜移默化的隐形传播优势

与意识形态观念文化的宣传性阐释和显性传播不同，体育文化具有隐形传播的特点和优势。所谓隐形传播，是指在体育跨文化传播过程中，对外不直接宣示体育背后所隐蕴的国家文化意图和价值诉求，因为这样容易引起域外受众的反感和抵触。而是通过举办体育赛事、开展体育交流与合作、开拓境外体育市场、出口体育文化产品等一系列灵活多样的活动和方式，在不经意间潜移默化、润物无声地传播本民族文化，表达本民族的价值诉求，塑造本国良好的国家形象。文化信仰和价值观是体育文化的深层结构，是构成国家软实力的核心，这些决定国家命运的核心要素可以通过体育跨文化交际向世界传播。实践证明，开展"体育外交"这一柔性和隐性的外交活动，相较于政治、经济、军事等刚性外交，更容易传播国家主流价值观，也更容易为国际社会所接受。[①] 所以，"体育外交"已成为我国对外传播和交流的重要渠道。

（四）体育跨文化传播具有娱乐性的"去体育化"推广优势

体育是一种具有娱乐性、观赏性的大众文化，能够聚集社会关注度，吸引公众注意力。因此，体育跨文化传播要取得良好的成效，得到国外受众的认可，不仅要注重国际大赛中的竞技成就，而且要重视发挥

[①] 邓星华、宋宗佩：《中国体育对外传播的反思与超越》，《体育学刊》2017年第2期。

本民族体育的"非体育"特性。也就是说，民族体育的跨文化传播，要体现出文艺性、娱乐性、民俗性、鉴赏性等特征，即所谓的"去体育化"。这无疑是体育跨文化传播能够获得预期效果的重要途径。体育的社会性质不在于一味地强调运动员的技巧或竞技结果，而是要增加运动过程中的娱乐性、审美性和参与性，让受众在积极参与中感受体育的魅力，满足自我审美体验。与此同时，充分发挥媒介的去"体育化"推广作用，以吸引更多的受众参与其中。例如，美国NBA不断加强篮球运动的娱乐性和参与性，举办一年一度的全明星赛，并与媒体联手通过现场直播促进篮球项目的优化推广。"去体育化"的媒介传播方式，大大提升了跨文化传播的效果。

三 实现价值共享：中国体育跨文化传播能力提升不可或缺的维度

体育运动是人类的一种生活方式。但是，在人类文明发展史上，体育运动却生成了文化的意义，本质上转变为一种文化，进入了人的意义世界即精神世界。文化是体育的灵魂，体育是文化的重要载体之一。没有文化的体育是丧失了灵魂的体育，而没有体育的文化是残缺不全、有内在缺陷的文化。在当今全球化和信息化语境下，体育跨文化传播是不以人的意志为转移的客观必然，应深刻地认识到，体育文化的民族性只有在世界的共享性中才能得到最充分、最完美的诠释。因此，实现体育文化价值的全球共享，是体育跨文化传播能力提升不可或缺的价值维度。

（一）推动体育健身，提高人的生命质量

体育运动的首要价值是强身健体，促进身心和谐，提高人的生命质量。这也应该成为体育跨文化传播能力提升的价值选择。也就是说，通过加强体育跨文化传播能力建设，普及体育健身知识，让更多的人知晓体育运动对生命的意义，这也是一个负责任大国对人类命运共同体应有的担当和贡献。

第三章 国家形象建构：中国体育跨文化传播能力提升的价值自觉

所谓人的生命质量，是指在特定时空条件下人自我生命活动的内涵、层次、品质和成效的总和。由此推论，所谓提高人的生命质量，强调的是在外部条件的支持和推动下，每一个体通过不断丰富生命活动的内涵、激发生命活动的内在活力、提高生命活动的品质和层次，来促进自我生命的圆融，实现生命的意义和价值。生命质量是一个为人所有的专属概念。对人而言，追求的不仅是生命外延的拓展和"量"的满足，而且更重要的是生命内涵的丰富和"质"的升华。人正是在不断超越"现在之我"的过程中锲而不舍地追求生命的质量和价值，这是人之为人的本质特征和根据。体育运动作为人的生命活动的有机组成部分和人的一种存在方式，是人的生命本质和生命价值的实现方式之一，对于人的生命质量的提高有极为重要的意义。马克思指出，人的生命活动的本质取决于人的类特性，"而自由的有意识的活动恰恰就是人的类特性"[1]。从形式上看，体育运动是人的生理层面自然生命的活动，但实质上是人有意识、有目的的自觉生命和自由生命的活动，是人的精神层面自由自觉的生命本质的外在表现形式。人们在通过体育运动丰富和发展人的生活世界的同时，也使自身不断得到发展和完善。所以，对人的生命质量的关切和追问，是从生命哲学高度对"体育是什么""体育为什么""体育如何可能"进行的终极价值追问。

需要强调的是，加强体育的跨文化传播及其能力建设，对于繁荣和发展全球体育事业、提高每一个体的生命质量有着不容忽视的价值。一是有利于提高人的生命活动的能动性。体育运动是一种自觉的、能动的生命活动，这是由人的自由自觉的生命本质所决定的。促进能动性意味着人有一种不受外力支配、能付诸行动的理性自觉。体育跨文化传播，就是要调动每一个体投身于体育运动的积极性和主动性，使体育健身成为每一位社会成员的理性自觉和一种基本的生活方式。二是有利于提高

---

[1] 《马克思恩格斯文集》第1卷，人民出版社2009年版，第162页。

人的生命活动的丰富性。人的生命活动是丰盈的、多姿多彩的,因为人的生活世界是丰富多彩的。健康是人的生命的首要构成要素。体育作为一种主动促进健康的非医疗方式,对人的健康乃至人的塑造的影响是全方位的。加强体育的跨文化交流,不仅可以增强人们的健身意识和健康水平,而且能够丰富人们的精神生活,锻造人们挑战自我的意志力和健全人格。三是有利于提高人的生命活动的和谐性。世界卫生组织在关于健康的定义中除了身体健康外,还包括心理健康和良好的社会适应性。笔者认为,后两者实际上强调的是人的生命的和谐性。当今社会是一个急剧变革的风险社会,人们对变革的不适应以及由此产生的心理问题是一种较为普遍的客观存在。因此,加强体育的跨文化交流,有助于人们在享受运动带来的快乐、愉悦中达到人与其自身世界的和谐,即自我身心和谐,以及人与外部世界的和谐,即群己共生和谐。在马克思看来,这种和谐意味着从事生命活动的人"作为一个完整的人,占有自己的全面的本质"[1]。

(二) 传播体育文化,实现人的全面发展

文化关乎一个社会最基本的价值观念和行为准则。[2] 人类在创造历史的实践活动中创造了丰富多彩的世界文化。在人类的文化坐标系中,体育是一种独具特色的文化样态,即一种充满生命活力的、有灵性、有诗意的文化。在当今全球化和信息化语境下,加强体育跨文化传播及其能力建设的目标,是使体育成为一种全人类共同的文化信仰,其终极价值在于实现人的全面自由发展。

在人类文化发展史上,体育文化最初是从欧洲近代的教育思想中衍生出来的。欧洲近代资产阶级为了培养社会所需的全面发展的人才,最先提出了体育即身体教育的概念,主张德、智、体三育并重。

---

[1] 《马克思恩格斯文集》第 1 卷,人民出版社 2009 年版,第 189 页。
[2] 胡安宁:《社会学视野下的文化传承:实践—认知图式导向的分析框架》,《中国社会科学》2020 年第 5 期。

第三章　国家形象建构：中国体育跨文化传播能力提升的价值自觉

英国著名思想家约翰·洛克（John Locke）在《关于教育思想》一文中就曾明确提出："健康的精神寓于健康的身体。"① 将体育作为一"育"引入教育过程，充分肯定体育的育人功能，无疑是欧洲近代资产阶级对教育思想的一个重大贡献，同时也开启了体育的文化时代，即使体育成为人类的一种基本生活方式，成为一种具有强大育人功能的独特文化形态。

人不仅是一种物质的存在，更是一种精神的存在、文化的存在。体育作为一种教育理念和文化信仰，其广泛传播对于培养民众特别是青少年的强健体魄和人格，实现人的全面自由发展意义重大。正如"奥林匹克之父"顾拜旦（Le Baron Pierre de Coubertin）所言："灵魂与肉体应当是统一的、和谐的"，"对精神的塑造、意志的培养、品格的熏陶，如果没有体育运动这条重要途径，一定是不完整的，不健全的"。在顾拜旦看来，体育不仅是一种生活方式，而且是一种人性修炼的"人生哲学"，这种哲学观源于生活又超出了生活本身的意义，通过"个性的完善"，"使人类变得更勇敢、更健壮、更谨慎和更落落大方"。② 在这里，个性的完善是人类自身发展的前提，因为正如马克思所言："每个人的自由发展是一切人的自由发展的条件。"③ 可以说，在各种关于人性修炼的文化信仰中，体育文化比宗教文化具有更强大的生命力和影响力，它超越了一切国家、民族和地域的文化界限，成为人类共同的文化信仰。

（三）弘扬体育精神，共筑人类精神家园

人作为一种精神存在物，是需要经过精神的培养、淬炼和铸造的。人类改造自然的生产和创造活动，是在人类精神力量的作用下实现的。

---

① ［法］顾拜旦：《奥林匹克宣言》，传播委员会译，人民出版社2008年版，第88页。
② ［法］顾拜旦：《奥林匹克宣言》，传播委员会译，人民出版社2008年版，第103页。
③ 《马克思恩格斯文集》第2卷，人民出版社2009年版，第53页。

不仅如此,当今世界国家之间的各种竞争包括利益之争,无一不体现着精神力量的较量。精神力量是民族之基,国之重器。中华民族之所以能在各种艰难困苦的环境中自强不息、绝地重生,靠的就是一种精神力量。人类培养和塑造精神的方式虽然多种多样,但是,通过体育运动磨炼人的意志、塑造人的品格、培育人面对挫折永不退缩的奋斗精神,不失为一条重要途径。这是因为体育运动的竞技性、挑战性使体育本身具有塑造人的精神的功能和价值。

体育生成精神,我们可以将体育生成的精神称为体育精神。那么,究竟何为体育精神?体育精神是指体育运动的参与者为了达到某种设定的目标,在竞技运动中表现出的一种心理品质及其行为特征。不难看出,体育精神源于人类的竞技体育运动,是体育运动中竞争行为的内在动力。英国生物进化论学者理查德·道金斯(Richard Dawkins)认为,竞技性是人类的一种天性,是人类的基因所带来的一种本能行为。[①] 根据马克思主义社会存在决定社会意识的观点,人的社会意识和行为是由人所处的社会环境生成的。美国社会人类学家罗伯特·F. 墨菲(Robert P. Murphy)也肯定人类具有可塑性,认为人们的思想和行为不是先天的,而是在后天的"社会环境中习得的结果"[②]。由此可见,以竞争为特点的体育精神是在竞技体育运动中生成并发展起来的,是人类竞争精神的延伸和在新的时空条件下的重构。

在当今全球化背景下,体育跨文化传播及其能力建设的一项重要任务,就是促进各国体育的交流互鉴,凝练和弘扬全球共识的体育精神,共建人类精神家园。现时代的体育精神应该是民族精神和世界精神的有机统一。每一个国家、每一个民族都有其自己独特的体育精神,这种体育精神是民族精神在体育领域的投射。中华民族体育精神是中华民族精

---

① [美]罗伯特·F. 墨菲:《文化与社会人类学引论》,王卓君译,商务印书馆2009年版,第22页。

② 张岱年:《文化论》,河北教育出版社1996年版,第68页。

第三章 国家形象建构：中国体育跨文化传播能力提升的价值自觉

神的生动体现。我国著名哲学家张岱年先生认为："中华精神的核心内容就是'自强不息，厚德载物'。"[①] 笔者认为，这八个字亦应成为中华民族的体育精神。实际上，中国运动员在竞技运动中表现出的顽强拼搏、刚毅奋进、谦逊内敛、团结协作等精神，都是中华民族这八字精神的具体展现。美国的体育精神在美国人情有独钟的橄榄球运动中表现得淋漓尽致。橄榄球比赛的游戏规则是以占领对方防御区决定胜负的，这体现了当年美国移民开疆拓土的征服欲望和奋斗精神。正如美国学者威廉·迪安（William Dean）所说："在某种意义上，橄榄球是美国边疆精神的当代'运动秀'"，它"揭开了美国出身于武力侵占土地和定居点的神秘"。[②] 但是，美国体育精神中所蕴含的奋斗、竞争、开拓、创新精神仍然是值得肯定的。时代在发展，奥林匹克精神也在与时俱进。顾拜旦告诫人们，要真正把握奥林匹克精神的实质，"把奥林匹克精神同纯粹的竞技精神区别开来"，因为"奥林匹克精神包括但又超越了竞技精神"。[③]

（四）促进体育变革，共享公共文化价值

首先，加强体育跨文化传播及其能力建设，有利于提升民族体育文化的国际化程度，使其为人类社会所共享。民族体育文化是一种携带民族文化基因、富有民族特色的大众文化。正是这种浓郁的民族性，使其具有了跨文化传播的世界性价值。但是，民族体育文化毕竟是一种地域性文化，如果"养在深闺人未识"，就不能得到广泛传播，便失去了其为人类所共享的世界价值，这不能不说是一种遗憾。因此，加强体育跨文化传播及其能力建设，有助于让更多的受众了解和喜爱信息输出国的体育文化。例如，中国的太极拳运动和太极文化集中华优秀传统文化之

---

① [美] 威廉·迪安：《美国的精神文化：爵士乐，橄榄球和电影的发明》，袁新译，商务印书馆2013年版，第234页。
② [法] 顾拜旦：《奥林匹克宣言》，传播委员会译，人民出版社2008年版，第146页。
③ 熊斗寅：《顾拜旦体育思想研究系列之三 顾拜旦与奥林匹克理想》，《体育与科学》2003年第5期。

大成，涵盖了《易经》及儒释道多家学说，是中华民族传统文化的标识。太极文化是目前世界上传播范围最广、参与人数最多、最具国际影响力的体育文化项目，是中国向世界贡献的公共文化产品，其广泛传播推动了中华文化走向世界。中华体育文化所蕴含的"和而不同""自强不息"等价值要素既是民族的，更是世界的，具有毋庸置疑的普适性价值和世界意义，是人类文化遗产中的瑰宝。

其次，加强体育跨文化传播及其能力建设，能够促进体育的现代性变革，重构体育文化的审美表达力和吸引力。由于各国的历史发展和文化传统存在着巨大差别，世界各国的体育文化异彩纷呈，具有一定的互补性。文化的差异性和对异质文化的好奇心，是文化传播、交流、变革和创新的内在动力，体育文化亦不例外。因此，加强体育跨文化传播及其能力建设，就是要促进中国与不同国家之间体育文化的相互学习、相互补益，特别是促进富有地域特色的民族传统体育文化与现代竞技体育文化的融合发展，推动体育运动的创新性变革。变革与创新追求的目标是，进一步提高体育运动的挑战性、观赏性和娱乐性，并借助现代传媒技术，重构体育文化的审美表达力和吸引力。从运动美学的角度加以审视，这种全新的体育运动是一种充分展示美的艺术运动，其实质是生命主体挑战自我、超越自我的一种审美体验，它把追求超越的竞技之美与追求和谐的心灵之美有机地统一起来。正是在这种审美体验中，人们的精神和生命价值得到了升华。

最后，加强体育跨文化传播及其能力建设，有利于促进体育的产业化发展，为人类生产更多的公共文化产品。文化产业的成熟程度、发展水平是衡量一个国家文化竞争力的重要标志。加强体育跨文化传播能力建设，可以开拓国内外体育消费市场，促进与体育相关的产业如体育文化产业、体育传媒产业、体育旅游产业、体育竞赛产业等的快速发展，获取巨大的经济收益。更有意义的是，体育文化产品本身就具有传播功能，天然地携带着特定文化的密码。因此，借助国际体育市场、体育赛事和媒介平台，让体育文化产品走出国门，必然会把附着在体育产品上的文化价值观传播到国外，从而提升本国文化的影响力和国际竞争力，同时，满足人类对体育公共文化产品的需求。目前，中国的体育产业和体育文化产品的国际竞争力还不强，这在一定程度上制约了中国文化对外传播的竞争力和影响力。

第三节 体育跨文化传播能力提升承载着国家形象建构的历史使命

对于中国来说，体育是一个舶来语，最早出现在20世纪初。但自古以来中国就是一个"体育"大国，以强身健体为价值取向的传统体育文化源远流长，文化内涵自成体系且有独特的审美意蕴和表达方式。自19世纪末西方竞技体育文化传入中国以来，它始终是中国传统体育文化的强劲竞争对手。世界上任何一个民族的体育精神都是民族精神的体现和表征。中华民族精神的核心是爱国主义，因此，其体育精神集中体现了中华民族的爱国主义精神。一个民族的体育文化犹如该民族的一张名片。加强体育跨文化传播能力建设，有助于争取体育国际话语权，有效传播本民族的文化价值观，从而塑造良好的国家形象。与西方现代体育文化相比，中华民族体育文化的国际影响力和认同度都很有限，至今尚无一项传统体育代表项目能像日本的柔道和韩国的跆拳道那样进入奥运会比赛项目。因此，中国体育跨文化传播能力提升，承载着提升中国国际竞争力和建构中国体育强国形象的重大使命。

一 体育与中华民族爱国主义精神

（一）爱国主义精神是中华民族精神的核心

中华文明是人类历史上唯一不曾中断的文明。中华民族五千多年的文明史培育了中华民族独特的意志品格和精神特质——中华民族精神。

民族精神作为民族之魂，是一个民族生存和发展的强大精神支柱，是民族凝聚力、生命力和创造力的不竭源泉。中华民族之所以能够力挽狂澜克服各种艰难险阻，屹立于世界民族之林并赢得国际社会的尊重，靠的就是民族精神。历史实践一再证明，伟大民族创造伟大精神，伟大精神造就伟大时代，伟大时代成就伟大梦想。

在中华民族精神谱系中，爱国主义是民族精神的核心。习近平指出："爱国主义自古以来就流淌在中华民族血脉之中……是中国人民和中华民族维护民族独立和民族尊严的强大精神动力"，"是中华民族的精神基因"。[1] 中华民族的爱国主义精神有着深厚的历史、文化积淀和情感维系。早在先秦时期，爱国主义的思想观念就已经开始萌芽，如"经国家，定社稷"[2] "德，国家之基也"[3]。这里的国家虽然是指诸侯国，但表明国家作为社会共同体的意识已经产生。秦汉以后，随着统一的中央集权制国家的建立，中华民族的爱国主义精神逐步形成。爱国主义的话语表达在中华传统文化中俯拾皆是，"爱国""报国""忠国""利国""为国""忧国"等概念的使用已相当普遍，如"爱国如家""精忠报国""忧国奉公""苟利国家""为国尽忠""为国效力""为国捐躯"[4]，等等，成为官员的政治道德准则。尤其是在中国古代的文学作品中，爱国报国的情怀更是溢于言表，成为对后世影响巨大且广为流行的社会价值。如陈子昂的"感时思报国，拔剑起蒿莱"，范仲淹的"先天下之忧而忧"，陆游的"位卑未敢忘忧国"，于谦的"一寸丹心图报国"，林则徐的"苟利国家生死以，岂因祸福避趋之"，等等。诚然，中国古代的爱国主义观念包含着"忠君"思想，"忠君"与"爱国"是融为一体的，因为君主是国家的象征，这既是时代的局限，也是时代的

---

[1] 《纪念五四运动100周年大会在京隆重举行 习近平发表重要讲话》，《求是》2019年第3期。
[2] 《左传·隐公十一年》。
[3] 《左传·襄公二十四年》。
[4] 陈来：《论中华民族爱国主义的精神》，《哲学研究》2019年第10期。

第三章 国家形象建构：中国体育跨文化传播能力提升的价值自觉

必然。

近代以来，随着西方列强的入侵，在国家面临生死存亡的危急关头，中国人民的爱国主义精神被空前地激发出来。爱国主义的话语主题发生了历史性的转换，"救国""兴国""强国""自强""复兴"成为爱国主义的主基调，实现国家独立和民族复兴成为爱国主义的时代主题。1902年，梁启超率先提出"中华民族"概念，后来孙中山进一步提出"五族共和"思想，这标志着中华民族共同体意识的觉醒和爱国主义精神的成熟。中国共产党是爱国主义精神最坚定的传承者、践行者和弘扬者。中国共产党成立100年来，始终把实现民族复兴、国家富强、人民幸福作为它自己的历史使命，在领导中国人民进行艰苦卓绝的奋斗中书写了爱国主义崭新的时代篇章，实现了中华民族爱国主义精神一次又一次的升华。

（二）中华体育精神是中华民族爱国主义精神的表征

爱国主义精神从来都不是抽象的而是具体的，不是单纯的观念逻辑而是行动逻辑，只能在人的生活世界里通过人的实践活动来落实和体现。张岱年等认为，中华民族精神有两大支点：一是自强不息，二是厚德载物。[①] 自强不息包括勤劳勇敢、顽强拼搏、竭力奋进；厚德载物包括宽厚包容、和而不同、民族融合。中华民族精神的这两大支点，集中体现了中华民族爱国主义精神和体育精神的精髓和本质。换言之，中华民族体育精神作为爱国主义精神的表征，既以自强不息为精神动力，又以厚德载物为精神纽带。二者的有机结合，构成了中华民族体育精神的本质和精髓。

自1979年我国重返奥林匹克运动以来，获得了向世界展示中国体育竞技实力和中国人民精神风貌的契机。在1984年洛杉矶奥运会上，中国取得了第一个奥运冠军；2004年，中国在雅典奥运会上跃居金牌榜第一名；2008年，在北京奥运会上又跃居金牌榜首。中国体育创造

---

① 张岱年、程宜山：《中国文化精神》，北京大学出版社2015年版，第46页。

的奥运佳绩,极大地提高了中国的国际影响力和中国人民的民族自信心。20世纪60年代,中国首位乒乓球世界冠军荣国团喊出的"人生能有几回搏!"不仅激励了我国体育健儿以自强不息的奋斗精神为国家赢得荣誉,而且鼓舞了全国人民自力更生、艰苦奋斗,投身社会主义建设的伟大事业,从而成为当代中国爱国主义话语表达的至理名言。20世纪80年代初,中国女排不畏强手,奋力拼搏,连续5次夺得世界冠军。当时的中国刚刚走出"文化大革命"的阴影,百废待兴。在这种情况下,女排夺冠牵动着亿万中国人的心,激荡着每一个中国人的情感世界。万人空巷观看电视转播的盛况表明,那时的中国就是一个整体,而中国女排则是凝心聚力的抓手。① 显然,这已经不是在观赏比赛,而是每一个中国人寻求自我精神依归和身份认同的审美体验。女排精神凝结着殷殷爱国之情和为国争光的价值追求,是中华民族爱国主义精神的生动体现。

中华民族体育精神的另一大特色是"厚德载物",这也是中华民族爱国主义精神的精髓。中华民族体育精神具有海纳百川、兼收并蓄的博大胸襟和包容气度,它反对狭隘的民族主义和文化自我中心主义,主张不同民族体育文化相互尊重、相互借鉴、共同发展。因此,中华民族体育精神本质上是一种包容性极强的伦理精神和人文精神。这种体育精神深深植根于中国传统伦理文化的沃土之中。"厚德载物"的中华民族体育精神对运动员个人的道德修养提出了很高的要求,如德艺双馨,尊重对手,公平竞争,团结协作,坚持"友谊第一,比赛第二"等。在中华体育精神中,"德"是居第一位的,只有道德高尚,才能有集百家之所长的包容气度,并在融会贯通的基础上最终实现其自身的价值追求。中华民族厚德载物的体育精神为中国体育的自我创新提供了不竭的动力。总之,中华民族体育精神不仅强调自强不息的奋斗精神和为国家荣誉而战的顽强拼搏精神,而且关注人的内心道德修养,将"刚健""担

---

① 白晋湘:《中国民族传统体育文化建设的使命与担当》,《体育学研究》2019年第1期。

第三章 国家形象建构：中国体育跨文化传播能力提升的价值自觉

当""有为"与"厚德""仁礼""和合"有机地统一起来作为体育追求的最高境界，并通过体育这种文化形态得以表达。中华民族将"竞技"与"德性"融为一体的体育精神，远远超越了西方资本主导的体育文化，占据了全球化时代世界道义的制高点。

二 体育跨文化传播能力提升之于国家形象建构的意义

形象是人们对"他者"（外部客观事物）的一种主观感知，这种主观感知与所反映的客观实在未必完全一致。法国学者达尼埃尔·亨利·巴柔（Daniel Henri Barjo）在《从文化形象到集体想象物》一文中指出：形象本质上是一种对他者的描述，"所有的形象都源自一种自我意识，它是对一个与他者相比的我……的意识"，因而形象表达了两种不同文化之间"能够说明符指关系的差距"。[①] 自启蒙运动以来，西方眼中的中国形象基本上是一种否定性的"他者"形象，这种延续至今的形象认知，并非来自中国本身，而是来自西方这个注视者基于对"他者"的某种需要而想象与建构的。因此，通过跨文化交流将国家形象建构的主动权牢牢掌握在我们自己手中，是中国融入世界、让世界了解真实中国的当务之急。

（一）体育跨文化传播能力提升有助于掌握国家形象建构的主动权

西方学者没有明确使用过"国家形象"这一概念。但是，在实践中，西方国家却不遗余力地开动宣传机器，通过贬低或歪曲"他者"形象来塑造和美化自我形象，传播它们自己的文化价值观和生活方式。由于生存环境、历史和文化传统相去甚远，中国一直是西方文化视野中一个"迷"一般的"他者"。西方曾在欧洲文艺复兴时期的乌托邦叙事中赞美中国，塑造了"儒教理想国"的中国形象。启蒙运动之后，随着西方现代性的确立和向殖民帝国主义的转型，西方的中国形象叙事发生了从乌托邦化向意识形态化的转变。西方世界"以西方现实为尺度衡

[①] 孟华：《比较文学形象学》，北京大学出版社2001年版，第121页。

量并贬低中国,确证现存的西方现代性的合法性"①。这表明,始于启蒙运动的西方现代性构筑了一个意识形态化的中国形象。

西方现代性向人们展示了以西方为标准的、双重二元对立的"世界图像",即传统与现代(时间维度)的对立、东方与西方(空间维度)的对立。西方中心主义和理性主义的价值理念、二元对立的思维模式,构成了西方现代性的核心知识价值。进而成为西方建构当今中国"他者"形象的深层思想依据。美国学者张晶(Zhang)和卡梅龙(Cameron)通过对《华盛顿邮报》《纽约时报》等报纸内容的分析,发现美国的主流媒体总是选择性地报道有关中国的负面新闻。② 美国学者乔舒亚·库伯·雷默在《中国形象:外国学者眼里的中国》一书中也指出,尽管中国经过改革开放发生了巨大的变化,但是"中国形象"却基本未变,世界对中国的看法依然存在着固执的偏见和恐惧。③ 由此可见,西方中心主义的傲慢与对中国的偏见,已经深深嵌入西方现代性文化所构筑的中国形象之中。正如萨义德(Edward Waefie Said)所说,欧洲文化正是通过"东方学"话语体系的建构,以政治、军事、意识形态等方式来处理和创造东方的。④

值得深思的是,西方现代性文化与主流媒体如此建构中国形象的真实意图何在?对此,法国学者达尼埃尔·亨利·巴柔曾一语破的。他写道:"'我'注视他者,而他者形象也传递了'我'这个注视者、言说者、书写者的某种形象。""这个'我'却倾向于否定他者,从而言说

---

① 周宁:《在西方现代性想象中研究中国形象》,《南京大学学报》(哲学·人文科学·社会科学版) 2008 年第 4 期。

② J. Zhang, G. T. Cameron, "China's Agenda Building and Image Polishing in the US: Assessing an International Public Relations Campaign", *Public Relations Review*, Vol. 29, 2003.

③ [美]乔舒亚·库伯·雷默:《中国形象:外国学者眼里的中国》,沈晓雷等译,社会科学文献出版社 2008 年版,第 7—8 页。

④ [美]爱德华·W. 萨义德:《东方学》,王宇根译,生活·读书·新知三联书店 1999 年版,第 4—5 页。

第三章　国家形象建构：中国体育跨文化传播能力提升的价值自觉

了自我。"① 也就是说，"我"这个注视者和言说者在建构他者形象时也在塑造自我形象，即言说他者是为了言说自我，否定他者是为了肯定和确证自我。不言而喻，西方现代性文化刻意塑造否定性、他者化中国形象的真实意图，是一种"自我认同的隐喻""自我想象与自我书写的方式"②。正是在这一过程中，西方完成了自我形象建构和自我身份认同。不仅如此，西方还将中国形象的否定性描述固化为一种"有话语支配权"的思维框架，即意识形态，从而为确认西方中心主义的地缘文明秩序和对外扩张提供合法性依据。

与此相适应，在国际体坛上，中国一直是西方体育强国眼中的"他者"。进入 21 世纪以来，中国通过体育跨文化交流吸收了国外优秀的体育文化元素，这不仅有利于促进我国体育事业的发展，而且能够在国际社会树立一个崭新的、开放的、文明的中国形象。因此，借助体育这一公共平台进行跨文化交流，提高世界对中国的关注度，是改变中国"他者"形象、塑造中国正面形象的重要途径。随着我国综合国力的增强、竞技体育水平的提高和全民健身的发展，加强体育跨文化传播能力建设，提升中国体育的国际影响力，有助于我们掌握国家形象建构的主动权，自己书写真实的当代中国形象。

（二）体育跨文化传播能力提升有利于在国家形象建构中自觉遵循跨文化传播规律

通过体育跨文化传播建构国家形象，必须遵循跨文化传播规律。促进体育跨文化传播能力提升，有利于我们在国家建构过程中自觉遵循跨文化传播规律。首先，能够使我们明确信息资源是一种具有传播功能的权力资源。传播权就是话语权，掌握了信息传播权，就意味着掌握了话语权。因此，为了实现跨文化传播建构国家形象的使命，就必须抢占话

---

① 孟华：《比较文学形象学》，北京大学出版社 2001 年版，第 157 页。
② 周宁：《在西方现代性想象中研究中国形象》，《南京大学学报》（哲学·人文科学·社会科学版）2008 年第 4 期。

语传播的制高点，牢牢掌握体育传播的话语权。掌握了话语权，也就掌握了体育跨文化传播的主动权。唯有如此，才能让世界看到一个真实的中国体育大国形象。

其次，促进体育跨文化传播能力提升，能够让我们承认体育文化的多样性及每一个民族和国家体育文化存在的独特价值，从而以中华文化的博大胸怀和包容心态，尊重差异，求同存异，促进世界各国体育文化和谐交流；为了避免文化误读现象的发生，可以根据不同国家历史文化传统与现实国情的差异，制订不同的传播计划，选择不同的传播方式和传播策略，破除文化壁垒，实施差异化的跨文化交流。在文化多元化背景下，只有坚持和而不同、求同存异的原则，与不同国家、民族的体育文化平等对话，才能在差异化的跨文化交流中提高我国体育文化的传播效果，推动我国体育文化在保持其自身特色和优势的基础上得到进一步发展。

最后，体育跨文化传播应在"交流""融通"上下功夫，将中国文化价值元素渗透到柔性的情感表达中。体育跨文化交流本质上是一种情感交流，因为体育是人类社会展示身体美、力量美和精神美的一种最富有情感的文化表达。这就决定了在体育跨文化传播中采用人性化的情感表达比单纯的意识形态化的刚性宣传更有亲和力，更容易为国外受众所接受。特别是当今世界互联网技术的发展改变了传统的传受关系，使传受双方可以即时进行沉浸式互动交流。这意味着一种全新的传播空间的形成和传播关系的建立。因此，促进体育跨文化传播能力提升，有利于走情感化交流路线。在传播渠道上，除利用政府开通的传播渠道外，开放并激活尽可能多的民间社会交流；在传播内容上，用全民健身的生活化内容、体育明星的精彩瞬间和生活逸事等取代抽象的说教；在传播方式上，用柔性的情感化表达取代传统的硬性宣传式表达，从而让国外受众感受到一个充满人情味与亲和力的中国形象。

第三章 国家形象建构：中国体育跨文化传播能力提升的价值自觉

（三）体育跨文化传播能力提升有助于通过将发展优势转化为话语优势建构国家形象

将发展优势转化为话语优势，关键在于掌握国际话语权。争夺话语权是当今世界传播领域竞争的焦点。话语权，简言之就是舆论引导权，即占据舆论制高点，引导舆论向着有利于自己的方向发展。在国际舞台上，话语权意味着在国际事务中的决定权和主导权，即意味着一个国家有实力和能力将自己的理念、价值观或战略意图植入重大国际事务的决策中并产生重要影响。因此，国际话语权直接关系着一个国家的国际形象、国际地位及其所营造的国际舆论生态，是国家软实力的重要标志。正因为话语权如此重要，所以世界各主要国家围绕话语权的争夺异常激烈。作为全球最大的发展中国家，中国正在走近世界舞台的中央，在国际社会不能没有话语权。

新中国成立以来，中国的体育事业取得了长足的进步。在某些竞技体育领域，中国位居世界前列，奥运会奖牌榜上名列前茅；全民健身运动蓬勃发展，普及面广；体育文化产业快速崛起，初具规模。特别是2008年成功举办北京奥运会以及中国体育健儿在奥运会上的杰出表现，标志着中国已经开始步入世界体育大国的行列。但遗憾的是，中国在国际社会的话语影响力与其国家实力和国际地位极不相称。由于中国媒体的跨文化传播能力明显弱于西方国家，因而不能将中国的发展优势及所取得的历史性成就转化为话语优势，不能有效地向世界表达中国。中国形象依旧被西方主流媒体或刻板或扭曲地呈现给世界。表现在体育跨文化传播领域，就是域外受众不了解中国体育事业的成就和对世界的贡献，不了解中国体育文化的基本精神及其世界性价值，甚至连中国世界级优秀运动员的国际知晓度也远低于西方国家。因此，对中国而言，加强体育跨文化传播能力建设，有助于把中国体育的发展优势和文化成果转化为话语优势，通过自我言说，让世界认识一个与西方"想象"完全不同的、真实的体育中国。

(四)体育跨文化能力提升有利于在新技术支持下通过制造媒介体育大事件建构国家形象

媒介"体育大事件"(Sports Mega-Events)是一个将大型体育赛事整合为媒介事件的新的研究视角。当代体育大事件有两个特点:其一,它对赛事举办国的经济、政治、文化、社会能产生非常深刻而广泛的影响;其二,它可以吸引大量国内外媒体的关注,因而是举办国自我推介和建构国家形象的一个绝佳的机会。正因如此,举办国际体育赛事,制造有全球影响力的媒介体育大事件,就成为世界各国竞相争夺的目标。[①] 毫无疑问,通过举办大型国际体育比赛,进行体育大事件议程设置,有利于促进举办国经济、政治、社会、文化生活的全面优化,提升举办国的国家形象:在经济方面,可以对举办国的旅游业、餐饮业、零售业、广告业等的发展产生积极影响,加快交通、通信等基础设施建设;在社会发展方面,可以为居民提供更多的就业机会,促进社会稳定与社会和谐,提高人民的安全感和幸福感。此外,体育大事件还可以激发人们对体育的兴趣和热情,鼓励民众积极投身体育健身运动,焕发国民的精气神。总之,举办大型国际体育赛事,已成为建构国家形象、展示和提升举办国综合国力的重要途径。

在全媒体时代移动互联技术的支持下,体育跨文化传播能力提升,使得通过媒介体育大事件建构国家形象成为一种明智的选择。对大型国际体育赛事的报道,无疑为媒体建构举办国形象提供了一个良好的契机。当下,奥运会毫无疑问是全球关注度最高、参赛国最多、举办权争夺最为激烈的体育大事件。奥运会吸引了全球的目光,世界各国的媒体和数万名记者云集奥运赛场,将奥运会演绎成为无与伦比的超级媒介事件,从而使奥运成为展示国家综合实力、建构国家良好形象最理想的平台。例如,2008年和2022年成功举办北京奥运会和冬奥会,使中国获

---

① 岳游松:《体育大事件:体育社会学研究的新视角》,《体育成人教育学刊》2017年第2期。

第三章 国家形象建构：中国体育跨文化传播能力提升的价值自觉

得了展示综合国力和塑造良好国家形象的绝佳机会。如美国《华盛顿邮报》、法国《世界报》、德国《日报》等发表文章，对中国的开放包容姿态和中国公众的理性精神给予充分肯定。显然，这已经完全超越了任何民族主义和单纯的爱国主义。根据尼尔森在全球37个国家和地区的调查，全球有20多亿人收看了北京奥运会开幕式，约有44亿人收看了奥运赛事和相关节目，与此相应，国际受众对中国的认知度从奥运前的57%提高到奥运后的79%。[1] 实践证明，在新媒体技术的支持下，提升体育跨文化传播能力，有利于将媒介资源与国际体育赛事有效整合起来，通过演绎媒介体育大事件建构国家形象。

（五）体育跨文化传播能力提升有助于通过本土体育文化的广泛传播建构国家形象

前些年，在欧美国家一些中心城市广场的巨大屏幕上播出了我国国家形象宣传片《人物》，产生了始料不及的良好反响。该宣传片介绍了我国各行各业的杰出代表人物，其中包括闻名世界的优秀运动员邓亚萍、郭晶晶、丁俊晖等，从而将一个崭新的中国形象立体式地呈现给世界。随着现代传播技术的发展，体育文化传播体系进一步完善，传播形态更加多样化，各种体育文化符号在构建国家形象过程中的作用越来越突出。实践证明，一个国家的体育文化能否在全球得到广泛传播，直接关系着该国国家形象的整体显示度和认同度。没有体育跨文化传播的积极参与，国家形象将是残缺不全的。[2] 体育作为人类社会共同的文化信仰和"爱国者的游戏"，是民族国家共同体发展不可或缺的资源，对于我国建设体育强国、塑造大国良好形象有着极为重要的作用。

体育是一种集文化与媒介于一体的精神性力量。作为一种文化，体育体现着国家的文化软实力及其国际影响力，可以在无形中提升国家形

---

[1] 尼尔森中国：《北京奥运会，谁是真正的赢家？》，http://www.cr-nielsen.com/marketing/200901/16-880_2.html，2009年1月16日。

[2] 谭清芳：《体育文化传播与国家形象构建》，《武汉体育学院学报》2014年第2期。

象；作为一种媒介，体育通过设置全球议程（举办体育赛事或聚焦国际体育事件等），拓宽传播渠道并营造良好的传播环境，达到建构国家形象的目的。可以说，体育对国家形象的展示是全方位的，不仅能够展示一国的体育实力，而且能够全面展示该国体育赖以存在的社会政治、经济、文化等全貌。随着中国综合国力的增强和国际地位的提高，中国融入世界和让世界接纳中国已成为中国和平崛起的国家战略。因此，在国际社会树立良好的国家形象，也就成为中国体育跨文化传播的使命和责任。

如前所述，中华体育文化是中华民族传统文化的有机组成部分。其中所蕴含的"天人合一"的宇宙观和体育生态观，"和而不同"的开放包容思想，"自强不息"的奋斗精神，"修身养性""身心和谐"的生命伦理观，"亲仁善邻""协和万邦"地处理体育领域相互关系的哲学等，都是中华文化的瑰宝，也理应是世界体育文化宝库中的瑰宝。然而，由于文化和语言的差异等多种原因，中华体育文化的世界知晓度和认同度并不高。因此，加强体育跨文化传播能力建设，有助于推动中华体育文化的具象化传播，即充分考虑国外受众的文化认知、表达和接受方式，将博大精深的中华体育文化转化为一个个通俗易懂的生动故事讲述给世界。让世界从中华体育文化中认识到，中国人民是爱好和平的，建立自由平等、和谐的大同世界是中国人民锲而不舍的追求；同时，中华民族是一个不畏艰险、积极进取、奋发向上的民族，自强不息、厚德载物的民族精神早已熔铸在民族的血脉中，化为中国人不断突破自我的强大精神动力。因此，每当我国运动员在国际比赛中登上领奖台时，展现在世界人民面前的已经不仅仅是运动员的个人形象，而是整个中华民族的形象，是中国人民不屈不挠、顽强拼搏、奋斗不息的精神风貌。总之，通过提升体育跨文化传播能力，促进中华体育文化走向世界，是提升国家形象的有效途径。

第四章
近代以来国际体坛上中国形象的嬗变与体育跨文化传播能力

法国著名社会学家莫里斯·哈布瓦赫（Maurice Halbwachs）在《论集体记忆》一书中指出，集体记忆是一个群体的社会文化建构，只有在群体的"社会框架"内，记忆才能够被"加以定位"和"重建"。[①] 集体记忆作为一种社会文化，是通过代际传承建构民族身份认同和国家认同的重要资源。一个民族、一个国家不能丧失集体记忆，"忘记了过去就意味着背叛"。近代以来，中国体育艰难曲折的发展历史，就是中华民族永远挥之不去的集体记忆。近代中国是国际体坛上被人耻笑的"东亚病夫"，这成为中华民族永远挥之不去的集体记忆。今天，和平崛起的中国已成为世界"体育大国"，并阔步迈向世界"体育强国"的目标。这一集体记忆和体育强国梦，成为激励中国人民奋发前行的精神动力。

第一节 近代国际体坛上的"东亚病夫"形象：西方现代性视野中的"他者"

在中国近代史上，"东亚病夫"这一称谓是西方人心目中中国和中

---

① ［法］莫里斯·哈布瓦赫：《论集体记忆》，毕然、郭金华译，上海人民出版社2002年版，第68—69页。

国人的代名词。据资料记载，1896年英国伦敦《学校岁报》刊登了一篇专论"东亚病夫"的文章。当年10月，英文报纸 North China Daily News 转载了该文。同年11月，《时务报》又转译了该文，文中说："夫中国——东方之病夫也，其麻木不仁久矣。"① 1938年11月12日《申报》载文道："在东亚有两个病夫，一是被称为'远东病夫'的中国，一是被称为'近东病夫'的土耳其。"② 后来，土耳其通过"凯末尔革命"走上了现代民族国家之路，不再被西方社会称为"东亚病夫"，于是，"东亚病夫"的隐喻主要指向了近代中国。西方社会对中国的这种看法被无限地放大并投射到每一个中国人的身上，从而形成一种固化的刻板印象。在西方社会看来，中国人的形象与中国的国家形象是一致的，这就是"愚昧""麻木""衰败""腐朽"，几乎所有歧视性和侮辱性的语词都被用来指称中国。西方媒体将这种偏见扩散到整个世界，由此建构了一个被扭曲的中华民族形象。

一 弱国无体育：近代中国在国际体坛上的缺位

19世纪中叶，随着西方帝国主义列强用坚船利炮打开中国闭关锁国的大门，近代西方的科学技术和文化教育开始被引入中国。在这个过程中，西方近代体育也开始在中国传播。例如，引进了英国兵操、德国兵操等体育运动项目，以提高士兵的体格素质。19世纪80年代后，资产阶级维新派以救亡图存为目标，积极倡导在教育教学革新中引入体育运动。此外，一些由西方人在中国开办的教会学校率先开展较为正规的田径运动和球类比赛，间接为西方近代体育输入中国开了先河。总的来说，这一时期，近代西方体育运动在中国虽开始得到传播，但远未被中国社会所接受，更谈不上真正意义的本土化，因而近代中国在国际体坛上长期处于缺位状态。当然，在中国历史上，体育运动并非"舶来

---

① 李宁：《"东亚病夫"的缘起及其演变》，《体育文史》1987年第6期。
② 杨非：《两个东亚的医师》，《申报》1938年11月12日第12版。

第四章　近代以来国际体坛上中国形象的嬗变与体育跨文化传播能力

品"。中国前近代社会虽无"体育"一词，但以武术为代表的强身健体运动，早在战国时期就开始在民间广泛流行并一直延续至今。此外，我国民间以娱乐健身为目的的传统体育项目多达977项。① 因此，这里所说的弱国无体育，是特指无近代意义上的竞技体育。因为由西方列强所把持的近代国际体坛是竞技体育的"耶路撒冷"，除此之外，其他一切以健身和娱乐为目的的民间大众体育运动都不属于西方人眼中的"体育"。

近代中国之所以在国际体坛上缺位，主要是因为：首先，从内部环境来看，一方面，清王朝长达200余年的闭关锁国政策，导致其夜郎自大、固步自封，从而使中国在政治、经济、教育、文化、科技等方面全面落伍于世界历史进程，在体育方面表现为西方体育竞技文化难以融入中国文化场。另一方面，清朝末年中国饱受鸦片之害，当时吸食鸦片人数超过数百万人，大量民众体质极度低下，使得高强度的竞技运动没有推广普及的土壤。此外，统治者为防民乱对民间习武加强管控，遏制了民间以武术为主的体育运动的发展。②

其次，从外部环境来看，当时风靡欧美的工业革命开启了西方国家的现代化进程，引发了全球化浪潮的兴起。然而，清王朝闭关锁国的政策却使近代中国错失了融入现代化与全球化潮流的机遇，中国体育的发展也不例外。由西方主导的国际体坛当然不可能把一个封闭落后的中国纳入其体系之中。由于国际地位低下，当时的中国成为国际体坛上西方列强羞辱的对象。这种不平等的国际关系和世界体育秩序，是导致近代中国在世界竞技体育舞台上长期缺位的一个重要原因。没有地位就没有参与权，而没有参与权就不会有发言权。③ 要弥补由于历史原因而造成

---

① 王翔、鲍海波：《近代以来国际体坛中国形象的嬗变及其文化解析》，《新闻与传播评论》2023年第3期。

② 王翔、鲍海波：《近代以来国际体坛中国形象的嬗变及其文化解析》，《新闻与传播评论》2023年第3期。

③ 中国体育博物馆、国家体委文史工作委员会编：《中华民族传统体育志》，广西民族出版社1990年版，第67页。

的参与缺位，中国就必须走自强复兴之路。

二 奥林匹克文化在中国的早期传播及其遭遇

中国作为世界文明古国拥有悠久的历史和灿烂的文明。中华民族传统体育文化是中华文明的重要组成部分，《中华民族传统体育志》记载：我国民族传统体育项目多达977项，其中汉民族有301项，少数民族有676项。[①] 中国传统体育与现代竞技体育有着历史渊源，如蹴鞠就是足球运动的前身，击鞠是马球运动的前身，而捶丸是门球运动的前身，等等。

顾拜旦（Le Baron Pierre De Coubertin）是现代奥林匹克运动之父。19世纪末，出身法国贵族世家、热衷复兴奥林匹克运动的顾拜旦创办了《体育评论》杂志，1892年，他在庆祝法国体育协会成立周年纪念仪式上发表了"复兴奥林匹克"的演讲。复兴奥林匹克的宗旨，就是将体育运动上升到人生哲学的高度，鼓励人们在突破身体极限和拼搏奋斗的过程中，磨炼意志，锻造勇往直前、永不言败的品性，从而实现人的身体、心灵的和谐发展。

1894年6月，顾拜旦在法国巴黎的索邦神学院主持召开了"国际体育运动代表大会"。与会的12个国家49个体育组织的代表，一致通过了复兴奥林匹克运动和成立国际奥林匹克委员会的决议[②]，制定了《奥林匹克宪章》并决定第一届奥林匹克运动会于1896年在希腊雅典举行。据历史考证，奥林匹克文化传入中国大约是在20世纪初，主要来自两个渠道：

一是国内新闻媒体的粗浅报道。1900年，第二届奥运会在巴黎举行。当时法国官方将奥运会与世界博览会捆绑举办，并将名称定为"国际博览会锦标赛"。在巴黎奥运会期间，中国报刊上也出现了相关的报

[①] 王培、刘延兵、李瑜编著：《百年中国奥运之路》，华文出版社2008年版，第12页。
[②] 王培、刘延兵、李瑜编著：《百年中国奥运之路》，华文出版社2008年版，第15页。

第四章 近代以来国际体坛上中国形象的嬗变与体育跨文化传播能力

道,1900年5月23日,上海《中外日报》以"法国观赛人众"为题对巴黎奥运会进行了极简单的报道。① 这是目前查到的中国媒体第一次对奥运会的报道。1904年,第三届奥运会在美国路易斯安那州举行。这届奥运会仍然沿袭了上届将奥运会与世界博览会捆绑举行的做法。在中国媒体的相关报道中,频频出现"体育""赛车""赛马""希腊赛人"等高频关键词。在奥运会闭幕5个月后,1904年12月《万国公报》以游记文体对"美国圣路易大赛会"的体育比赛及赛场人数规模进行了较为详细的描述。② 国内媒体关于奥林匹克文化的推介虽然极为粗浅且有限,但毕竟使国人对奥运有了初步的了解。

二是清末中国体育留学生的传播。甲午战败后,赴日留学渐成风潮。在这股留日潮中,产生了中国最早的体育留学生。1906年进入日本大森体育会的中国留学生达到104人。在这批体育留学生中,出现了徐一冰、徐卓呆、王金发、林修明等一批后来中国体育界知名人士。他们回国后以"体育救国"为使命,推动了中国近代学校体育制度的建立、体育研究的起步及中西体育文化的交流。同时,为中国加入世界奥运大家庭作出了开创性的贡献。留美学生王正廷是中国近代著名的社会活动家、体育家和国际奥委会终身委员。1922年,经时任国际奥委会主席顾拜旦推荐,王正廷在奥委会第二十届年会上被推举为中国第一位国际奥委会委员。同时,被称为"中国体育第一人"的著名教育家张伯苓,为奥林匹克文化在中国的早期传播作出了不可磨灭的贡献。据1907年《天津公报》记载,在第五届天津学校联合运动会的颁奖典礼上,张伯苓第一次向运动员介绍了奥林匹克运动,并以一个教育家的情怀表达了中国参加奥运会和组建奥运代表队的愿望。③ 1908年的第四届伦敦奥运会,是一次参与国众多、规模宏大的真正意义上的世界奥运

---

① 王培、刘延兵、李瑜编著:《百年中国奥运之路》,华文出版社2008年版,第15页。
② 王培、刘延兵、李瑜编著:《百年中国奥运之路》,华文出版社2008年版,第16页。
③ 范汝强:《旧中国与国际奥委会》,《文史知识》1993年第8期。

会。中国媒体也对这届奥运会给予了关注，当时天津基督教青年会创办的《星期报》曾发表《竞技运动》一文，明确表达国人要参加并举办奥运会的意愿，要取得奥运奖牌的理想。① 1910年，中国参照奥运会的模式在南京举办了首届全国运动会，每天观赛的人数达四万多人。

19世纪末20世纪初，在中国媒体、中国留学生和中国教育界的推动下，虽然国人对奥林匹克运动从不知到知，有了初步的了解，但总的来看，成效甚微。这无疑与中国的历史和文化传统有关，也与当时中国所处的国际和国内环境有直接的关系。质言之，一个千疮百孔、内外交困、处于民族危亡中的半殖民地半封建的中国，既不具备奥林匹克文化生存的内部土壤，又不具备其输入的外部条件。因此，奥林匹克对于当时的中国而言，既是一个"谜"又是一个"梦"。中国在较长的时期内都游离于世界奥林匹克体系之外。

三 国际竞技体育领域的"东亚病夫"形象

"集体拥有的耻辱和痛苦"作为一个民族的集体记忆，是使该民族从耻辱和痛苦中崛起的强大动力。在近代中国，"东亚病夫"这一隐喻无疑给中华民族带来一种羞辱性的刺激和痛苦的记忆。一方面，"东亚病夫"的隐喻，扭曲了世界上的中国形象，让中华民族和中国人民蒙羞；另一方面，又积蓄着自我奋起洗刷耻辱的精神力量。那么，"东亚病夫"的隐喻缘何而起？又怎样折射出近代中国的国家形象？

近年来，对"东亚病夫"一词起源及其演变的相关研究，在史学界、传播学界和体育学界均不同程度地有所涉及。中国大陆学者逄增玉的论文《东亚病夫、醒狮与涅槃凤凰——晚清到五四时期中国形象的书写与传播》（2008）、台湾地区学者杨瑞松的专著《病夫、黄祸与睡狮》（2010），对这一问题作了较为深入的探究。杨瑞松认为，"东亚病夫"一词的发展流变反映了中国人对于自身国际地位的自卑，而且这种自卑

---

① 范汝强：《旧中国与国际奥委会》，《文史知识》1993年第8期。

第四章　近代以来国际体坛上中国形象的嬗变与体育跨文化传播能力

感因国运不断衰微而愈益增强。韩晗则从科学思潮传播的角度进行梳理，认为"东亚病夫"一词在从民族主义向文化现代化过渡当中，成为影响中国文化现代化进程和建立文化现代化秩序的重要词汇。经笔者查阅相关文献，最早对这一概念进行厘清的当属李宁于1987年在《体育文史》上发表的文章《"东亚病夫"的缘起及其演变》。该文指出，"东亚病夫"一词是由"东方病夫"演变而来，是甲午战争之后被欧洲人创造出来指称和形容中国人的。

总之，学界的共识是，"东方病夫"早期并非指中国国民体质弱，而是针对当时国家整体而言的，即中国"国虚""兵败""民弱"。自《时务报》的译文发表后，"东方病夫"一词便陆续在中国一些报刊文章中出现，并引起了国内舆论界的强烈反响。1903年，陈天华在《警世钟》一文中对当时国家不兴、民族不保深感担忧，对中国被洋人骂为"东亚病夫"感到无比耻辱和愤慨，因而发出了"救亡图强"的呼声。

"东亚病夫"一词首次与体育结缘，是在1908年。当时我国著名的体育教育家徐一冰创办了中国近代史上最早的体育专门学校——"中国体操学校"，明确把"增强中华民族体质，洗刷'东亚病夫'耻辱"作为校训。

而"东亚病夫"成为嘲讽中国体育落后的代名词，是在1936年柏林奥运会后。那是中国第二次参加奥运会，当时中国队只有撑竿跳选手符保卢一人进入复赛，而且最终被淘汰。此时，欧洲媒体刊出了一幅题为"东亚病夫"的漫画，画中一群身着长袍马褂、蓄着长辫、形容枯槁的中国人站在五环旗下，肩上扛着一个硕大的鸭蛋。在1948年伦敦奥运会期间，当地《镜报》刊登一幅漫画，一个骨瘦如柴的中国人，伸着脖子看着：1932年一个鸡蛋，1936年一个鸭蛋，1948年一个鹅蛋，画题为："这是中国人的成绩。"[①] 此后，"东亚病夫"就成为外国

[①] 国家体委体育文史工作委员会、中国体育史学会编：《中国近代体育史》，北京体育学院出版社1989年版，第163—176页。

媒体用来形容中国体育落后的代名词。随着时间的推移,"东亚病夫"的含义逐渐由形容中国国力衰弱转而成为特指中国国民体质弱的专用词汇。①"东亚病夫"话语的演变过程,从一个侧面反映了旧中国国力衰弱、任人欺凌的屈辱历程。殖民主义的侵略、旧政权的腐朽、政府治理的无能,是造成中国"东亚病夫"悲剧的根本原因。今天,中国已成为世界第二大经济体,在奥运赛场上中国健儿斩金夺银、气势锐不可当,但对这个词的溯源,有助于我们铭记那段屈辱痛苦的历史,并以此为鉴,实现民族复兴,让中国不再落后可欺。

值得注意的是,作为西方中国形象的文化隐喻,"东亚病夫"叙事本质上是一种"语言政治"。正如斯皮瓦克所说,语言是一个"建构意义的过程"。②"东亚病夫"隐喻形成的深层动因及其意义在于:其一,确立一种西方中心主义的文明等级秩序。"东亚病夫"的文化隐喻并非要"再现"一个真实的中国,而是西方为了确立其自身现代性文明的世界中心地位和价值,就需要通过塑造一个愚昧落后的否定性文化他者幻象来肯定其自我。因此,作为"文化他者"的"东亚病夫"就成为西方表述中国形象的一种话语模式,其实质是西方现代性文明的自我认同、自我书写。问题的要害在于,这种话语模式在西方现代性文化中获得了规训化、体制化的结构,成为一种稳定的、具有支配效应的意识形态话语体系,进而为确立西方中心主义的地缘文明秩序和西方的殖民扩张(包括"文化殖民")提供意识形态合法性。③

其二,确立一种西方统治、主宰东方的权力秩序。"东亚病夫"的隐喻绝不止于确立一种文明或文化秩序,它最终是要确立西方主宰中国乃至整个东方经济、政治、军事的支配性权力秩序。后殖民主义代表人物萨义德强调,正是特定时代东西方之间存在的那种支配性的权力关

---

① 轲犁:《中华全国体育总会的成立》,《体育文史》1984年合刊。
② Spivak, Gayatri Chakravorty, "The Politics of Translation", In Gayatri Chakravorty Spivak, *Outside in the Teaching Machine*, New York: Routledge, 1993, pp. 179-200.
③ 王翔、鲍海波:《近代以来国际体坛中国形象的嬗变及其文化解析》,《新闻与传播评论》2023年第3期。

系，决定着西方"论说东方的话语模式"①。也就是说，这种话语模式最终取决于并服务于西方通过殖民扩张建立起来的权力秩序即世界经济和政治秩序。在西方的世界秩序观中，一个愚昧落后、贫穷羸弱的"东亚病夫"是没有存在的意义和资格的。它不可能自我救赎，只能依靠"文明""进步"的西方民族来拯救。如此一来，"先进"的西方文明取代"落后"的中华文明似乎是一种"历史的必然"，西方的殖民扩张和对中国的侵略也就披上了一层"正义"的外衣。②

第二节　中国体育大国形象的初步确立及其理性反思

新中国的成立，是近代以来中国体育史的重大转折，开启了中国体育的崭新时代。新中国成立不久，中央人民政府就着手筹建新的体育组织。1949年10月底，全国体育工作者代表大会在北京开幕，来自全国24个省市的近200名体育界代表出席了大会。中华人民共和国副主席朱德代表中央人民政府向大会致辞，发出了"努力发展体育事业"的号召，大会决议将原来的"中华全国体育协进会"更名为"中华体育全国总会"，负责全国对内的体育事务和对外的体育联络。从此，中国的体育事业步入了蓬勃发展的快车道。经过半个多世纪的努力奋斗，到21世纪初，中国已从当年那个任人羞辱的"体育弱国"成长为名副其实的"体育大国"，向世界展示了一个崭新的中国形象。

一　新中国体育事业的崛起与重塑国家形象

1952年7月底至8月初，第15届夏季奥运会在芬兰首都赫尔辛基

---

① ［美］爱德华·W. 萨义德：《东方学》，王宇根译，生活·读书·新知三联书店1999年版，第8页。
② 王翔、鲍海波：《近代以来国际体坛中国形象的嬗变及其文化解析》，《新闻与传播评论》2023年第3期。

举行,这届奥运会规模空前,全世界有70多个国家和地区的近5000名运动员参加,这也是中华人民共和国成立后首次参加奥运会。刚成立不久的新中国能够获得这届奥运会的入场券,经过了一番艰苦的政治博弈,排除了来自国际社会以及台湾的重重干扰和阻力,在维护一个中国基本原则的前提下,终于第一次以中华人民共和国的身份标识出席了这届奥运盛会。就在中国代表团赴赫尔辛基之前,周恩来总理在接见代表团成员时强调:"重要的不在于是否能取得奖牌,在奥运会升起五星红旗,就是胜利!"[1] 虽然中国代表团只参加了本届奥运会一个项目的比赛且没有取得名次,但新中国首次组团参加奥运会的预期目的达到了。首先,以新中国的身份象征在国际体坛上亮相,向国际社会展示了新中国朝气蓬勃的形象和百废待兴的愿景;其次,向国际社会传递了新中国政府重视体育事业、关心并致力于增强人民体质的决心,以及中国民众参与体育运动的热情;最后,通过友好交流,赢得了友谊和尊重,同时学习了发达国家的训练经验,对提高中国竞技运动水平有着重要的作用。

新中国成立后,党和政府高度重视发展竞技体育和群众性体育运动,中国的体育事业尤其是竞技体育有了长足的进步,一些项目达到或接近世界水平,令西方世界刮目相看,从而开始在国际体坛上塑造一个崭新的中国形象。从20世纪50年代到20世纪70年代,中国运动员在游泳、举重、跳高、速滑、射箭、乒乓球、羽毛球等项目的国际国内比赛中,共获得23项世界冠军,打破19次世界纪录。[2] 此外,1958—1979年,中国与世界上100多个国家和地区进行了300多项体育交流活动,交流规模达到4.8万人次。[3]

需要指出的是,1956年,中国因国际奥委会公然支持"两个中国"

---

[1] 郝克强:《体坛杂话五十年》,人民体育出版社2003年版,第52页。
[2] 王培、刘延兵、李瑜编著:《百年中国奥运之路》,华文出版社2008年版,第164—168页。
[3] 王培、刘延兵、李瑜编著:《百年中国奥运之路》,华文出版社2008年版,第165页。

第四章 近代以来国际体坛上中国形象的嬗变与体育跨文化传播能力

而退出了当年11月在墨尔本举行的第16届奥运会,并于1958年8月与国际奥委会断绝关系。但中国国内的体育运动并未因退出国际奥委会而停止,仍然健康持续地发展着。1959—1979年,中国共举办了4届全运会,竞技体育屡创佳绩(见表4-1)。①1979年10月,中国在国际奥委会的席位得以恢复。1980年2月,时隔28年,中国重返世界奥运大舞台,派团参加了在美国普莱西德湖举行的冬季奥运会,这也是中国历史上第一次参加冬奥会。1980年7月,因苏联入侵阿富汗,中国抵制在莫斯科举行的第22届奥运会。总之,从新中国成立到20世纪70年代末,中国体育事业的崛起和体育实力的增强,重塑了中国的世界形象。

表4-1　　1959—1979年四届全运会取得的成绩

届次	时间	参赛运动员（人）	破全国纪录	破世界纪录
1	1959	10658	664人884次106项	7人4次4项
2	1965	5922	331人469次103项	24人10次9项
3	1975	12497	49队83人197次62项	4人6次3项
4	1979	15189	36队204人376次102项	5人5次5项

二 奥运金牌零的突破重构集体记忆格局

1984年第23届夏季奥运会在美国洛杉矶举行。中国人民对奥运会的集体记忆也是从洛杉矶开始的。1932年,中国首次派运动员刘长春参加在洛杉矶举行的第10届奥运会。当刘长春在预赛中被淘汰后,美国媒体讥讽道:"随着刘长春的失败,整个中国也失败了。"②洗刷当年"东亚病夫"集体记忆的耻辱,已转化为今天中国运动员在比赛中的精

---

① 王培、刘延兵、李瑜编著:《百年中国奥运之路》,华文出版社2008年版,第165页。
② 中国奥委会新闻委员会编:《在洛杉矶的日日夜夜——中国体育代表团参加第23届奥运会》,中国广播电视出版社1984年版,第68页。

神动力。

1984年洛杉矶奥运会，是中国恢复国际奥组委合法席位之后，第一次参加奥运会。国际媒体也非常关注中国重返奥运后的表现，有媒体预言，这届奥运会可能是中国在奥运舞台上的转折点，有家媒体的文章题目就是"中国奥运史上的新篇章，将从洛杉矶开始"[①]。就在7月29日奥运会开赛的第一天，经过激烈角逐，中国射击运动员许海峰率先为中国取得了奥运史上第一枚金牌！奥运会赛场上第一次升起了五星红旗，奏响了中华人民共和国国歌。国际奥委会主席萨马兰奇（Juan Antonio Samaranch）亲自给许海峰颁奖，他说："这是中华人民共和国体育史上最重要的一天，我为能够亲自将这块金牌授给你们而感到非常荣幸！"[②] 外国通讯社评论道："这是中国五十年历史中的一次壮举。"《国际日报》也发表评论："对于全球的中国人来说，7月29日是值得自豪的日子，从29日起，中国人有了新的希望、新的地位和新的光辉。"在这届奥运会上，中国代表团共夺得15枚金牌、8枚银牌、9枚铜牌，金牌数居世界第四位。

中国在洛杉矶奥运会上实现金牌零的突破，无论对于中国和世界来说，都有着非同寻常的意义。第一，它改写了中国"弱国无体育"的历史，洗刷了"东亚病夫"的耻辱，重构了中国人集体记忆的格局，极大地提升了中国的国际地位和国际影响力，让世界见证了一个新的充满希望的中国；第二，中国运动员的出色表现，展现了中国人民不畏艰难、顽强拼搏、积极向上的精神面貌，极大地提振了中华民族的自尊心、自信心和自豪感，鼓舞了中国人民建设现代化强国的决心和勇气；第三，中国作为发展中国家竞技体育异军突起，在一定程度上改变了国际体坛由西方强国长期垄断竞技运动的格局，标志着以中国为代表的发

[①] 张鲁雅、周庆编著：《世纪情——中国与奥林匹克》，人民体育出版社1993年版，第157页。

[②] 王培、刘延兵、李瑜编著：《百年中国奥运之路》，华文出版社2008年版，第198页。

第四章 近代以来国际体坛上中国形象的嬗变与体育跨文化传播能力

展中国家作为一支新兴力量,开始登上国际体育舞台并改写世界奥运体系被极少数发达国家把持的历史。

三 体育大国形象的初步确立与体育跨文化传播能力反思

1990年9月,中国在北京成功举办了第11届亚运会。以国家奥林匹克体育中心和亚运村为主体的亚运工程共投资20多亿元,占地百公顷。这是中国第一次举办综合性的国际体育大赛。来自亚洲37个国家和地区的体育代表团共6578人参加了这届盛会。中国派出636名运动员参加了全部27个项目的比赛。北京成功举办亚运会的意义有二:其一,使世界更多的国家和人民了解了中国,看到了中国是一个热爱和平的国度,中华民族是一个勤劳智慧、自强奋进、值得尊重和信赖的民族;其二,亚运会的成功举办,彰显了中国的综合国力,提高了中国的国际地位,向世界传递出一个信号,中国有实力也有能力举办更大规模的世界级体育赛事。

有了成功举办亚运会的经验,申办奥运自然就成为中国人的一个梦想。1985年,中国改革开放不久,邓小平在会见一位外国客人时就曾表示,中国准备申办2000年奥运会。在北京亚运会开幕前,邓小平在视察亚运工程时又一次明确了申办奥运的决心。于是,在亚运会结束后,经过充分论证,1991年3月,经国务院批准,北京奥运申办委员会正式成立,并于当年12月派出申奥代表团赴瑞士洛桑向国际奥委会递交了申请书,但这一次申奥未能成功。1998年,北京第二次提出申办2008年第29届奥运会,2001年7月13日,国际奥委会主席萨马兰奇在莫斯科宣布:北京成为2008年奥运会主办城市。举办奥运梦想成真,顿时神州大地一片沸腾,数十万群众涌向天安门广场,聚集在电视机前的亿万中国人无不欢欣鼓舞。

申奥成功是一个国家实力、能力、魅力的充分体现,是中国融入世界、重塑国家形象的重大转折,其意义既在体育又超越了体育。一方面，它将促进中国体育事业的巨大进步，推动中国加快步伐走向"体育大国"进而实现"体育强国"的梦想；另一方面，它将推动中国经济、科技、文化、环保等事业的全面进步，增强中国的综合国力与民族凝聚力。这预示着以实现民族复兴和"强国梦"为目标的中国，将以崭新的面貌和雄姿出现在世界面前。在2000年悉尼奥运会上，中国以28枚金牌、59枚奖牌的佳绩跃居世界前三强。在2004年的雅典奥运会上，中国以32枚金牌、63枚奖牌的优异成绩登上金牌榜第二位。特别是在2008年第29届北京奥运会上，中国体育代表团再创辉煌，以51枚金牌、100枚奖牌的优异成绩首次荣登金牌榜首位。这些奖牌分布在奥运会全部28个大项的26个项目中，中国因此成为奥运史上奖牌分布最广的国家之一。在此之后的2012年伦敦奥运会、2016年里约热内卢和2020年东京奥运会上，中国都稳居奖牌榜前三位。这表明，中国已经站到世界体坛的高地，开始改变西方主宰的世界竞技体育格局。

除了竞技体育外，中国在群众体育即全民健身方面也取得了长足的发展。从2011年开始，国务院连续颁布了三个全民健身计划，并将全民健身提升为国家战略。目前，正在实施的是《全民健身计划（2021—2025年）》。从对《全民健身计划（2011—2015年）》实施情况评估结果来看，全国经常参加体育锻炼的人数比例、各类体育场馆数量、体育健身设施和全民健身中心覆盖率、体育社会组织覆盖率等主要指标均已达成或基本达成。这表明我国已初步建立起覆盖面广且"比较健全的全民健身公共服务体系"[1]。全民健身计划的实施，提高了国民的身体素质，使人均预期寿命从2020年的77.93岁提高到2021年的78.2岁。[2] 把提高全民的身体素质和健康水平作为根本追求，在此基础上发展竞技体育，正是世人心目中一个真正负责任的体育大国形象。

---

[1] 胡鞍钢、方旭东：《全民健身国家战略：内涵与发展思路》，《体育科学》2016年第3期。
[2] 白剑峰：《2021年卫生健康事业发展统计公报发布 居民人均预期寿命提至78.2岁》，《人民日报》2022年7月13日第13版。

第四章 近代以来国际体坛上中国形象的嬗变与体育跨文化传播能力

然而，值得反思的是，中国体育的长足进步，并没有带来体育跨文化传播能力的同步提升。体育跨文化传播能力及其作用效果，与中国体育大国的实体形象之间出现了一定程度的背离，从而导致了国际体坛上中国媒介形象与其实体形象的反差。这主要是因为：

其一，中西方之间的意识形态鸿沟，特别是美国等西方国家的意识形态偏见，制约了中国体育跨文化传播能力的提高及其发挥。美国等西方发达国家从未放弃过其现代性文化中固有的"他者"思维，因而也从未改变过西方中心主义的自负和对非西方文明包括中华文明的歧视。即便中国通过改革开放强大起来之后，它们仍以否定性的眼光审视中国的发展，以焦虑不安的复杂心态和爱恨交织的矛盾心态来看待中国取得的成就。这当然是西方国家维系其意识形态合法性和实现资本全球扩张的需要。在此背景下，美国等西方国家媒体对涉华体育信息或者进行选择性报道，或者进行歪曲性评论，或者蓄意炒作负面新闻而屏蔽关于中国体育成就的报道。体育跨文化传播的意识形态化，使得国际社会广大受众很难了解真实的中国体育。

例如，关于2008年北京奥运会奖牌榜，美国主流媒体CNN、NBC、《纽约时报》《华盛顿邮报》等，打破奖牌榜以金牌数排名的惯例，不顾中国位居金牌榜首的客观事实，坚持将美国排在奖牌榜首位（见图4-1、图4-2）。鉴于上述美国主流媒体的全球影响力，它们的做法在一定程度上误导了国际受众。

其二，西方主流媒体凭借其雄厚的资本实力和先进的技术优势垄断了全球体育话语权，制约了中国体育跨文化传播能力的发展和有效发挥。西方主流媒体历史悠久，实力雄厚，阵容强大，具有毋庸置疑的话语影响力，故而成为世界体育资讯的主要信源。有资料显示，全球约四分之三的体育信息来自西方主流媒体。如此一来，便产生了两个后果：一是西方主流媒体几乎垄断了全球体育话语权，构筑起以美国为代表的西方体育强国主导全球体育话语生产、分配、表达的世界格局。二是严

中国体育跨文化传播能力提升研究

奖牌榜前十名		奖牌总数		列表
国家				总计
美国	26	28	28	82
中国	45	14	20	79
俄罗斯	13	14	18	45
英国	16	10	11	37
澳大利亚	11	12	13	36
法国	4	12	14	30
德国	11	8	9	28
韩国	8	10	6	24
日本	8	6	9	23
意大利	6	7	7	20

《纽约时报》

图 4-1 北京奥运会《纽约时报》奖牌榜前十国家排名

2008年奥运会奖牌榜

As of 8/20, 6:39 PM ET

国家	获奖者	金牌	银牌	铜牌	总数
美国	see names	26	28	28	82
中国	see names	45	14	20	79
俄罗斯	see names	13	14	18	45
英国	see names	16	10	11	37
澳大利亚	see names	11	12	13	36
法国	see names	4	12	14	30
德国	see names	11	8	9	28
韩国	see names	8	10	6	24
日本	see names	8	6	9	23
意大利	see names	6	7	7	20

NBC网站

图 4-2 北京奥运会 NBC 网站奖牌榜前十国家排名

重挤压了中国等非西方国家体育话语生产、表达的空间，遏制了其话语能力的发展，从而有利于巩固西方的体育话语霸权。特别是，中国虽已成长为体育大国，但目前尚无足够的实力和能力打破西方媒体的话语垄断，以平等的资格争得体育跨文化表达的话语权并建构起有国际影响力

第四章　近代以来国际体坛上中国形象的嬗变与体育跨文化传播能力

的中国体育话语体系。

其三，中国体育宣传主义的跨文化传播模式以及中西方体育文化价值取向的差异，在一定程度上影响了中国体育跨文化传播的效果。中国体育跨文化传播至今仍带有明显的宣传主义印记。一方面，宣传主义的传播模式，是一种"以我为主"的、"传者中心主义"的话语表达模式。该模式的缺陷在于信息传输的单向性、刻板性，容易给人以意识形态宣传的印象，从而引起国外受众的反感乃至抵触，影响体育跨文化传播的效果。另一方面，中西方体育文化的价值取向存在着较明显的差异，西方体育文化注重体育的个体价值，即对个体生命的意义；而中国体育文化更强调体育的社会价值和国家价值，即体育对增强全民健康、激发社会活力和维系社会和谐以及建构国家形象的意义。中国体育文化的价值取向，如何通过价值拓展和扩容为国外受众所认可，是对中国体育跨文化传播能力的考验。

第三节　开启新时代国家形象建构新的里程

青年时代的毛泽东曾在《新青年》杂志上发表《体育之研究》一文，对当时旧中国每况愈下的民族体质十分担忧并将此与中国的前途命运联系起来。他指出："国力苶弱，武风不振，民族之体质，日趋轻细。此甚可忧之现象也。"[①] 他希望通过加强体育锻炼、增强国民体质来挽救国家和民族危亡。当时，毛泽东思想的出发点，就是把体育作为健体强民、重振国力、抗御外侵的有效手段。也就是今天我们所说的"体育强，则国家强"。

新中国成立以来，党和政府非常重视发展体育事业，不仅视体育为强民强国之基，而且认为中国作为世界第一人口大国理应成为体育强国。于是，早在 20 世纪 80 年代，中国就明确提出了建设"体育强国"

[①] 二十八画生（毛泽东）：《体育之研究》，《新青年》1917 年第 3 卷第 2 期。

的目标。经过三十多年的发展，我们对"体育强国"内涵的理解逐渐全面、科学。2019年，体育强国建设规划正式启动，这预示着中国体育事业发展进入了新时代。在新时代的体育强国建设中，政府媒体扮演着极为重要的角色。政府和媒体的使命与责任在于，提升体育跨文化传播能力，通过跨文化交流，讲好中国建设体育强国故事，塑造中国体育强国形象。

一 "体育强国"目标的提出及其内涵演化

1980年的全国体育工作会议就已提出，要把我国建成"世界上体育最发达的国家之一"，跻身"世界体育强国行列"。这是我国第一次从国家层面作出的具有战略意义的决定。1983年，国务院下发的《批转国家体委关于进一步开创体育新局面的请示的通知》，又一次明确提出了建设"体育强国"的目标。1984年10月，中共中央发出了《关于进一步发展体育运动的通知》，指出了我国体育与世界先进国家的差距，认为中国体育代表团在第23届奥运会上所取得的优异成绩，"标志着我国已开始全面登上世界体育舞台，踏上了建设体育强国的新里程"[①]。从该通知内容可以看出，当时把建设"体育强国"的重心放在发展竞技体育上。1985年8月，当时的国家体委首次将"体育强国"的战略目标正式写进《2000年体育发展战略规划》，明确提出，到20世纪末要把我国建设成为世界体育强国。[②] 客观地讲，20世纪80年代，我国虽然明确提出了建设世界"体育强国"的目标，但这一时期我们对"体育强国"的理解和认知是不全面和失之偏颇的，重点关注和强调竞技体育的发展，而忽视了整个体育事业的全面发展。

自20世纪80年代我国首次提出建设"体育强国"的目标之后，人

---

① 《1984年中共中央关于进一步发展体育运动的通知》，中国奥委会官方网站，http://www.olympic.cn/rule_code/code/2004/0426/26065.html，2004年4月26日。

② 谢琼桓：《中国体育发展战略研究的回顾与思考》，《成都体育学院学报》1987年第1期。

第四章　近代以来国际体坛上中国形象的嬗变与体育跨文化传播能力

们对"体育强国"内涵的理解经历了一个从不全面到比较全面、从不科学到比较科学的演变过程。其间经过了三次飞跃。

第一次飞跃源于 2000 年悉尼奥运会后对中国体育的反思。这届奥运会中国体育代表团获得的金牌和奖牌总数均名列世界第三。若按 1983 年提出的体育强国竞技目标，可以说目标已经实现。但实际上，包括学者在内的许多业内人士都认为，以目前中国的体育现状还不能被称为"体育强国"，我们与美国等世界体育强国尚有很大差距。于是，国内体育界对什么是真正的"体育强国"进行了深入思考并达成了共识：以金牌为导向的体育只是"一条腿走路"，不能算体育强国。同时，还意识到中国体育发展极不平衡，不同体育项目间存在巨大差距，在 2020 年东京奥运会上中国体育代表团共夺得 38 枚金牌。在这 38 枚金牌中，来自传统优势项目——跳水、举重、乒乓球、射击、体操和羽毛球的有 28 枚。此外，中国体育代表团在本届奥运会上 10 次包揽金银牌，全部是在传统优势项目上，其中跳水 4 次，体操 3 次（竞技体操 2 次、蹦床 1 次），乒乓球 2 次，羽毛球 1 次。[①]

时任国家体育总局局长袁伟民坦言，现在很多人认为我们已经是体育强国，但"我们头脑要清醒，不能沾沾自喜。三大球的成绩上不去，奖牌再多也不是体育强国"[②]。这意味着中国体育将从追求奖牌数量转向优化结构、注重质量，提升竞技体育的整体水平，为实现"体育强国"目标奠定坚实基础。

第二次飞跃是 2005 年举行的"奥运理论研讨会"。雅典奥运会之后，国家体育总局于 2005 年召开了"奥运理论研讨会"，邀请相关学者、政策研究专家、体育工作者、运动员代表等，共同探讨未来中国体育发展走向。这次研讨会的最大收获，是第一次对"体育强国"的完

[①] 《奥运观察 | 中国体育传统优势项目续写辉煌 包揽金银牌彰显实力和底蕴》，人民网，http://ent.people.com.cn/n1/2021/0809/c1012-32186654.html，2021 年 8 月 9 日。

[②] 远山：《袁伟民与体坛风云》，江苏人民出版社 2009 年版，第 78 页。

整体系和标准进行了讨论,尤其是对群众体育、国民体质、体育科技、体育产业等在体育强国建设中的重要性给予了充分关注。这次研讨会虽然只是理论层面的一次务虚,但毕竟对体育强国内涵的认知前进了一大步。它表明,大力发展群众体育,提高国民身体素质,被提上了体育强国建设的议事日程,成为体育强国的重要内容,群众体育发展水平也成为衡量国家体育水平的重要标志之一。时任国家主席胡锦涛在讲到推动我国由体育大国向体育强国迈进时明确指出:"我们要坚持以增强人民体质、提高全民族身体素质和生活质量为目标,高度重视并充分发挥体育在促进人的全面发展、促进经济社会发展中的重要作用,实现竞技体育和群众体育的协调发展。"①

第三次飞跃是国家《全民健身计划 2016—2020》的实施和《体育强国建设纲要》的颁布。2016 年 6 月,国务院印发了《全民健身计划 2016—2020》。特别是 2019 年 8 月,国务院下发了《体育强国建设纲要》,明确了体育强国建设的目标、任务和措施。这是在新的时代条件下,国家根据全球体育发展的态势和全面建设社会主义现代化强国的需要,首次对实施体育强国战略进行的系统规划和部署。该纲要提出,经过三个阶段的努力和发展,到 2050 年,"全面建成社会主义现代化体育强国",使人民的身体素质、体育综合实力及其国际影响力均位居世界前列,让体育成为中华民族伟大复兴的标志性事业。值得注意的是,该纲要对"体育强国"的目标、内涵和主要任务作了全面阐释,囊括了全民健身、竞技体育、体育产业、体育文化以及体育对外交往等体育事业的所有方面。这表明,时至今日,我们对"体育强国"的理解和认识已发生了根本性的质的飞跃。

二 跨文化传播能力提升语境下塑造体育强国形象的媒介担当

对于中国而言,体育强国形象的建构将是一个所需时间较长的历史

---

① 《北京奥运会残奥会总结表彰大会隆重举行 胡锦涛发表重要讲话》,《光明日报》2008 年 9 月 30 日第 1 版。

第四章 近代以来国际体坛上中国形象的嬗变与体育跨文化传播能力

过程，不能奢望一蹴而就。一方面，体育强国目标的真正实现，有待于中国持续付出更大的努力，全方位加强体育建设，促进体育事业全面发展，从而成为名副其实的体育强国；另一方面，则要充分发挥媒体的作用，运用现代传播技术和传播手段，全面反映中国体育事业发展的成就，面向国际社会讲好中国建设体育强国的故事，塑造中国体育强国形象。需要强调说明的是，通过跨文化传播建构中国体育强国形象，不是要等中国体育强国目标实现之后才进行，而是要在建设体育强国的整个历史过程中，持续不断地讲好中国体育故事。因此，对于媒体来说，提升体育跨文化传播能力，建构中国体育强国形象，不是未来的事情，而是当下的使命和责任。

体育强国建设是一项系统工程，与此相适应，体育跨文化传播能力建设和体育强国形象的建构也是一项系统工程，其核心在于媒体从事的体育跨文化传播必须是卓有成效的，而前提是必须有很强的体育跨文化传播能力。体育跨文化传播的内容很丰富，包括竞技体育、大众体育、体育科技、体育教育、体育产业等诸多方面。其中竞技体育与大众体育是体育跨文化传播的重点，前者因具有鲜明的国家身份标识和深层的国际政治内涵而成为各国媒体关注的焦点，特别是以奥运会为代表的全球性媒介事件能吸引媒体的注意力；而后者因关系一国体育的民众基础和国民整体的身体素质，同样备受媒体关注。

那么，中国媒介在体育跨文化传播能力建设和体育强国形象建构过程中，究竟应该有怎样的作为呢？

（一）通过提升体育跨文化传播能力建构"体育中国"全球身份认同

中国文化历来主张"社会本位""集体本位"，因而中国的体育报道往往注重宏大叙事，强调家国情怀，民族精神，如中国媒体将刘翔、姚明、李娜、郎平等优秀运动员塑造成为国争光的"民族英雄"。而西方文化历来主张"个人本位"，注重个体价值，认为体育是"勇敢者的游戏",因而西方媒体将乔丹、菲尔普斯、贝克汉姆等塑造成民间崇拜的"体育明星",这也许更接近竞技体育的本意。体育的国家情怀更符合中华文化的本质诉求和中华民族的情感诉求,因而其合理性价值不容否定。但是,也应看到体育的国家叙事方式难以得到西方民众的认可,因而影响了中国体育的跨文化传播效果。在当今时代,媒体所再现的体育,已成为文化身份的标识,它既包括个体的身份认知,也包括民族和国家的身份认同。体育赛事和体坛明星就成为民族和国家身份认同的符号。据此,在国家形象跨文化建构中,我们有必要将宏大叙事转变为微观叙事,通过某个特定的运动项目和讲述某个特定人物的故事来建构这种身份认同。也就是说,微观叙事同样可以表现国家大主题。人们对一个具体的运动项目或一个特定的体育明星首先联想到的是其所属的国度。如武术运动是中国文化的象征,橄榄球和棒球运动是美国文化的标志,"拳王"阿里是美国的象征,"铁榔头"郎平是中国的标识。这表明,通过赛事、项目、人物这些具体生动的体育符号来建构民族和国家身份认同,更能为国外受众所理解和认可。所以,通过微观叙事对有代表性的体育项目和体育明星进行重点报道,可以成为塑造体育强国形象和建构国家认同的有效途径。

就中国体育而言,我们应该从中国传统体育文化宝库中挖掘资源,特别是大力传承并弘扬武术、太极拳等中国传统体育项目,提高它们在国际体坛上的出镜率和影响力,为其中一些项目成为未来奥运会竞技项目奠定基础,进而为建构中国体育强国形象提供符号支持;同时要借鉴"好莱坞模式",选择一批有全球影响力的顶尖级体坛明星加以精心包装,将其打造为大流量超级"IP",用他们的人格魅力、超凡技能和精彩故事去打动异国受众。

(二)通过提升体育跨文化传播能力彰显中国体育的"强国"价值

西方主流媒体通过建立覆盖全球的信息网络系统和组织大型体育赛事报道,构建了一个以智能化、大投入、跨地域和市场化为特点的新型

第四章　近代以来国际体坛上中国形象的嬗变与体育跨文化传播能力

国际传播体系,成功地将体育新闻信息资源纳入这一体系之中,从而主宰了世界体育新闻传播格局,控制了体育国际传播的主导权和话语权。在此基础上,形成了西方媒体强调的所谓"新闻客观性"的话语框架,并将这一框架原则定义为世界各国均应遵循的话语法则。与西方媒体片面强调新闻客观性不同,中国媒体更关注体育传播的政治文化功能,即关注体育新闻背后的国家叙事,强调体育服务国家的价值旨归。这本无可厚非,但在西方受众眼里,这是中国媒体进行意识形态宣传的"自说自话",因而通常持不认可态度。例如,2008年北京奥运会落下帷幕后,《人民日报》发表了一篇总结性的评论文章《这是中国的奥运,这是世界的奥运》。该文没有介绍奥运会本身的内容和所取得的成就,而是将重心落在国家叙事主题上,更多的是借用国外运动员对北京奥运会两大标志性建筑所表现出的惊奇和感叹,来展示中国发展的成就。该文强调,成功举办奥运标志着中国"进入了一个新的时代"。《人民日报》的评论文章微言大义,完全契合中国文化强调国家本位的价值旨趣,但这样的叙事话语难以为国外受众所接受。相比之下,NBC奥运刊载的评论文章则更关注细节、更接地气。文章以记者"近距离'体验中国'"的新闻报道为素材,讲述了奥运会给北京带来的"奇迹"般的变化,同时,文章还提到了中国存在的比较严重的环境问题,整篇报道比较客观中立。严格说来,这两篇新闻评论没有优劣之分,只不过二者用于表达价值诉求的话语框架不同。所以,要取得体育跨文化传播的话语权,达到我们的传播意图,就必须对接全球体育话语框架,用西方受众便于接受的话语方式呈现报道并巧妙地渗透我们的文化价值。新闻报道只有为国际受众所接受,话语权才有意义。

(三)通过提升体育跨文化传播能力展现中国体育文化包容心态

在当今全球化背景下,各国及地区之间的体育交往日益频繁,不同体育文化之间的相互渗透、相互融合成为不可逆转的趋势。世界体育的融合发展趋势,要求实现体育新闻报道的国际化。可以说,实现体育报道的国际化，让受众来评判体育新闻的价值，是一个国家媒体成熟和自信的表现。从传播学的角度来讲，受众是全球化语境下新闻报道国际化的原动力。因此，体育新闻报道的国际化，是指根据国际受众的需求，从体育新闻的内容与形式、生产与传播都尽可能地考虑受众的接受度、认可度以及获取信息的便捷性，满足国际受众的需求。这意味着让体育新闻信息不受任何地域限制地进入国际新闻市场，以新闻的形态而非国家意识的形态向国际受众传播，从而产生预期的影响力。例如，在2008年北京奥运会期间，中国媒体尝试进行的体育报道国际化的努力，受到国际舆论界的关注和好评。与以往不同，重在参与的奥运精神开始成为媒体报道的主基调，中国媒体引导受众以包容的心态理性地观看比赛。正如香港《南华早报》的评论所说：奥运会之前，有人担心在中国对美国或日本等国的敏感比赛上，"观众的爱国主义可能变为可怕的民族主义"，但实际上，"大多数中国观众展示了良好的体育精神。虽然他们……把最响亮的欢呼声留给了本国运动员，但他们在日本队或美国队得分时也鼓掌加油。没有表现出丝毫的心胸狭窄"。[1] 德国《日报》的文章说，美国游泳运动员菲尔普斯（Michael Phelps）登上了中国报纸的头版，"这表明，中国读者并不只对庆祝本国运动员的胜利感兴趣"[2]。《华盛顿邮报》发表文章《欢呼外交：无论输赢，中国人都兴高采烈》，法国《世界报》发表文章《中国公众表现得更加公正而非沙文主义》，文中提到中国各大网站的标语，"奖牌不是我们唯一的期待""爱奖牌，但更爱体育精神"等。[3] 无须讳言，中国媒体在体育报道国际化的道路上刚刚迈出了一步，还有较大的提升空间。中国媒体有责任和义务通过国际化发展把世界体坛的第一手信息介绍给国内，使国内受

---

[1] 陈俊侠、韩冰：《北京奥运遗产多》，《浙江日报》2008年8月27日第4版。

[2] 《世界的主场 中国观众文明观战为各国运动员加油》，《北京日报》2008年8月14日第9版。

[3] 本报通讯员：《"北京真的很有趣"——奥运会向世界展示了一个真实的中国》，《浙江日报》2008年8月19日第8版。

第四章　近代以来国际体坛上中国形象的嬗变与体育跨文化传播能力

众足不出户就能即时获取与世界同步的体育信息,以助推中国体育发展与创新。同时,把国际高质量的体育信息以文化产品的形式呈现给世界,让世界各国人民更全面、更准确地了解中国体育的发展状况,促进中国体育融入世界体育一体化进程。

(四) 通过提升体育跨文化传播能力发挥新媒体塑造体育强国形象的独特优势

近年来,随着信息技术的突飞猛进,新媒体呈现出蓬勃发展的态势,尤其是互联网、大数据和人工智能技术的广泛运用,使得体育跨文化传播能力显著增强。与传统媒体"主导受众型"的传播方式相反,新媒体对体育信息的传播是"受众主导型"的,即充分尊重受众的意愿和需求,让受众主导信息传播的全过程,最大限度地彰显受众的选择权和参与权,因而这一传播模式成为新媒体时代体育跨文化传播的最佳模式。不仅如此,新媒体所具有的便携、移动灵活、覆盖面广及个人定制等功能,将体育信息的传输、接收、互动提升到一个前所未有的高度并有利于形成立体式的传播矩阵,增强跨文化传播的效果。因此,如何充分发挥新媒体作用,打造具有强大传播力、引导力、影响力的全媒体体育跨文化传播体系,是扭转西强我弱的体育传播格局、建构中国体育强国形象的当务之急。一是面向海外建立社交媒体平台,打造全媒体跨文化传播矩阵。在体育跨文化传播中,国内主流媒体应利用它们自己旗下的华文媒体积极开拓全球传播市场,建立海外社交媒体平台,开通专为国外受众群体服务的社交媒体账号,制作英文网站,使其成为国外受众了解中国体育文化的窗口。同时,应增加华文媒体及其网站报道中国体育新闻的比重,大力推介我国具有代表性的体育项目,传播中华体育文化和体育精神,讲述中国体育明星的故事,以此推动中国体育强国形象的建构。二是发挥短视频传播优势,塑造体育大国媒介形象。在体育跨文化传播中,短视频具有得天独厚的优势。短视频生产颠覆了传统新闻生产的约束性与复杂性,使人人皆可成为生产者和传播者。特别是近年来在国际体坛上，"体育大V"生产的短视频对推动体育跨文化传播和国家形象建构起到了不可低估的作用。"体育大V"利用其"明星效应"往往成为社交媒体上最具传播力和影响力的体育符号。所以，利用"体育大V"的影响力传播体育文化、建构国家形象，不失为一条"捷径"。三是适应移动终端传播需要，生产微型化、多样化体育产品。在新媒体时代，手机、平板电脑等电子移动终端日益成为人们获取和传播信息的主要媒介。据最新统计数据，截至2022年底，我国移动电话用户规模为16.83亿户，其普及率升至每百人119.2部，高于全球平均的每百人106.2部。其中，5G移动电话用户达5.61亿户，占移动电话用户的比例比上年末提高11.7个百分点，达到33.3%，是全球平均水平（12.1%）的2.75倍。[①] 移动终端的最大优势在于，信息的获取方式更加垂直、便捷和个性化。在体育跨文化传播中，将体育信息资源与移动媒体有机融合，借助移动终端平台传播体育新闻、体育赛事、体育游戏和体育博彩，能极大地满足受众阅读各类体育信息的需求。因此，应面向海外受众群体生产大量短小精悍、内容丰富、富有感官冲击力的体育产品，以助推体育跨文化传播和国家形象塑造。总而言之，新媒体的发展和运用为体育跨文化传播带来了全新的机遇，开拓了新的传播渠道，提供了新的意义生成的增长点和可能性。但是，也应看到，新媒体助推体育跨文化传播还面临着一些困境和难题，主要是如何加强媒介监管和确保传播内容的公信力，如何消除信息的碎片化和增强信息内容的系统性、深刻性，如何防止技术异化所带来的价值流失等，这些问题是新媒体使用中有待解决的。

---

① 《我国5G移动电话用户达5.61亿户》，中国政府网，https://www.gov.cn/xinwen/2023-02/09/content_5740696.htm，2023年2月9日。

第五章
国家形象建构视域下中国体育跨文化传播能力提升面临的挑战和存在的主要问题

第一节 百年未有之大变局中的世界传播秩序与中国的选择

当今世界正面临着"百年未有之大变局"。这一历史大变局给世界带来了许多不确定因素,对于中国而言,既是严峻的挑战,更是难得的机遇。中国作为一个正走向世界舞台中心的发展中大国,必须坚持正确的历史观、大局观、角色观,洞察时势变化,找准历史方位,明确角色担当,积极推动构建人类命运共同体,在谋求其自身发展的同时造福人类社会。

一 当今世界百年未有之大变局与中国的方位

"当今世界唯一不变的就是变。""变"往往成为历史转折性发展的重要动力和开启新的历史阶段的逻辑起点。冷战结束后,世界进入了新一轮调整期,大国博弈在各个领域全面展开并日趋加剧,新问题、新矛盾、新挑战层出不穷,人类发展面临诸多不确定性。面对如此复杂的国际局势，中国作出的研判是：世界正处于百年未有之大变局。这场历史性的大变局不仅给现代化进程中迅速崛起的中国带来了发展的机遇，同时也带来了潜在的风险和现实的挑战。有学者指出，百年未有之大变局中，"危"和"机"是一对同生并存可以相互转换的矛盾。只要我们保持战略定力，抓住发展机遇就能在应对各种风险中化危为机。①

(一) 百年未有之大变局中的世界与中国

过去的一百年是人类历史上最惊心动魄而又刻骨铭心的一百年，也是世界风云激荡发生空前巨变的一百年，其实质是世界秩序的调整、重组和全球治理体系的变革。世界秩序主要包括世界体系、世界格局、地区和国际治理机制，以及世界各主要国家的力量对比及其相互关系。世界秩序的调整和全球治理体系的变革，当然是历史合力的产物。这种推动百年变迁的历史合力主要体现在以下四个方面：

一是人类在这一百年间经历了两次世界大战，形成了第一次世界大战后的"凡尔赛—华盛顿体系"和第二次世界大战后的"雅尔塔体系"，以美国为首的西方集团及其主导的世界格局得以确立，其中充斥着强国欺凌弱国、大国宰制小国的霸权逻辑。二是俄国十月革命的爆发、世界社会主义阵营的形成，导致了第二次世界大战后两大阵营的对峙和长达几十年的美苏冷战。20世纪末以来，随着苏联的解体，冷战结束，两极格局终结，美国成为称霸世界的唯一超级大国。三是亚非拉民族独立运动的兴起和殖民主义体系的瓦解。20世纪中后期，亚非拉民族解放运动风起云涌，一大批殖民地国家宣告独立，其中许多国家借助经济全球化的强大推动力在现代化进程中取得了长足的发展，成为与西方抗衡的新兴力量。四是经济全球化和新科技革命对世界的重塑。一方面，经济全球化极大地促进了全球生产力的发展，把世界经济连接为

---

① [美]卡特：《中国印刷术的发明和它的西传》，吴泽炎译，商务印书馆1957年版，第103页。

第五章　国家形象建构视域下中国体育跨文化传播能力提升面临的挑战和存在的主要问题

一个整体,加深了各国之间的相互依存度。但是,也带来了一系列亟待解决的全球性问题,如发展不平衡、贫富分化严重、生态危机、环境恶化、文化霸权和逆全球化、保护主义等。另一方面,以现代信息技术和人工智能为标志的新一轮科技革命,极大地改变了人类的生产方式、生活方式和交往方式,使世界面貌发生了深刻变化。

上述历史发展中的各种变量因素互动交织、相互作用,共同形成一种合力,推动世界秩序和全球治理体系进入百年来前所未有的大调整、大变革、大重组时期。调整、变革、重组的基本价值取向,使国际秩序和全球治理体系朝着包容、公正、合理的方向发展。

那么,百年未有之大变局究竟有何之变?

其一,国际力量对比发生变化。进入21世纪以来,中国等一批新兴市场国家和发展中国家在经济全球化潮流的推动下迅速崛起,目前经济总量已占全球的40%,对世界经济增长的贡献率达到80%。[①] 随着新兴力量在世界舞台上的分量越来越重,话语影响力越来越大,国际力量对比开始呈现"东升西降"的历史性变化,近代以来,由西方大国主导世界格局的态势逐渐向东西方平衡发展转变。历史一再证明,大国是世界历史舞台上的"剧作者",也是扮演主要历史角色的"剧中人",大国之间的博弈往往决定着全球的势力版图和世界格局的走向。今天,世界的多极化已是大势所趋,各主要力量和大国之间的竞争在诸多领域全面展开,既相互牵制又相互倚重。但是,应清醒地看到,世界格局的演变毕竟是一个从量变到质变的渐进过程,目前西方主导、美国独"超"的世界格局尚未发生实质性的变化,以美国为首的西方大国依然在经济、军事、科技和文化领域占据着优势地位。因此,我们切不可盲目乐观。

其二,全球治理体系和治理规则发生变革。全球治理体系是指国际社会为共同应对全球性问题而形成的一系列机制、规则和组织的总

---

① 裘援平:《世界变局中的突出矛盾》,《现代国际关系》2019年第2期。

和。现行的全球治理体系是第二次世界大战后以美国为首的西方国家主导建立的，因而国际规则的制定基本上是西方国家说了算，广大发展中国家则很少有参与权和话语权。这就决定了现行的全球治理体系和治理规则存在许多不公正、不合理的方面。随着新兴力量的增长，一些新的治理机制如G20机制、金砖国家机制等应运而生，并且在全球治理中的作用越来越突出，这些新的治理机制为发展中国家参与全球治理、共同解决人类面临的一系列重大危机提供了全新的模式。在此背景下，全球治理体系的变革已是大势所趋，变革的基本走向只能是坚持多边主义原则。

其三，中国与世界的关系发生根本性转变。改革开放40多年来，中国与世界的关系逐步发生战略性和根本性的变化。从恢复联合国席位到中美关系解冻，从加入世贸组织到加入欧洲复兴与开发银行，从举办奥运会到主办G20峰会和世界互联网大会，从提出"一带一路"倡议到致力于构建人类命运共同体，中国已经完全融入全球化进程与现行的世界秩序中，并以开放的姿态积极参与全球竞争与合作。意义更为深远的是，"一场结构性转型的大变局已经在全球范围内悄然进行，而中国将在这场变革中承担最重要的角色"[1]。国际货币基金组织总裁拉加德（Christine Lagarde）的这一判断充分说明，中国已成为当今世界大变局中一个影响巨大的关键性变量。毫无疑问，改革开放的中国需要世界，变革中的世界更需要中国；变革的世界改变着中国，发展的中国更深刻地影响着世界。习近平指出，中国发展的新时代与世界历史的大变局"同步交织，相互激荡"。这种战略互动使得中国在世界历史大变局中的作用和影响更加突出，中国这个关键性的变量带给世界的不仅是发展的机遇、发展的动力，而且是发展的资源、发展的样本。实践证明，中国越来越成为世界经济的动力源、世界变局的稳定器、世界秩序生产和

---

[1] 国纪平：《时不我待 只争朝夕——把握中国与世界共同发展的历史机遇》，《人民日报》2019年12月31日第1版。

再生产的参与者、世界和平的坚定拥护者。所以,"今日之中国,不仅是中国之中国,而且是亚洲之中国、世界之中国"①。

然而,必须清醒地意识到,百年未有之大变局带给世界的不只是变革与调整、机遇与希望,还带来了基于各种矛盾冲突的、极大的不确定性和不稳定性。这预示着人类又一次走到了历史再选择的十字路口:是对抗还是合作,是零和还是共赢,是垄断还是共享,是奉行单边逻辑还是坚持多边主义。只要我们始终保持战略定力,顺应经济全球化的历史潮流,把握百年变局的内在逻辑和发展趋势,积极推动全球治理变革,不断扩大"一带一路"倡议空间,就能在错综复杂的百年变局中掌握国际竞争的主动权。

(二) 让世界聆听"中国声音"是中国作为负责任大国的担当

经济全球化和全球治理变革是中国和平崛起最大的历史机遇,是以往任何崛起的大国都未曾有过的历史机遇,中国正是抓住了这一历史机遇,在短短几十年时间里迅速崛起为有着举足轻重影响力的世界大国。根据世界银行的世界发展指标(WDI)数据库的数据测算,2013年至2021年,中国对世界经济增长的平均贡献率达到38.6%,超过六国集团国家贡献率的总和(美国18.6%;英国2.1%;德国1.8%;加拿大1.2%;法国1.1%;日本0.9%)。② 在科技领域,中国在5G通信、量子通信、机器人等方面已赶上或超过美国。中国正日益走近世界舞台中央。中国特色社会主义越来越显示出强大的生命力。今日之中国,不仅有能力解决好其自身的问题,而且有能力与世界各国密切合作共同解决人类面临的一系列难题。

走近世界舞台中央的中国,有责任成为推动世界大变革、大发展的

---

① 李忠发、熊争艳、丁小溪:《习近平出席亚洲文明对话大会开幕式并发表〈深化文明交流互鉴 共建亚洲命运共同体〉主旨演讲》,《光明日报》2019年5月16日第1版。
② 《世行报告:中国经济十年对世界经济增长贡献率超G7总和》,中国政府网,https://www.gov.cn/xinwen/2022-11/28/content_5729266.htm.,2022年11月28日。

中流砥柱。习近平强调："要提高我国参与全球治理的能力，着力增强规划制定能力、议程设置能力、舆论宣传能力、统筹协调能力。"[①] 这表明，中国应该成为也有能力成为世界秩序包括传播秩序的生产者、变革者和引领者，世界秩序的生产和再生产离不开中国。正如新加坡前总理李光耀所说："中国的和平崛起不会给任何国家造成威胁，而是要用其富有活力的、高尚的民族文化，去点燃人类文明之光。"[②]

随着中国日益走近世界舞台中央，中国有责任把自己的发展优势转化为话语优势，向世界发声。不仅让世界聆听"中国声音"，向世界展示一个"真实、具体、全面的中国"；而且用"中国声音"影响世界，向世界阐释中国理念和中国方案，引导国际社会达成价值共识，推动全球治理体系和国际秩序向着积极的方向变革。让世界聆听"中国声音"，关键在于提升中国话语的国际传播力、解释力和影响力。一是要高扬人类命运共同体这面旗帜，占据全人类共同利益和国际道义的制高点，掌握话语主动权，用充满道义力量的中国理念和中国智慧去影响世界；二是要提升讲故事的能力，深入挖掘中国历史与现实发展中的故事资源，重点讲好中国文明辉煌灿烂的历史故事、中华民族百年来奋斗牺牲的故事、中国特色社会主义的故事以及中国为世界和平与发展作出巨大贡献的故事；三是促进媒体融合发展，充分发挥新媒体的功能和作用，把主流媒体的内容优势与新媒体的传播优势有机结合起来，大力拓展国际舆论场传播渠道，扩大传播的覆盖面，提高传播实效性；四是要主动进行议程设置，积极回应国际舆论界的关切、质疑甚至责难，既不回避矛盾和问题，敢于发声，又从容应对，善于发声，用"中国声音"有效引导国际舆论。

[①]《习近平在中共中央政治局第三十五次集体学习时强调 加强合作推动全球治理体系变革 共同促进人类和平与发展崇高事业》，《光明日报》2016年9月29日第1版。

[②] 郑必坚：《中国和平崛起新道路和亚洲的未来——在2003年博鳌亚洲论坛的讲演》，《理论参考》2004年第5期。

二 百年来世界传播秩序的嬗变、重构与中国的选择

第一阶段：英国主导的帝国传播秩序时期（从19世纪后期到第二次世界大战结束）

19世纪中期，有线电报技术的发展使信息远距离传输成为可能，由此改变了传统的信息传播方式。在这一背景下，欧洲主要国家的通讯社这一"媒体中的媒体"应运而生。继法国哈瓦斯通讯社之后，德国沃尔夫社、英国路透社也陆续宣告成立。三大通讯社随之联手控制了欧洲新闻信息采集和分发市场，并逐步扩展到殖民地。1870年，英法德三国签订《通讯社条约》，划定了各自的信息权属范围。到19世纪末20世纪初，三大通讯社把世界新闻采集、发布市场分割完毕。在英法德三国中，英国由于最先完成工业革命，成为当时最强大的工业国家和殖民扩张中的"日不落帝国"，同时控制着大多数海底有线电报电缆，因而伦敦成为当时全球信息中心。第一次世界大战后，法德两国丧失信息优势，由英国主导的帝国传播秩序得到进一步强化并一直维持到第二次世界大战结束。这一时期的国际传播秩序，主要表现为宗主国向殖民地的单向度传播，英国扮演着国际传播秩序的规制者和仲裁者的角色。

第二阶段：美国主导的国际传播秩序时期（从第二次世界大战结束到20世纪末）

早在第一次世界大战后，随着经济霸权地位的逐步确立，美国着手提升其在国际社会的话语权。1920年，美国绕过英国发起主办了世界首次无线电国际传播会议，掌控了无线电技术标准的制定权。1927年，美国主持制定了全世界首份无线电频率分配图表。这为美国主导的国际传播秩序的建立提供了技术支撑。第二次世界大战后，随着雅尔塔体系取代凡尔赛—华盛顿体系，美苏冷战拉开帷幕，信息传播成为美苏两个超级大国激烈角逐的重要领域，其目标是争夺意识形态话语权。于是，

宣传成为"武器",国际传播渠道就是"战场"①。1962年,美国发射首颗通信卫星,实现了跨美欧的电视信号直接传输。至此,美国在报刊、广播和电视三大媒介系统中都占据了绝对优势。到20世纪末,随着苏联的解体和冷战的结束,美国凭借其自己的技术优势确立起了在全球的信息霸权地位。特别是美国通过垄断核心技术控制了互联网域名分配权和处理该领域事务的话语权。为了实现美国主导的国际传播秩序的合法化,在美国的操控下,国际电信联盟(ITU)、国际频率注册委员会等组织机构相继成立;《国际新闻工作者章程》《国际新闻自由公约》《国际新闻道德公约》等国际公约相继出台,美国主导的国际传播秩序完成了其组织化和制度化建构。

第三阶段:当今世界传播秩序的变革与重构时期(20世纪末以来)

当今世界传播秩序的变革与重构,是社会力量与技术力量共同推动的结果。一方面,第三世界国家掀起的"去殖民化"运动,迫切要求捍卫信息主权,改变殖民时代遗留的现行信息传播依附关系和传播渠道,建立平等、合理的世界传播新秩序。1980年,联合国教科文组织麦克布莱德委员会发布了《多种声音 一个世界》的报告,成为世界传播秩序变革中一个里程碑式的文件。2003年12月和2005年11月,分别在日内瓦和突尼斯城举行的两阶段信息社会世界峰会(简称"WSIS峰会"),倡导多元主体携手合作,共同致力于构建一个新型的全球传播秩序。另一方面,20世纪末以来,以互联网为代表的第三次信息技术革命,推动世界传播秩序从国际传播向全球传播转变。互联网的快速发展和普及,标志着全球传播时代的到来。根据We Are Social和Meltwater发布的数据,截至2023年,全球有51.6亿互联网用户,47.6亿社交媒体用户,占全球总人口的59.4%;全球社交媒体用户同比增长3%,相当于有1.37亿人。② 网络通信技术的迭代发

---

① Alex Inkeles, "The Soviet Characterization of the Voice of America", *Columbia Journal of International Affairs*, Vol. 5, No. 2, 1951, pp. 4–55.

② Data Reportal: *Digital 2023: Global Overview Report*, (2023-01-26), https://datareportal.com/reports/digital-2023-global-overview-report.

第五章　国家形象建构视域下中国体育跨文化传播能力提升面临的挑战和存在的主要问题

展，推动着新兴媒体不断涌现，新媒体以全新的传播范式重构了全球传播格局。然而，互联网的发展，尚未从根本上动摇美国在全球传播秩序中的主导地位，因为美国依然是全球唯一的超级大国和互联网技术的垄断者。但是，世界传播秩序的变革与重构毕竟是人心所向、大势所趋，只有"深化网络空间国际合作，携手构建网络空间命运共同体"①，消除信息传播依附关系，才能让世界共享互联网时代新秩序所带来的发展成果。

和平崛起的中国在全球舆论场中的影响力越来越大，这是一个不争的事实。但是，与西方国家在社会制度、发展道路、意识形态上的巨大差异，决定了中国在当今美欧主导的世界传播格局中很难成为举足轻重的传播力量。现实的状况是，中国的国际话语权缺失，跨文化传播能力以及文化的世界影响力还相当有限，中国国家形象的塑造权和涉华舆论的主导权，基本上掌握在以 CNN、BBC、《纽约时报》等为代表的西方主流媒体手中。因此，加强跨文化传播能力建设，掌握国际话语权，向世界展示一个真实友善的中国，成为当前中国国家战略无法回避的选择。

面对"西强我弱"的传播格局，中国体育跨文化传播能力建设的着力点应放在如何讲好中国体育故事上，即通过提升故事内容生产能力和讲述、传播能力，致力于加强"中国体育故事"的国际表达，从而让"中国声音"传遍全球，特别是让"中国体育故事"中的中国经验、中国价值、中国情感等被国外受众所认可并接受。讲故事是一门艺术，讲好故事是一种能力，故事有吸引力、能打动人，才能让受众产生心灵震撼，被受众所接受。为此，应立足受众，坚持受众中心主义，讲受众喜闻乐见的精彩故事。应避免单纯的宏大叙事，善于用小故事演绎大主题；要避免单纯的官方说教，善于调动非政府组织和民间力量去讲故

---

① 何玲玲、张晓松：《习近平在第三届世界互联网大会开幕式上通过视频发表讲话强调 集思广益增进共识加强合作 让互联网更好造福人类》，《光明日报》2016年11月17日第1版。

159

事；应避免单纯说理，善于用情感的方式和语言讲故事，即用情感去撞击情感；应避免单纯唱赞歌，善于"自我非议"，用故事讲述者的真诚和公信力去征服受众。

第二节 新时代中国体育跨文化传播能力提升面临的挑战

21世纪，随着经济全球化向纵深发展和新一轮科技革命的到来，人类社会进入了深度全球化、媒介化和智能化生存的时代。与此相适应，体育的存在形态和传播形态也呈现出全球化、媒介化、智能化以及体育大众消费国际化的发展趋势，这无疑给体育跨文化传播及其能力提升带来了前所未有的挑战。正确认识这些挑战，是新时代中国加强体育跨文化传播能力建设和塑造良好国际形象的重要前提。

一 体育全球化带来的挑战：体育文化面临民族性与世界性的双重建构

体育全球化作为体育的一种发展态势，具体表现为体育赛事的全球化、体育信息生产和传播的全球化、体育文化的全球化、体育消费的全球化以及体育产品和服务的全球化。体育的全球化态势，是经济全球化和文化全球化在体育领域的反映，因而也是一种不可逆转的世界潮流。顺应这一潮流，在融入体育全球化进程中提升跨文化传播能力，大力传播中国体育文化价值，塑造中国良好形象，是一种明智的选择。

（一）体育全球化必然带来多元体育文化的碰撞、交融

体育全球化与体育文化的多元化是并行不悖的，前者并不构成后者的阻力和障碍，相反可能成为后者发展的动力。在体育全球化大潮中，各国各民族体育文化争奇斗艳，不再局限于本土疆域，而是走出国门，在世界体育舞台上展示本国或本民族体育文化的魅力。每一个国家或民

族都希望自己的体育文化得到世界的认可，成为世界体育文化宝库中的一分子，这必然带来多元体育文化的碰撞、交融。需要指出的是，体育的全球化并不等于体育文化的西方化，它只是给各国各民族体育文化提供了一个展示自我的广阔舞台和传播空间。在这一舞台上，各国各民族体育文化通过碰撞、交流，相互学习借鉴，从而促进本土体育文化的发展和全球体育文化的繁荣。一木不是林，万木才成森。体育全球化迎来的将是全球体育文化的大繁荣、大发展。

体育的全球化趋势，也对中国体育文化的发展和跨文化传播产生了深刻的影响，并带来了巨大的压力。于是，围绕中国体育文化发展的方向问题出现了两种极端的倾向：一种是主张完全以西方竞争性体育文化为方向，将中国传统的大众性体育文化的转化和发展纳入所谓的现代"奥运体系"，按照世界主流体育文化体系的标准和模式改造中国体育文化；另一种则借口保护民族特色，以狭隘和保守的心态过分强调对抗西方体育文化，片面地认为只有我们自己的体育文化才是最优秀的，从而拒绝学习西方体育文化和其他民族体育文化的优长。这实质上是把体育文化意识形态化，即戴着意识形态的有色眼镜来看西方体育文化。显而易见，上述两种极端倾向都是不可取的，是在体育全球化格局下对中国传统体育文化身份和价值缺乏自信的表现。

文化的生命力在于流动。全球化时代的任何一种文化都不可能在自我封闭的环境里独自生存和发展。因此，体育文化的多样性和丰富性，决定了应与不同体育文化进行交流对话，相互学习和借鉴，对中国体育文化的未来发展至关重要。我们应思考的是，怎样才能走出二元对立的思维误区，超越体育文化的意识形态之争，立足于当代全球化的现实，以海纳百川的胸襟积极吸取一切体育文化包括西方体育文化的优秀成果，不断超越民族体育文化的地域性和历史局限性，创造出既富有民族特色又体现时代精神，既服务中华民族又满足全球用户需求的新的体育文化。从而使中华民族体育文化更具有时代气息，更具有生机与活力，以崭新的姿态和独特的民族风格，以民族性与世界性的有机统一，融入世界体育文化生态体系。

（二）世界体育传播格局的失衡与西方体育文化的强势冲击对中国体育跨文化传播及其能力提升的影响

在全球化时代的世界体育格局中，西方体育强国一直占据着主导地位。这使得许多发展中国家以西方为参照系，基本上按照西方体育强国的模式发展本国体育，由此形成的"路径依赖"，有可能导致发展中国家的民族体育文化逐渐被西方所同化。西方体育文化的主导地位及其强势姿态，在很大程度上源于当今世界的传播秩序和失衡的传播格局。

自从地理大发现之后，世界版图就被人为地划分为中心地带与边缘地带。作为中心的"西方世界"代表着现代与进步，而作为边缘的"东方世界"则代表着传统与落后。由此形成了东西方世界割裂、对立和冲突的一整套话语范式。冷战结束后，特别是进入21世纪以来，美国成为当今世界上最大的资本帝国和唯一的超级大国。以美国为首的西方大国凭借其先期拥有的传播技术优势、顶级媒体平台以及成熟的市场机制和强大的资本运作能力，构建起了一个巨无霸的"媒介帝国"，不仅垄断了国际话语权，而且将它们的文化价值和生活方式提升为"普世价值"，强行灌输给非西方国家受众。值得注意的是，与世界传播格局的严重失衡相适应，在体育跨文化传播领域，西方体育强国及其强势体育文化也毋庸置疑地居于主导地位。一是西方体育强国专业化体育媒体集中度高，有世界顶级影响力的体育媒体，如 ESPN、CBS Sports、Yahoo Sports 等均分布于西方大国；二是西方体育媒体、体育网站、体育社交平台资金雄厚，设备和技术先进，传播能力强，辐射范围广；三是由于资本和市场运作能力强，西方体育媒介巨头有较强的资源整合能力，基本上控制了体育传播链的上下游资源；四是全球体育信息主要由西方媒体发布，推送的也基本上是西方的体育新闻和体育文化。在这种情况下，西方体育文化成为全球体育文化的"风向标"，左右着世界体育文化的价值取向和基本走势，这无疑对中华民族体育文化的发展、传

第五章　国家形象建构视域下中国体育跨文化传播能力提升面临的挑战和存在的主要问题

播造成了巨大的冲击。

世界体育传播格局的失衡和传播秩序的不合理，实质上是大国围绕体育话语权进行博弈的结果。马克斯·韦伯曾指出：任何一个大国都怀有获得权力声望的潜在抱负，"权力的声望实际上意味着权力支配其他共同体时带来的荣耀，它意味着权力的扩张"[①]。从传播学的角度来看，新旧传播秩序的更迭，其中旧秩序的主宰者竭力维护既有的传播格局；而新秩序的倡导者和支持者则希望通过秩序变革改变原有的传播格局，享有受尊重的话语权。随着中国等新兴市场国家的崛起和新技术的发展，由美欧跨国传媒集团巨头操控的全球传播秩序陷入解构的危机。全球传播秩序的重构，对于正迈向体育强国的中国来说是一个十分难得的机遇。中国是西方"媒介帝国"把持的旧体育传播秩序的挑战者，更是新传播秩序的积极倡导者和引领者。中国历来主张体育事业是全球性的事业，体育传播全球化是体育全球化的题中应有之义。因此，致力于建立平等合理的体育传播秩序，争取受尊重的体育话语权，促使具有鲜明民族性特色的中华体育文化走出国门，成为让全世界人民共享的文化资源，从而实现中华体育文化民族性与世界性的双重建构，是中国体育跨文化传播能力提升面临的时代课题。

二　体育媒介化带来的挑战：体育跨文化传播面临专业化引导与社会化推进的双重任务

20世纪末以来，互联网和新媒体移动技术的快速发展及在全球的广泛运用，颠覆了传统的信息传播形态，使文化的远距离传输和虚拟现实体验得以实现。体育文化的生产和传播也随之进入了一个全新的时代——体育媒介化时代。体育全球化和媒介化的叠加效应，使体育跨文化传播及其能力建设面临着一系列新的问题和挑战。

---

① [德] 马克斯·韦伯：《民族国家与经济政策》，甘阳等译，生活·读书·新知三联书店1997年版，第88—89页。

(一) 体育媒介化是信息化时代体育跨文化传播的迫切要求

在人类体育发展史上，体育与媒介历来都是不可分割的，一部体育史无非就是体育运动史与体育传播史的融合。体育与媒介的"联姻"，缘于体育比赛的竞技性、公正性以及比赛结果的不确定性，这些无疑都是吸引媒介的热点话题。体育作为全球性的媒介化符号，不仅超越了国界、种族、性别和年龄的隔阂，而且跨越了意识形态鸿沟，成为全球影响力最大、传播需求最旺盛的资讯。在体育全球化进程中，媒介越来越成为体育的建构者和传播者。所谓建构者，是指媒介塑造了新的体育形态，如电视体育、新媒体营造的虚拟现实体育等。特别是电视实况转播的发展为体育发展和传播提供了强大的支持。萨马兰奇曾预言：将来的体育运动会只有适合"电视的口味"才有机会发展，"否则要么衰落，要么踏步不前"[①]。今天，竞赛场地和环境的改变，竞赛规则的修改，在一定程度上是为了适应现代媒介的需要。所谓传播者，是指媒体特别是新媒体不仅促生了新的传播形态和传播方式，而且超越语言、文化障碍，极大地推动了体育在全球范围的跨文化传播。甚至连运动员的服装、专业设备、场外花絮以及球迷的狂欢等都成为媒介的兴趣点。此外，赛场上的各种商业广告、赞助商的标志也是媒介的"卖点"。如此一来，体育的媒介化使体育变成了一种被生产和消费的大众化商品。于是，体育、媒介、赞助商三方"联姻"的综合体应运而生，这意味着体育通过媒介化进一步走向了市场化。如足球赛是最受媒介青睐的体育项目，它给传媒业带来了巨大的商业回报，因此，许多欧美国家的实力派足球俱乐部纷纷与英国 BSKYB 电视传媒签订了独家长期转播合约。总之，媒介与体育的"联姻"，既是体育全球化的必然要求，也是体育市场化的必然选择。

(二) 互联网时代的体育媒介化给体育跨文化传播及其能力提升提出了一系列崭新的课题

21世纪，迅猛发展的互联网技术开创了一个"无物不联，万物皆

---

① 骆正林：《传媒让体育更精彩》，《青年记者》2001年第6期。

媒"的时代，信息无所不至、无时不在、无处不有。这在一定程度上消解了现代国家的文化和信息主权，给国家文化安全特别是民族传统文化的保护、传承和发展构成了一定的威胁。同时，客观上推动了全球公共舆论空间及其社会基础的形成，这也就是哈贝马斯所说的"公共领域的结构转型"。在哈贝马斯看来，这个全新的"公共领域"应是一个理性交往、平等对话的"协商民主"领域。[①] 然而，互联网带来的形式上的平等对话背后却掩盖着事实上的不平等。只要关键信息技术掌控在西方大国手中，传播领域的对话就不可能是真正平等的。因此，如何捍卫国家文化和信息主权，如何改变国际体坛上不平等的传播秩序和不平衡的传播格局，是当前亟待解决的重大课题。

特别是新媒体的广泛运用颠覆了由专业传媒人垄断体育文化生产和传播的传统范式，催生出一个"万众皆媒"即人人都有"麦克风"和人人都能生产信息的群体互动传播时代。一方面，信息生产和传播方式的变革，使得以往高度组织化的大众传播模式越来越不能适应全球化时代体育跨文化传播的需要。另一方面，新媒体的发展和普及，也颠覆了以往由主流媒体掌控奥林匹克文化叙事表达的单一话语模式，给民间叙事即民众根据其自己的审美需求塑造另一种奥林匹克文化提供了现实的可能性。如剪辑视频、拼贴体育明星图片、制作精彩小视频等，发挥新媒体传播优势，通过社交媒体平台进行民间化叙事和多样化传播。因此，如何适应群体传播时代的需要，创新主流媒体专业化体育文化生产和传播方式，如何发挥社交媒体的社会化传播功能，开发奥林匹克文化的民间叙事表达以扩大中国体育文化的国际影响范围，同样也是我们必须直面的课题。

三 体育传播智能化带来的挑战：体育审美面临生产方式与传播方式同步转型的双重压力

2022年，OpenAI于11月发布了Chat GPT，作为继战胜世界围棋冠

[①] 汪玮：《哈贝马斯与双轨协商民主模式》，《中国社会科学报》2014年7月25日。

军的 Alpha Go 后又一个具有划时代意义的现象级 AI 产品,被视为人工智能时代的旷世巨作。与传统的工业革命不同,智能革命不再是以单纯提高效率为目的的机械动力革命,而是以满足人类更高层次多样化需求、提高人的生活品质为目的的思维革命和生存方式革命。的确,以 5G 和人工智能技术为代表的新一轮科技革命,不仅极大地提高了人类认识世界和改造世界的能力,而且颠覆性地改变了人类社会的生产方式、生活方式和治理方式,使人类进入了数字化、智能化生存的时代。

(一)智能化时代的到来引发了人类传播史上的一场革命

5G 和人工智能技术的发展及广泛运用,引发了人类社会传播史上一场前所未有的深刻变革,将人类社会带入了智能传播的崭新历史阶段。信息的生产主体与生产方式、传播主体与传播方式乃至媒介形态、媒介生态、媒介组织、传播格局等,都发生着深刻的变化。传媒行业和传播形态整体上呈现全员参与、全程感知、全息采集、全效传播、全新体验的发展趋势。

"技术对于传媒业的影响是基础性的、全方位的。"[①] 技术之所以成为传媒变革的基础性力量甚或颠覆性力量,是因为日新月异的信息传播技术以"赋权"和"赋能"两种形式推动了传媒业的整体性变革,特别是主体结构、媒介形态、内容生产、传播方式等方面的深刻变革。随着 5G 和人工智能技术逐渐覆盖新闻生产、存储、分发、传播、消费的全链条,新技术对传媒的影响无疑将是全方位的甚或颠覆性的。根据已有的研究成果,学界大体上达成了如下共识:第一,现代智能技术赋能传媒业实现创新发展,能动地改变了媒介形态或生成新的媒介形态,形成了多媒体互动共生的媒介生态环境,以及专业媒体、机构媒体、平台媒体、自媒体并存竞合的媒介生态体系。麦克卢汉认为,每一次技术变革都会产生一种新的环境,"新媒介是新环境",它不仅是容积的扩大,

---

[①] 李良荣、辛艳艳:《从 2G 到 5G:技术驱动下的中国传媒业变革》,《新闻大学》2020 年第 7 期。

第五章　国家形象建构视域下中国体育跨文化传播能力提升面临的挑战和存在的主要问题

而且是传播内容的改变。① 第二，移动互联网技术赋权底层社会，导致了传播领域"去中心化"的革命，实现了个性化的大众自我表达和自我传播。第三，新技术的赋能和赋权，使非专业的新闻生产力和传播力成为现行传播秩序的挑战性力量，在客观上推动了传媒业的制度变革和制度供给。

借鉴学界的研究成果，笔者认为，5G与人工智能、大数据等新技术给传媒业带来的革命性变革主要体现在以下几方面：一是传播主体泛众化。由于技术门槛的降低和技术赋权，特别是网络社交媒体的普及性运用，使大批非专业人士包括普通网民加入到信息生产者和传播者的队伍中来，由此解构了新闻传播的专业主义，打破了由专业机构和专业人员垄断信息采编、内容供给、出口把关的格局。二是内容生产智能化。即利用人工智能技术打造了智能化的新闻生产平台，"写作机器人""媒体大脑"应运而生，传感器新闻、机器人新闻、区块链新闻等新产品类型的出现，大大节省了人力成本，提高了内容生产效率。三是内容呈现视频化。认知计算、语音交互等人工智能技术的运用，实现了图文自动生成视频、视频自动剪辑、语音自动合成，促进了音视频内容产业的发展，进一步拓展了文化创意的空间。音视频成为未来内容供给的主要形态和主打产品。四是信息推送定制化。智能传媒利用大数据分析和算法技术克服了大众传播的"大众"局限性，根据不同受众和受众群体的消费需求、审美偏好进行小众化、个体化的内容推送，实现了信息消费的定制化和精准传播，满足了不同群体多样化的信息需求和长尾需求。五是媒介平台生态化。智媒时代的媒介组织呈现出生态型平台化的发展趋势，数据+技术+平台成为媒介组织的基本形态，其实质是最大限度地发挥平台集聚功能，实现人与智能设备和数据技术的完美融合。智能化时代媒体融合发展的目标，就是要打造这种功能强大的生态化媒

---

① ［加］马歇尔·麦克卢汉：《指向未来的麦克卢汉：媒介论集》，何道宽译，机械工业出版社2016年版，第6页。

介平台。六是用户体验沉浸化。在智能感知技术和情感分析技术的加持下，媒体运用VR/AR技术进行全景全息直播，实现了内容生产的"场景化"变革，打破了现实世界与虚拟世界的"屏障"，满足了受众对在场性、交互性、沉浸感的心理需求和审美需求。

（二）智能革命与大数据技术对体育跨文化传播及其能力提升的影响

移动互联网技术和人工智能、大数据技术在体育领域的运用，开创了一个崭新的"智能体育"时代，使体育跨文化传播走向了智能化，呈现网络化、移动化、数字化、视频化、社交化的发展趋势。

首先，现代智能技术与体育的融合，改变了体育文化的生产方式，推动了新型内容产业的发展。现代信息技术在体育领域的运用，适应了新媒体时代广大受众特别是"网生代"的文化需求和审美需求，发展出新型体育内容产业和体育文化产品，如网络体育直播、网络体育电影、网络体育动漫、网络体育视频、网络体育游戏等。例如，中国移动在2022年卡塔尔世界杯中采用了5G+算力网络技术，通过升级超高清音视频技术和其他数实融合技术，为用户提供更加沉浸的观赛体验。此外，他们还开创性地推出了首个"5G世界杯元宇宙"，让用户可以在虚拟空间中参加"超时空派对"，一起享受世界杯的狂欢氛围。[①]

其次，现代智能技术与体育的融合，极大地提升了体育跨文化传播的广度、强度和效度，有助于挖掘体育文化内涵，生成体育数据新闻，创新体育话语表意，创造具有强大国际吸引力和影响力的体育文化品牌。如世界杯足球赛上采用的数字化表现与运动员智能跟踪系统（EPTS），可准确反映运动员的位置、跑动距离、速度、门线技术、进球数据等，同时对各种数据进行多维分析、比较分析和关联分析，然后以可视化的形式呈现给观众。又如网球比赛中的"鹰眼"系统，以及

[①] 《2022卡塔尔世界杯即将来袭　中国移动咪咕打造首个世界杯"元宇宙"》，中国日报网，https://cn.chinadaily.com.cn/a/202207/22/WS62da5c7ea3101c3ee7ae058c.html，2022年7月22日。

技巧性和难度要求比较高的体操、跳水、花样滑冰等比赛中的智能评分系统都以可视化的形式丰富了体育新闻的内容，增强了体育新闻的传播效果。

最后，现代智能技术与体育的融合，大幅提升了受众的在场性和体验感。以5G和人工智能为代表的新一轮媒介技术的迭代发展，使体育跨文化传播呈现沉浸式传播的新特点和新趋势。5G的超高带宽、超低时延、超大连接功能与VR/AR的虚拟仿真和全景直播功能相匹配，最适宜体育内容的生产与传播。它建构了一个逼真、三维、互动的虚拟场景，拓展了比赛现场的内涵和外延，给观众带来了全新的沉浸式体验。沉浸式体验不仅是一种认知体验，而且是一种情感体验，它满足了观众的在场性、陪伴性和交互性等情感需求。

无须讳言，如何应对信息生产和传播智能化所带来的一系列挑战，如何借助现代信息技术实现中华体育文化的智能化生产和传播，进而推动中华体育文化走向世界，是我们必须致力解决的课题。

四 体育大众消费国际化带来的挑战：体育品牌消费面临本土化生产与国际化营销的双重考验

随着经济全球化向纵深发展，在物联网和大数据技术的支持下，全球消费市场逐渐成熟，跨国消费成为常态化。在这一背景下，全球体育消费市场加快形成，体育大众消费的国际化趋势在媒介推动下悄然兴起。这一发展态势势必给体育跨文化传播带来新的挑战和机遇。

（一）体育大众消费国际化趋势日益显现

所谓消费国际化，是指一国国内消费市场主体、客体、环体、运行机制等消费市场元素均呈现出国际化的特点和发展趋势，其实质是国内市场的消费关系在需求—供给双重力量的引导下转化为跨境消费关系，具体表现为国内市场消费主体赴境外消费，或境外居民赴境内消费，或国内居民消费进口产品和服务。消费国际化是开放世界消费市场走向成熟的一种表现。

　　体育大众消费的国际化,是体育全球化与经济全球化互动交织、共同作用的结果,是消费国际化在世界体育领域的体现,同时也是体育资源在国与国之间乃至世界消费市场上的优化配置和高效利用。体育大众消费的国际化具体包括体育新闻内容消费的国际化、体育赛事媒介消费的国际化、体育影视作品消费的国际化、体育专用产品消费的国际化、体育教育消费的国际化、体育文化旅游消费的国际化等。值得注意的是,随着人类生活水平的不断提高和生活方式的不断进步,人们对健康体魄和健身运动的意愿越来越强烈,体育消费在生活消费中的占比越来越大。因此,赴境外进行体育消费,越来越成为一种时尚和潮流。许多国家的体育爱好者纷纷赴境外参加民间组织的各种体育竞赛、体育健身活动和体育休闲旅游等,如参加城市国际马拉松比赛、国际自行车比赛、登山运动、冰雪运动、帆板运动、健美操运动等,或者学习与欣赏中华武术文化、欧洲斗牛文化和马术文化、蒙古族那达慕文化,或者去世界著名的体育休闲胜地旅游健身,等等。如美国最著名的体育综合体"体育广阔世界"(Wide World of Sports) 毗邻奥兰多迪士尼公园,集比赛、训练、旅游、住宿和餐饮、购物于一体。2016 年吸引了 38.5 万名运动员以及大批体育爱好者前往消费。①

　　一方面,依托民间社会和市场的力量,体育大众消费的国际化,客观上推动了世界范围内体育的跨文化传播,促进了不同地域、国家和民族体育文化的交流互鉴以及世界体育文化体系的形成;另一方面,体育大众消费的国际化,有助于培养人们的世界主义价值情怀和人类命运共同体意识。实际上,近些年来,在国际大赛中出现的所谓中国"涉外军团",以及在华工作的洋教练、外国运动员等,就是体育消费国际化浪

---

① The Rise of the Tourna-Cation, "Youth Sports Tourism Becomes ＄9 Billion Industry", (2019-01-15), https://rockytopsportsworld.com/blog/youth-sports-tourism-becomes-nine-billion-dollar-industry/.

潮中人员、资本流动的典型表现,这在一定程度上推动了体育全球化进程。

(二) 体育大众消费国际化对体育跨文化传播及其能力提升的影响

毫无疑问,体育品牌是国际体育市场上的"通行证"。如何适应体育消费国际化潮流,加强体育品牌的本土化生产,促进体育品牌的国际化营销,是一个必须直面的课题。从传播学的角度来思考,无论何种类型的国际化体育消费,都有一个共同的特点,就是通过传播媒介来传递相关消费信息。从一定意义上讲,促进体育消费信息特别是本土体育品牌消费信息的国际传播,是体育跨文化传播能力的题中应有之义,因为体育消费传播"消费"和"传播"的就是体育文化。所以,体育消费国际化对体育跨文化传播能力提出了一系列新的要求。

一是要求传播渠道多元化。体育消费信息和文化信息的传播覆盖人群广、信息量大,必须尽可能地拓展传播渠道,整合传播资源,建立多元化的体育文化信息传播体系,特别是要注重发挥网络媒体的强大传播功能。网络媒体以其速度、广度、效度和强互动的得天独厚的优势,日益成为信息化时代体育消费信息和体育文化传播的主渠道。

二是要求传播内容特色化。文化越是独特就越富有魅力,体育文化亦是如此。世界各国、各民族的体育文化可谓多姿多彩、各具特色,这正是最能吸引体育消费者的优势所在。因此,只有打好"民族牌""地域牌",深入挖掘民族和地域体育文化的丰富内涵及其文化价值,充分展示其独特的文化魅力,精心包装和推介精品运动项目及特色项目,才能对体育爱好者产生强大的吸引力。如中国的太极文化、少林文化,新加坡的龙狮文化,美国的棒球文化和 NBA 篮球文化等,都是极具特色的体育文化品牌。

三是要求传播方式分众化。体育文化消费人群因种族、民族和国别的差异,往往具有不同的历史传统、文化背景和生活习俗,因而也具有不同的审美旨趣、运动偏好和文化价值认知。这就决定了推介体育消费信息，传播体育文化，必须根据不同受众群体的爱好、兴趣和审美需求，运用大数据分析和算法，实行分众化、小众化甚至私人定制的传播方式，从而使体育文化信息的传播更有针对性，更受体育文化消费者的欢迎。

四是要求传播手段智能化。网络和人工智能技术的广泛运用，推动了体育消费传播和体育跨文化传播的智能化。从信息采集、加工制作到运用大数据进行算法推介，整个内容选择—生产—传播的全过程都将面临一场数字化、智能化的变革。如果固守传统的信息生产和传播手段，就只能被处于激烈竞争中的体育文化市场所淘汰。因此，通过自我变革实现体育文化信息生产、传播手段和流程的智能化，是提升体育跨文化传播能力和获得跨文化传播比较优势的必然要求。

第三节 中国体育跨文化传播能力检视

新中国成立 70 多年，特别是改革开放 40 多年来，中国体育事业蓬勃发展，取得了骄人的成就，体育跨文化传播能力建设也有了长足的进步。但是，随着世界进入百年未有之大变局，中国面临的国际政治环境和传播环境越来越复杂，与欧美体育强国的话语霸权相比，中国体育的话语权缺失，体育跨文化传播能力明显不足，能力建设存在诸多问题。因此，厘清存在的问题，准确把握能力发展的主要制约因素，是中国体育跨文化传播能力提升的必要前提。

一 体育跨文化传播能力发展现状

（一）中国体育跨文化传播能力总体上有了较大的提升

随着我国跻身世界体育大国行列，中国传统体育文化特别是武术文化及其运动项目，借助体育影视、孔子学院、国际武术文化交流大会等多种渠道和形式，在海外的影响力越来越大。如 2015 年 7 月，第五届

第五章　国家形象建构视域下中国体育跨文化传播能力提升面临的挑战和存在的主要问题

国际武术文化交流大会在北京举行，吸引了60多个国家和地区的运动员参与，许多世界知名媒体进行了转播或报道。此后，国际武术文化交流大会走出国门，陆续在莫斯科、纽约等地举办，收到了良好的传播效果。除此之外，中国武术文化还通过影视片在海外尤其是欧美国家广泛传播。如李小龙主演的《精武门》《龙争虎斗》，李连杰主演的《少林寺》《英雄》《黄飞鸿》，成龙主演的《醉拳》《卧虎藏龙》《功夫》，等等，以艺术的形式诠释了中国传统武术的文化价值及其魅力。与此同时，李小龙、成龙、李连杰等功夫人物也成为公认的中国文化符号。2009年4月，美国《娱乐周刊》公布了史上19部最佳功夫影片名单，华语片以入选14部的绝对优势击败好莱坞电影。[1]

近些年来，中国进一步加强了与金砖国家和"一带一路"国家的文化交流，特别是与一些国家共同组建"文化交流联盟"，成为外国民众近距离观察和了解中国文化包括体育文化的有效途径。如"一带一路"人文交流作为党和国家对外工作的重要组成部分，截至2023年6月，中国已经同150多个国家和30多个国际组织签署200余份共建"一带一路"合作文件。截至2022年，丝绸之路国际剧院联盟、博物馆联盟、艺术节联盟、图书馆联盟、美术馆联盟相继成立，已发展成员单位539家，覆盖92个国家和两个国际组织，"鲁班工坊"等十余个文化交流和教育合作品牌逐步形成。[2]

在2022年北京冬奥会期间，中国网委托专业机构面向美、俄、英、法、德、澳、加、意、日、韩等国家20—69岁民众开展北京冬奥会海外民意调查。数据显示，通过关注北京冬奥会，受访者对中国的科技创新和文化产业的印象产生正向变化的比例最高，分别为54%和52%。此外，经济金融发展、冰雪运动实力、抗疫防疫成效、交通出行等方面

---

[1]《娱乐周刊评选最佳功夫电影李连杰独占4位》，搜狐网，https://yule.sohu.com/20090427/n263636081.shtml，2009年4月27日。

[2] 郭永真：《以人文交流推动"一带一路"发展》，《学习时报》2023年9月15日第2版。

发生正向改变的均超过40%（见图5-1）。清华大学新闻与传播学院教授史安斌认为，从谷爱凌、苏翊鸣到羽生结弦，从冰墩墩、"机器人调酒师"到冬奥选手吃播和基层志愿者互动，北京冬奥会以参与式和沉浸式"第三方传播"的手段，破解了少数西方媒体一以贯之的"灰黑滤镜"①。

北京冬奥会期间
海外受访者对中国哪些印象产生改变？　　　　　　中国网

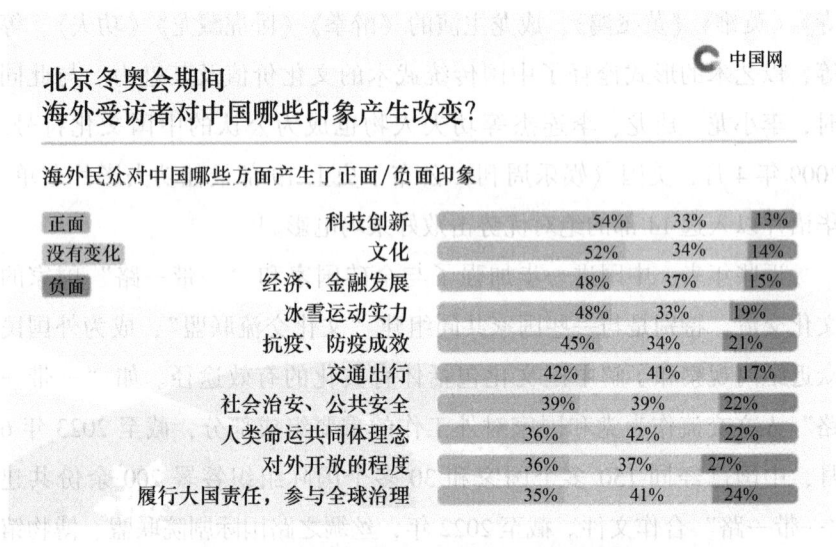

海外民众对中国哪些方面产生了正面/负面印象

		正面	没有变化	负面
科技创新		54%	33%	13%
文化		52%	34%	14%
经济、金融发展		48%	37%	15%
冰雪运动实力		48%	33%	19%
抗疫、防疫成效		45%	34%	21%
交通出行		42%	41%	17%
社会治安、公共安全		39%	39%	22%
人类命运共同体理念		36%	42%	22%
对外开放的程度		36%	37%	27%
履行大国责任，参与全球治理		35%	41%	24%

图5-1　北京冬奥会期间海外民众对中国国际形象的改变

总之，改革开放以来，随着中国敞开大门走向世界，中国体育的跨文化传播能力建设取得了长足的进步。中国体育文化以其"仁德""仁礼"的价值内涵赢得了越来越多国家的认可与尊重。

（二）中国体育跨文化传播能力仍然明显不足

中国体育跨文化传播能力建设虽然较之过去有了长足的进步，但与时代要求还有很大差距，能力不足成为中国体育跨文化传播的瓶颈。

1. 能力建设滞后的突出表现是缺乏成熟的理论指导、健全的体系

---

① 《调查显示：超70%海外受访者关注北京冬奥会，专业、精彩、友善成三大关键词》，中国网，http://news.china.com.cn/txt/2022-02/22/content_78064922.htm，2022年2月22日。

第五章 国家形象建构视域下中国体育跨文化传播能力提升面临的挑战和存在的主要问题

保障和民族品牌赛事

其一，缺乏成熟的理论指导。当前，国内学界对中国体育跨文化传播及其能力建设的研究仍处于初级阶段：首先，对于民族传统体育文化价值内涵挖掘不够，大多停留于浅层次的资料整理和内容介绍上，因而在跨文化传播中难以形成具有深刻内涵和独特价值的文化品牌；特别是从理论与实践的结合上对体育跨文化传播进行系统研究不够，缺乏既适应体育全球化趋势又符合中国实际的体系化的理论指导。其次，对西方体育跨文化传播的理论与实践缺乏研究，体育跨文化传播的国际学术交流匮乏，因而不能及时吸收借鉴国外该领域的前沿性成果。最后，在研究方法上，大多采用定性研究，实证研究严重不足，这使得对体育跨文化传播规律和路径的探讨停留于抽象层面，缺乏现实指导性。理论研究的不足制约了体育跨文化传播能力的发展。

其二，缺乏健全的体育跨文化传播体系和民族品牌赛事。目前，中国体育跨文化传播尚处于起步阶段，不仅缺乏应有的知识体系，而且缺乏战略规划以及专门的组织管理机构。体育管理权过度集中于政府，民间体育组织力量薄弱且大多侧重于商业运作，未形成官民合作的组织管理体制。不仅如此，中国未能建立起专业化的体育跨文化传播体系，华语媒体国际影响力小，传播渠道狭窄，传播形式单调，难以展现中国体育文化之魅力。因此，中国体育跨文化传播的力度和广度都非常有限，在官方层面局限于国际大型体育赛事的组织和转播，在民间层面满足于自娱自乐。中国的传统体育文化斑斓多姿，内涵丰富，具有极高的人文价值。然而，由于能力建设滞后，跨文化传播体系不健全，难以形成像日本柔道、韩国跆拳道那样极具民族文化特色的品牌赛事，进而成为被国际体坛所认可的中国符号。

2. 能力不足导致西方体育文化的强势冲击挤压了中国体育跨文化传播的空间

以美国为代表的西方体育强国利用其强大的传播优势，打着奥林匹克文化的幌子，在潜移默化中传播其意识形态和价值观。西方国家经常通过"议程设置"制造所谓体育"价值共识"以引导舆论，其主基调是宣扬西方现代体育文化的主流性和普世性，而对广大发展中国家的民族体育文化要么不予关注，要么视为不入流。特别是对那些存在意识形态分歧的国家，西方媒体更是用一种批判性的眼光审视其体育事业的发展和体育文化的价值性，或者质疑其成就，或者侧重宣传其落后面，甚或蓄意进行诋毁、污蔑、攻击。如2022年北京冬奥会前夕，以美国为首的西方政客再次利用其操控的媒介对中国开展反华舆论报道，称美国将不会参加2022年北京冬奥会，同时将矛头对准了中国新疆。西方媒体的不实言论再次将饱受西方批评的中国体育举国体制推向了风口浪尖。但遗憾的是，在此类关系国家形象的重大问题上，中国媒体却失语了。

美国是当今世界上公认的"体育帝国"和"传媒帝国"，它凭借这一优势垄断体育话语权并对外进行体育文化输出。美国输出体育文化惯用的手法，是以情感化的体育"软符号"隐蔽且巧妙地渗透其价值层面的"硬内核"。所谓"软符号"，是特指通过媒介打造以明星为核心的体育文化符号，充分利用受众的"明星情结"，如NBA的"詹姆斯奇观""科比奇观"等，并将这些文化符号拓展到电视、互联网和体育消费等领域；所谓"硬内核"，是指通过制造体育文化符号演绎意识形态"神话"，渗透美国的价值观和生活方式。毫无疑问，这极大地挤压了中国等非西方国家体育文化的生存发展空间。

3. 能力不足导致西方体育强国的话语垄断使中国体育文化面临同质化风险

随着体育全球化的发展，在西方体育文化的强势冲击下，全球体育文化的同质化倾向日益凸显。现代奥运的绝大部分竞赛项目都根植于西方文化土壤，竞赛规则也是由西方人按照他们的审美偏好制定的，而非西方民族的传统运动项目、体育文化、审美取向等逐渐淡出，由此形成了西方式的全球体育文化价值坐标。这种同质化倾向完全背离了人类文化多样性发展的客观规律，背离了奥林匹克运动所倡导的世界主义的体育文化精神及其价值追求，这对全球体育事业的繁荣发展不啻一场灾难。

非西方的民族体育文化如同非西方文化一样，是人类文化不可或缺的重要组成部分。中华民族体育文化源远流长、博大精深，是世界体育文化宝库中的瑰宝。大力发展民族体育，不断发掘和创新民族体育文化的内涵与形式，是中国等非西方民族体育文化摆脱同质化危机，确保其自身生存、发展的迫切需要和当务之急。面对体育文化的同质化风险，确立民族体育文化的主权意识和安全意识极为重要。文化主权与文化安全是深层次的国家主权与国家安全，必须将这一问题提升到国家战略高度，制定相应的文化保护、市场准入政策。只有始终保持并不断强化民族体育文化的鲜明特色，同时实现民族传统体育文化的现代化转型，才能有效应对西方体育文化的冲击，规避体育文化同质化风险。

传播力就是影响力、竞争力。中华民族体育文化面临的困境与体育跨文化传播能力匮乏有着直接的关联。因此，要增强中华民族体育文化的国际竞争力和影响力，就必须有计划、有组织地推进体育跨文化传播能力建设，把握现代国际文化传播规律，学习和借鉴西方国家体育文化传播的成功经验，开辟体育文化对外传播的新路径，拓展新空间，让中华民族体育文化站上世界体育文化的巅峰，为世界人民所共享。

二 体育跨文化传播能力建设存在的主要问题及其制约因素分析

在当今西方国家垄断国际体育话语权的格局下，中国体育跨文化传播能力难以适应时代发展的需要，这在一定程度上制约了中国体育的国际影响力和中国国家形象的建构。因此，准确把握并深入分析中国体育跨文化传播能力建设所存在的突出问题及其成因，对于探索能力提升路径进而推动中国体育走向世界至关重要。

（一）思维方式僵化，战略规划能力不足

一是思维方式僵化，传播理念滞后，不能适应全球化和信息化时代传播变革的需要。随着全球化和信息化时代的到来，人类的媒介形态、传播范式、传播生态等都发生了深刻变革甚至是颠覆性的变革。这在客观上要求人们的思维方式和传播理念也发生相应的变革。问题在于，我们的思维方式和传播观念仍滞留于传统时代，未能跟上时代变革的步伐。如我们依旧固守传统的二元对立思维，对现代西方体育文化的科学性和价值合理性认识不足，对其一概加以排斥；或者一味追捧西方体育文化，而漠视或否认我们民族自身传统体育文化的当代价值。又如，固守"传者中心主义"的思维方式和以自我为中心的单向度"对外宣传"理念，而忽视了当今互联网时代是"受者为王"的时代，是各种文化和谐共存、相互融通的时代。再如，无视信息技术的普及，仍然固守传统的"新闻传播"范式，未能实现从"新闻传播"向"信息传播"范式的转换。

二是我国长期缺乏专门针对体育跨文化传播及其能力建设而制定的全局性、长远性、权威性战略规划。思维方式与战略规划能力有高度的相关性，前者决定后者，是后者的前提和基础，而后者是前者的逻辑必然。"凡事预则立，不预则废。"对于任何一个组织系统来说，制定科学可行的战略规划都极为重要，它是达成组织目标、实现组织愿景不可或缺的前提和保证。中国体育跨文化传播及其能力建设同样也不例外，也需要制定专门的权威性战略规划。这是体育全球化背景下面对激烈竞争的国际环境必须解决的首要问题。然而，现实的状况是，在国家层面仅有体育事业发展的顶层设计和中长期规划，缺乏专门针对体育跨文化传播及其能力建设而制定的目标明确且有具体实施方案的权威性、体系化战略规划。同时，缺乏相互配套的知识系统的支持和保障性法规体系的设计，缺乏自上而下的、一体化和建制化管理体系的设计，等等。战略规划的缺失，导致了中国体育跨文化传播处于多头管理、各自为政、目标不一致、力量不集中、渠道不畅通等无序状态，从而制约了体育跨文化传播的国际影响力。

三是对国际体育文化传播领域一系列重大问题缺乏必要的战略性思考和积极应对的政策安排。例如，如何看待中国体育跨文化传播在参与国家软实力竞争中的地位和作用，如何研判体育跨文化传播的基本态势以及中国在国际体育传播格局中的地位及其影响力，我国主流媒体如何应对西方国家强势体育文化的冲击，如何发挥媒体在保护国家体育文化主权与文化安全中的作用，如何在国际传播领域争取中国体育文化的话语权，如何通过打造具有全球竞争力的体育品牌塑造中国国家形象，等等。对这些重大战略问题的研究，目前还仅仅停留于学术界，尚未上升到国家战略规划层面，更谈不上从国家层面出台针对上述问题的政策性指导意见及其制度安排了。

（二）资源整合乏力，机制再造能力欠缺

一是未能有效整合境内外媒介资源，拓展传播渠道。目前，中国体育跨文化传播能力建设存在的一个突出问题，是对境内外媒介资源未能进行有效整合，因而无法形成体育跨文化传播的协同联动机制并产生传播的聚合效应。主要表现为"五高五低"，即传播主体离散度高，协同度低；传播渠道综合化程度高，体育专门化程度低；内容生产分散度高，集中度低；传播机制区隔度高，融合度低；传播受众泛众化程度高，分众化程度低。这使得中国体育跨文化传播呈现出碎片化状态，尤其是对境外媒介资源的整合利用非常有限。一方面与境外媒体合作的长效机制不健全，实质性、常态化的体育合作媒介传播平台尚未建立，遑论内容生产上的深度合作；另一方面，在物理空间上，中国体育媒体全球覆盖的广度和深度极其有限，中央电视台体育频道、国际频道和《中国体育》（英文版）及相关网站、体育媒体平台等，在欧美国家的落地率和知晓度均很低。

二是未能充分发挥民间、市场资源优势，形成传播合力。中国体育事业发展是由政府主导的，体育跨文化传播也带有鲜明的官方色彩。这种原本很正常的文化交往活动由于具有官方背景，极易给对方国家受众造成一种意识形态性文化输出的错觉。因此，发挥民间资源优势，利用民间体育社会组织和非官方传媒机构进行体育跨文化传播，往往可以收到事半功倍的效果。然而，遗憾的是，我们严重忽视了发挥民间体育社会组织在体育跨文化传播中的作用。不仅如此，近些年来，国内以商业化运作为特征的非官方传媒机构，如"腾讯体育""咪咕体育""虎扑体育""爱奇艺体育"等异军突起，呈现出蓬勃发展的生机与活力，必将成为体育跨文化传播的一支生力军。但是，由于它们目前力量弱小，再加上传统传播体制的"官方"惰性及非市场化取向，要想真正发挥这支生力军作用还有很长一段路要走。

三是媒介融合困难重重，机制再造推进缓慢。信息技术的数字化革命引发了媒介传播机制的变革与再造。在这一过程中，媒介融合既是传播机制再造的动力，又是传播机制再造的结果。媒介融合的直接目标是建构一个以数字化为基础，"开放式、多元化的联动传播机制"[1]，以最大限度地激发机制内在活力。但是目前媒介融合困难重重，机制再造举步维艰。首先，我国体育跨文化传播机制很不健全，存在明显的结构性缺陷。一方面，政府垄断了大部分媒体资源，也就垄断了体育跨文化传播的管理权，而民间社会力量和市场力量在体育跨文化传播中仅仅扮演无足轻重的辅助性角色，这种官方一元垄断结构显然不适应当下体育跨文化传播的开放时代。另一方面，体育跨文化传播呈现出多头管理，中宣部、外交部、教育部、文旅部、国家体育总局等都有专门或非专门机构管理体育对外交流工作。这种多头管理必然导致缺乏统筹规划，协调成本高，管理效率低下。其次，媒体"融合难"的问题在机制上没有真正解决。随着互联网技术的迭代升级，新媒体迅猛发展，纷纷涉足体育传播领域。但由于缺乏统一规划和管理，出现媒体之间无序竞争的乱象。特别是在当今市场化环境下，媒体融合仅仅停留在技术层面，尚未

---

[1] 方兴东、钟祥铭：《中国媒体融合的本质、使命与道路选择——从数字传播理论看中国媒体融合的新思维》，《现代出版》2020年第4期。

形成资源和利益共享、风险共担的一体化管理运营机制，体育产品的内容属性，以及管理渠道、运营模式、用户群体等互不兼容。这种状况既制约了新媒体的信息供给和服务能力，也弱化了传统主流媒体的权威性和影响力。

（三）交流沟通不畅，话语表达能力有限

一是存在语言沟通障碍。从语言美学的角度来讲，体育是一种世界通用的行为语言和技巧性的艺术语言。但从体育科学的角度来讲，体育运动更多地表现为艺术化的非语言行为，这种非语言行为天然具有跨越语言障碍的特殊功能。但是，体育运动又是一种具有特定文化属性的非语言行为，任何一种能称之为"民族体育"的运动都深深地根植于本民族的历史文化传统之中。因此，对体育运动背后"文化"的解读，就需要通过语言来完成。语言是文化的结晶和载体，是沟通文明的桥梁和释疑增信、缔结友谊的纽带，因而也是国家文化软实力的重要组成部分。由于世界各民族和国家语言的巨大差异，体育跨文化传播在一定程度地存在着语言沟通障碍是一个不争的事实。目前，我国通用语言的国际拓展能力还不能适应体育跨文化传播的需要，主要表现为语言战略意识淡薄，汉语国际推广能力和服务能力较弱，约有三分之二以上的国家未将汉语教育纳入国民教育体系。所以，与英语相比，汉语在全球的普及率很低。2017 年，以汉语普通话为第一语言的电影仅占全球电影市场份额的 5.83%，而英语电影占 90.98%（见图 5-2）。此外，我国是一个"外语资源穷国"，国家掌握的外语语种十分有限，高校能够开设的外语课程不到 50 种，而美国高校则能开出 276 种外语课程。[①] 此外，国民外语应用能力普遍较低且分布极不合理，英孚教育发布的《英语熟练度指标报告》显示，我国内地居民英语熟练程度在亚洲 23 个国家和地

---

① 赵世举：《全球竞争中的国家语言能力》，《中国社会科学》2015 年第 3 期。

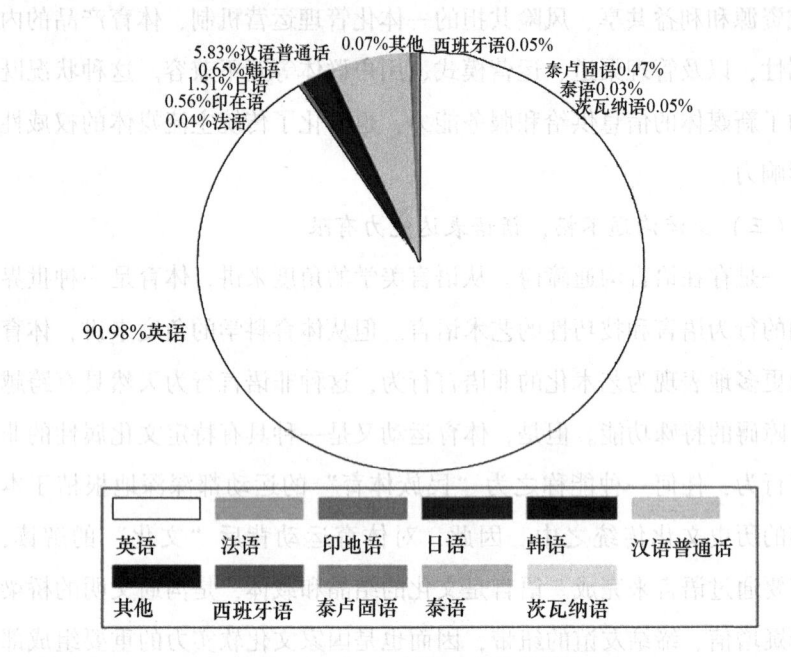

5.83%汉语普通话　0.07%其他　西班牙语0.05%
0.65%韩语　　　　　　　　　泰卢固语0.47%
1.51%日语　　　　　　　　　泰语0.03%
0.56%印在语　　　　　　　　茨瓦纳语0.05%
0.04%法语

90.98%英语

| 英语 | 法语 | 印地语 | 日语 | 韩语 | 汉语普通话 |
| 其他 | 西班牙语 | 泰卢固语 | 泰语 | 茨瓦纳语 | |

图 5-2　2017 年各种语言的市场份额

资料来源：笔者根据 boxofficemojo.com 数据计算。

区中排名第十四。[①] 这种状况势必制约中国体育跨文化传播的国际竞争力。

二是存在文化理解障碍。达成文化理解是跨文化传播的关键，也是体育跨文化传播的必然要求。然而，由于语言符号和文化语境的差异，要在体育跨文化传播中顺利达成文化理解并非易事。文化信息在传输过程中可能走样，或部分丢失，或被误读。这种现象被加拿大学者霍斯金斯（Hoskins）称为"文化折扣"（cultural discount），亦称"文化贴现""文化损耗"。霍斯金斯认为，"文化折扣"的产生除了语言差异外，受众不认同进口文化产品中所描述的生活方式、价值观、制度、历史乃至

[①] 英孚教育：《2023 年全球成人英语熟练度指标》，https://www.ef.com.cn/epi/，2023年12月30日。

神话等，也是一个重要原因。① 如中国武术文化强调习练者应有"精、气、神"，这对于国人来说并不难理解，但令西方人十分费解，甚至有不少外国人将博大精深的中国武术视为一种体操。这里反映的问题是，我们在体育跨文化传播中对中国体育文化承载的民族文化精髓的理解还不够深刻，对外部世界文化也缺乏全面了解和准确把握，习惯于用含蓄、委婉的高语境文化表达方式进行传播，故而出现了文化信息传递和符号认知障碍，导致"文化折扣"现象的发生。

三是体育话语表达的国际影响力小。"话语影响力"，是指国际交往中一个行为主体的话语"具有能够施加影响，造成自己的偏好胜过他人偏好的后果的能力"②。话语影响力是国家软实力的象征，体现一个国家的国际地位和国际形象，体育跨文化传播的话语影响力亦是如此。目前，我国体育跨文化传播的话语影响力仍很弱小，与中国作为一个体育大国的地位极不相称。究其原因主要是：其一，西方体育强国依然垄断着体育表达的国际话语权，而中国虽已成长为体育大国但目前尚无足够的实力和能力打破西方的话语垄断，因而无法构建起有全球影响力的中国体育话语体系；其二，我们自身的话语表达方式存在先天性的缺陷，主要是"虚""刚""宣传性""刻板性""单向性"。这种"以我为主"而不是"以国外受众为主"的话语表达方式，自然制约了中国体育国际表达的话语影响力；其三，我国体育跨文化传播的话语解释力不足，主要是中国传统体育文化的当代性转换和创新性发展相对滞后，因而与奥林匹克文化所体现的人类共同认知契合度有限，未能融入国际体育话语体系，影响了国外受众对中国体育的认同和接纳。

（四）内容生产落后，品牌塑造能力不强

品牌是以经过时间检验的高品质内容为"魂"的，"品牌"与"内

---

① [美]考林·霍斯金斯等：《全球电视和电影：产业经济学导论》，刘丰海、张慧宇译，新华出版社2004年版，第6页。
② 何玉兴：《话语影响力研究的学术价值和现实意义》，《社会科学论坛》2017年第12期。

容"浑然一体。因此,体育文化产品的内容生产能力归根结底体现为品牌生产能力,并最终决定品牌的社会影响力。但是,目前我国体育文化产品的内容生产和供给能力不强,品牌塑造能力远远落后于西方体育强国。

一是内容生产难以适应体育全球化时代跨文化传播的需要。体育全球化和信息化时代的一大特点,就是移动互联网的普及和融媒体的产生,改变了体育内容的生产形态和传播形态。从内容生产的角度来看,内容供给主体呈现多元化,内容属性要求淡化意识形态性而强化生活性,在内容选择上要求从用户立场出发,针对用户的不同需求提供个性化的体育文化产品。此外,在体育同质化的国际环境下,国外受众更希望分享和体验具有鲜明民族特色的异域体育文化景观。然而,我国体育跨文化传播至今仍然属于"公共外交",服务国家对外战略,带有较为浓郁的官方色彩。因此,内容生产缺乏用户思维,不仅官方主流媒体基本上垄断了内容生产,草根用户参与度低,而且信息服务难以满足不同用户的个性化和差异化需求。

二是缺乏有影响力的体育国际品牌。体育跨文化传播的影响力归根结底取决于体育国际品牌的影响力。我国体育跨文化传播之所以影响力小,就是因为对体育品牌生产重视不够,支持力度不大,没有将体育品牌的塑造和传播上升到国家战略高度。因此,其一,缺乏有影响力和竞争力的体育国际品牌,包括像 NBA、世界杯、英超联赛那样的体育品牌赛事,以及体育品牌项目、体育品牌媒体、品牌渠道、品牌网站、品牌主持人、品牌明星形象、品牌体育文化产品等匮乏。其二,品牌价值有限,尤其是国内重大体育项目、重大体育赛事、重大体育学术成果、重大体育基础设施、知名媒体和知名体育文化产品等,在全球体育传播领域和文化市场中缺乏足够的竞争力。其三,在西方强势体育文化的冲击下,我国民族传统体育文化品牌如武术、太极、八段锦等出现了"表演化""体操化"和"西式化"的倾向。更为严重的是,随着人们生活方式和价值偏好的改变,以武术为代表的中国传统体育文化品牌面临着生存环境恶化、传承主体萎缩、传播动力缺失的整体性危机。

三是传统思维方式的封闭性、内敛性在一定程度上制约了我国民族体育文化品牌的塑造与传播。长期以来,我们固守着一种"酒香不怕巷子深"的保守意识,缺乏品牌意识和品牌战略,不重视本土体育文化品牌的自我塑造,也不善于自我包装和自我传播营销。例如,与欧美国家体育明星的品牌效应相比,中国女篮以及王楚钦、张雨霏、苏翊鸣等明星团队或明星人物的全球知晓度和影响力均很有限;又如我国体育用品制造业虽然拥有世界市场65%的份额,但至今尚无一个自主品牌登上"全球品牌100强"和"世界品牌500强"排行榜。根据华经产业研究院的数据,我国体育产业发展较不平衡,体育产业在国内生产总值中所占比例远小于世界平均水平,以美国和法国为代表的体育强国的体育产业占GDP的2.5%以上,全球平均水平达到2.1%(见图5-3)。

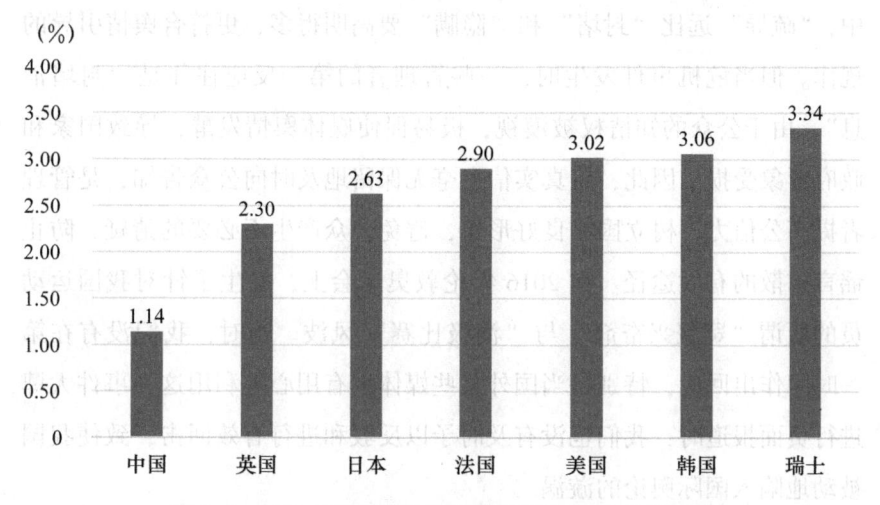

国家	占比(%)
中国	1.14
英国	2.30
日本	2.63
法国	2.90
美国	3.02
韩国	3.06
瑞士	3.34

图 5-3 2019 年体育发达国家总产出占 GDP 比重对比

资料来源:笔者根据华经产业研究院发布的《2020 年中国体育产业规模现状、产业链、PEST 分析及前景展望,名副其实的朝阳产业》(https://www.huaon.com/channel/trend/780644.html., 2022 年 1 月 27 日)相关数据整理。

上述情况表明，在我国，缺乏国家层面的体育品牌战略，没有形成一整套完整的、体系化的从品牌设计到品牌推广的体育品牌生产链。

（五）危机应对不力，舆情引导能力缺失

一是对危机传播缺乏专门有效的管理，错过危机传播最佳时机。当今世界风云变幻、危机四伏，各种不确定性变量相互交错、暗流涌动，把整个世界推向了具有极大不确定性的风险时代。在此背景下，潜含文化、利益冲突的体育跨文化传播也不可能偏安一隅。问题在于，当体育公共危机事件发生时，我们主要依靠临时组建的"领导小组"和"协调小组"来对事件进行应急处理，缺乏常态化的公共危机传播管理的专门机构和预警机制，因而就可能造成反应迟钝，对危机事件的性质和未来发展趋势把握不准进而错失主动掌控危机传播的最佳时机，甚至酿成更大范围的跨国舆情。

二是危机传播管理能力缺失，导致舆情引导不力。在危机传播管理中，"疏导"远比"封堵"和"隐瞒"要高明得多，更符合舆情引导的规律。但当危机事件发生时，一些管理者的第一反应往往是"封堵消息"。由于公众的知情权被漠视，极易促使媒体舆情发酵，导致国家和政府形象受损。因此，将真实信息毫无保留地及时向公众告知，是管理者提高公信力，树立国家良好形象，避免公众产生不必要的猜疑，防止谣言扩散的有效途径。在2016年伦敦奥运会上，发生了针对我国运动员的所谓"疑服兴奋剂"与"消极比赛"风波。当时，我们没有在第一时间作出回应，特别是当国外某些媒体别有用心地利用这一事件大肆进行负面报道时，我们也没有及时予以反驳和进行有效回击，致使我国被动地陷入国际舆论的漩涡。

三是危机管理中的传播策略失当，导致舆论引导的主动权丧失。危机管理和舆情引导能力还体现在信息传播策略的选择上。当体育危机事件发生时，政府一般采取的信息管理策略是"内紧外松"，其结果不但无法缓解危机造成的舆论压力，反而容易使它自己陷入被动。特别是当公众不能从官方正式渠道上获取信息时,各种"流言"或"传闻"就会通过社交媒体和其他非正式渠道在更大的范围内迅速扩散,这种源自"坊间"的传闻逐渐产生累积效应就可能导致公众误解和舆情失控,进而对中国体育形象和国家形象造成负面影响。[1]

（六）专业人才匮乏，队伍建设能力薄弱

一是对全球化时代跨文化传播人才尤其是体育跨文化人才培养的重要性、紧迫性认识不足,重视不够,尚未建立起一支数量充足、专兼结合的体育跨文化传播队伍。这暴露出我们在人才培养和队伍建设能力方面的短板。特别是长期以来,我们缺乏国家层面专门性的整体规划和制度安排,同时也缺乏专门的、有行业特色的教育培训机构和充足的财力支持。由此造成我国跨文化传播人才极度匮缺,体育跨文化传播人才更是如此。2022年4月1日,中国翻译协会在第八次会员代表大会上正式发布了《2022中国翻译人才发展报告》,该报告指出,当前我国翻译服务人员已达538万人,翻译服务机构企业专职翻译人员约为98万人,翻译人才队伍增长幅度较大,呈现出"年轻化""高知化""梯队化"等特征,体育翻译领域订单占比为18%,与教育培训（41.1%）、信息与通信技术（40.8%）、知识产权（38.3%）等主要翻译领域订单量还有一定的差距。[2] 这远远不能满足体育跨文化传播和交流的需要,成为制约中国体育文化走向世界的重要因素。具体到体育跨文化传播人才,既深谙中国传统文化和体育文化精髓,又熟悉国外文化特别是西方体育文化,既精通融媒体采编工作,又能熟练运用外语交流的全能型人才更是凤毛麟角。

二是担负体育跨文化传播专门人才培养的高校在学科建设方面不能适应现实发展的需要。目前,我国体育跨文化传播人才的培养,主要集

---

[1] 张庆武：《危机管理视角下的中国体育文化传播与国家形象建构》，《体育与科学》2015年第2期。

[2] 中国翻译协会：《中国翻译协会首次发布〈2022中国翻译人才发展报告〉》，http://www.tac-online.org.cn/index.php? m=content&c=index&a=show&catid=395&id=4165，2022年4月1日。

中于高等体育院校的新闻与传播专业或综合性高校的体育专业以及极少数外语类院校。体育跨文化传播人才是一种特殊的专业人才，需具备多方面的能力素养。然而，我国高等院校培养的体育跨文化传播人才不仅数量极少，而且能力结构存在严重缺陷，难以胜任体育跨文化传播工作。首先，培养目标定位存在一定的局限性。我国高校通常培养的要么是体育学专业人才，要么是通用型新闻传播人才和外语人才，普遍未将体育跨文化传播人才列入培养目标，更谈不上制定相应的人才培养方案、教学计划并建立相应的课程体系和实践教学体系了。其次，人才培养模式不够科学合理。体育跨文化传播人才是一种综合性的特殊人才。所谓"综合性"，是指在知识结构、文化素养和实践能力方面都有很强的综合性要求。这就需要打破学科专业壁垒，跨学科、跨专业培养人才。但是，目前我国学科专业设置不尽合理，人才培养模式单一、僵化，难以通过跨学科、专业培养体育跨文化传播人才。

三是现有人才的跨文化传播素养亟待提高。有调查证实，在我国外宣人员中跨文化素养普遍较低，体育跨文化传播领域当然也不例外。这主要表现为：其一，缺乏广阔的国际文化视野。对交往对象国的历史文化、宗教信仰、风俗习惯以及价值观不甚了解，对"一带一路"合作伙伴特别是阿拉伯和非洲国家的传统文化包括体育文化知之甚少。其二，外语应用能力不强。现有人才虽然在听力、阅读等方面掌握了跨文化交流必须具备的基础能力，但在体育跨文化传播的实际过程中，难以与外国同行用专业外语进行自由、顺畅的沟通。其三，运用新媒体技术进行融媒体采编、制作、传播的能力还有待提升，对国外媒体包括体育媒体的发展状况、组织架构、运行流程还未能做到了如指掌。因此，现有人才跨文化传播素养的提高迫在眉睫。

综上所述，中国体育跨文化传播能力建设存在的诸多问题是一个系统性的问题，问题之间具有内在的逻辑关联，相互影响，相互制约。因此，解决这些问题也需要系统思维和体系化的设计。

第六章

国家形象建构视域下中国体育跨文化传播能力提升的路径选择

国家形象建构是现代国家发展的内在关切和诉求，也是理解、把握国家发展历程及趋势的重要维度，因而成为国内外学术界关注的重大课题。新中国 70 多年来所取得的举世瞩目的成就，极大地改善了中国的国家形象，其中包括中国成为世界"体育大国"的形象。但是，如前所述，中国体育跨文化传播能力建设的滞后与不足，在客观上一定程度地制约了国家形象的可持续优化。因此，探索体育跨文化传播能力提升的路径，完善能力发展体系，是中国建构"体育强国"形象乃至树立整体良好国家形象的不二选择。

第一节 中国体育跨文化传播能力提升的空间伦理诉求及其应然逻辑

一 构建"传播空间命运共同体"：中国体育跨文化传播能力提升的空间伦理诉求

"传播"是一个具有共同体属性和意义的概念，传播空间治理和再造的过程本质上是共同体重构的过程，其目标要求是自主、平衡、有序、高效。然而，西方媒体主导下的全球传播空间却发生了严重的结构性失衡，包括媒体资源分布失衡、信息内容生产失衡、信息传播失衡、信息流向失衡，并由此导致中国等非西方国家话语权的缺失。因此，建立一个公正、合理、有序的"传播空间命运共同体"，是中国和广大发展中国家参与全球传播空间治理的目标选择和价值诉求。

(一) 全球传播空间的话语失衡及对中国文化国际认知的影响

话语空间一般可以具体划分为话语生产空间、话语表达空间、话语传播空间。与此相对应，就有了话语生产力、话语表达力、话语传播力，这些统称为话语影响力。在当今世界话语空间中，西方话语体系占有绝对统治地位，其话语影响力无国可与之比肩，这是一个不争的事实。以美国为首的西方国家利用其话语优势，动辄对中国和广大发展中国家进行话语压制、恐吓或进行"标签化""污名化"攻击。特别是进入21世纪以来，美国等西方国家的一些政客不顾时代已经发生巨大变化，基于对大国关系的扭曲性分析，鼓噪所谓"修昔底德陷阱"的陈腐叙事逻辑，刻意渲染"崛起国"与"守成国"之间对抗性冲突的必然性，在国际舆论场大肆散布中国"国强必霸"的论调，掀起了新一轮"中国威胁论"的舆论攻势。西方媒体的言论，在一定程度上引发了国外受众对"中国威胁"的负面想象。

值得注意的是，"中国威胁论"也扩展到体育领域。某些西方媒体和学者将中国体育文化软实力视为经济奇迹打造出的对外交往的一种"新型武器"[1]，指责中国利用体育文化交流进行"势力扩张"[2]，通过传播太极拳和武术进行"文化渗透"，强调如果任其发展可能导致"严重后果"[3]。美国等西方大国把中国体育文化软实力建设意识形态化，

---

[1] Lan Heury, "Developing Culturally Specific Tools for the Evaluation of Good Governance in Diverse National Contexts: A Case Study of the National Olympic Committee of the Islamic Republic of Iran Contexts", *The International Journal of the History of Sport*, Vol. 8, No. 32, 2015, pp. 18-25.

[2] Katie Rubio, "Asian Sports: A Cesspool of Government Interference, Struggles for Power, Corruption and Greed", *Asia-Actors, Structures, Values*, 2013.

[3] Dan Connoughton, "The Evolution of the Governance of Wushuin China (1910-2010)", International Conference of Sport Government, 2010.

第六章　国家形象建构视域下中国体育跨文化传播能力提升的路径选择

是用它们塑造"新的他者"的文化心态定义中国。德国学者乔·库兰齐克发表的《魅力攻势：中国体育文化软实力如何改变世界》一书，就体现了这种文化心态。[①]

西方主流媒体在全球传播空间的话语垄断，导致国际受众对中国文化的知晓度和认同度不高。有调查显示，"美国在线""维亚康姆"等世界六大传媒公司基本上垄断了全球传媒市场，西方四大通讯社成为世界各国媒体的主要信源，其中美国媒体掌控了全世界90%的新闻生产和超过四分之三的视听节目生产。它们借助强大的传媒影响力，将西方的文化价值观和生活方式传播到全球。与此相应，高达70%以上的海外受众主要通过西方媒体的言说来了解中国。因此，对中国文化的认知主要取决于西方媒体怎样言说，中国国家形象的建构主要由西方媒体"他塑"。如此一来，对中国认知的片面性和对中国文化的误读就难以避免。

2017年，北京师范大学文化创新与传播研究院联合国际调研平台SSI，对包括美国、英国、法国、德国、日本、韩国、俄罗斯等15个国家在内的4586名18—44岁受访者（联合国教科文组织界定的青年群体）进行了"外国人对中国文化认知与意愿"的年度大型跨国调查。调查结果显示，国外受访者对中医、算盘、丝绸之路的认知度高，对敦煌舞、莫言等的认知度相对较低，对"中医"的整体认知度最高，达到3.333，其中表示比较了解和非常了解的占50.3%（见图6-1）。

人文资源类中国文化符号的国际认知度普遍较高，东西方艺术思维差别使中国艺术形态认知度最低。与2015—2016年调查相比，中国人文资源的文化认知指数依然是最高的，达到2.89；而中国艺术形态的认知指数最低，仅为2.23（见图6-2）。

在现行全球治理体系中，制度性权力安排的不合理、不平等性，使得全球治理体系沦为美国等西方大国推行霸权主义的工具，进而导致全

[①] J. Kurlantzick, *Charm Offensive: How China's Soft Power is Transforming the World*, Yale University Press, 2007.

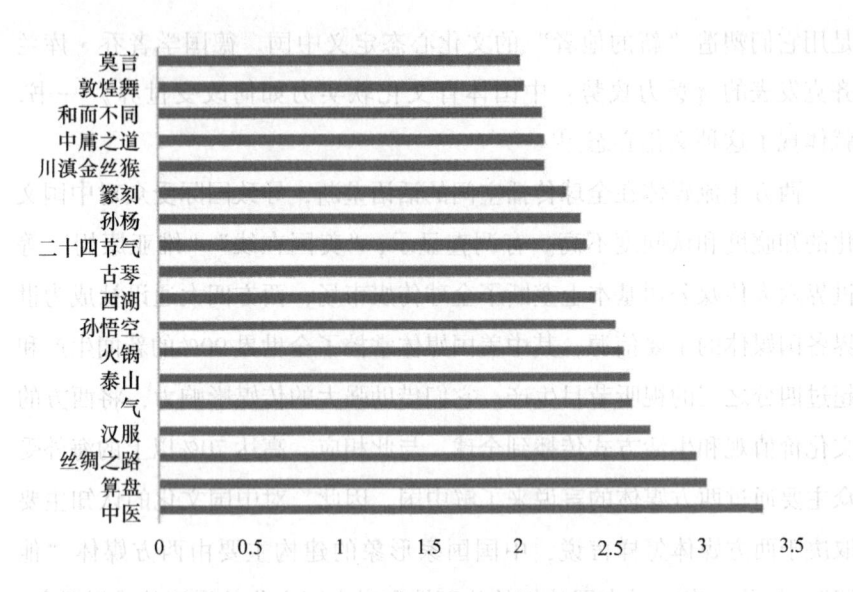

图 6-1 2017 年世界 15 国对中国文化元素的认知度

资料来源：笔者根据杨越明、藤依舒《国外民众对中国文化符号的认知与印象研究——〈2017 外国人对中国文化认知调研〉系列报告之一》(《对外传播》2018 年第 8 期)一文中的有关数据整理。

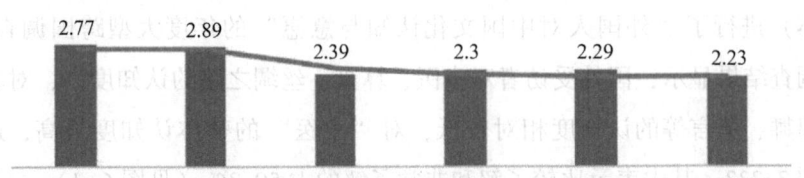

图 6-2 2017 年外国人对中国文化符号认知度

资料来源：笔者根据杨越明、藤依舒《国外民众对中国文化符号的认知与印象研究——〈2017 外国人对中国文化认知调研〉系列报告之一》(《对外传播》2018 年第 8 期)一文中的有关数据整理。

球传播空间话语表达的失衡。一方面，绝大多数非西方国家没有话语权，在全球传播空间里常常处于失语状态；另一方面，西方文化大国却动辄挥舞"文化霸权""话语霸权"大棒，不允许非西方文化主体发

第六章　国家形象建构视域下中国体育跨文化传播能力提升的路径选择

声,尤其是不能发出批评或反对的声音。因此,改变不合理、不公正的传播秩序,构建全球"传播空间命运共同体",实现话语表达的自主性和平等性,就成为绝大多数发展中国家的强烈呼声和迫切要求。中国作为世界上最大的发展中国家,理所当然地应在全球传播空间治理中扮演重要角色和发挥重要作用。

(二) 全球传播空间治理的中国主张

如前所述,中国提出的构建"人类命运共同体"理念是引领全球治理所贡献的"中国智慧",越来越得到国际社会的认可。根据这一致思路,笔者认为,世界各民族国家不分大小、强弱,都应以平等的主体身份参与全球传播治理,携手共建"传播空间命运共同体",重构世界传播秩序,以此作为全球传播治理的目标选择和价值定位。所谓传播空间命运共同体,是指全球传播空间中各行为主体基于共同利益、共同价值和共同目标,遵循共同构建的传播伦理秩序所形成的一种相互依存、休戚与共、守望相助的非组织化共同体。这一新型共同体能够最大限度地彰显各民族国家命运相系、同舟共济所需要的传播伦理的价值理性与实践理性。

第一,这一新型共同体所构筑的传播空间是一个包容的空间。包容性是命运共同体的首要特征,其前提是差异性,即尊重并欣赏世界不同国家体育文化的民族特色及其独特价值。差异是现实,包容是美德。命运共同体说到底是一种伦理共同体,它是以共同命运为基础和纽带而结成的共同体。正是这种共同命运,把世界各国连接在一起,从而要求共同体成员必须以开放包容的心态和海纳百川的胸怀与不同文明和文化交流互鉴。文化包容性是正确处理文化自我与文化他者关系的一种内在根据。它意味着承认文明和文化的多样性,珍视文明和文化的差异性,尊重文明和文化的自主性。因为"不同文明凝聚着不同民族的智慧和贡献,没有高低之别,更无优劣之分"[①]。只有"秉持包容精神",互学互

[①] 中共中央文献研究室:《十八大以来重要文献选编》中册,中央文献出版社2016年版,第697页。

鉴，才能使每一种文明和文化"充满生命力"①。可见，包容性共存和包容性发展，是传播空间命运共同体的核心要义和基本特征之一，它要求尊重各国体育文化的主体性地位，支持各国充分展示其体育文化的独特魅力，这也就是人类期待的"各美其美，美人之美"的文明和文化发展境界。

第二，这一新型共同体所构筑的传播空间是一个正义的空间。正义作为一个伦理范畴，是人类社会永恒的价值追求，也是传播空间命运共同体的根本属性和价值取向。建设一个公平正义的世界，实现人类解放，是马克思毕生的理论和实践追求。但是，马克思的正义理论建立在对资本主义私有制关系批判的基础上。他设想，通过扬弃异化的私有财产关系，建立没有剥削和压迫的"自由人联合体"，真正实现人的解放即实现每个人的"自由全面发展"。这意味着人的类本质——自由自觉的类特征的真正复归。马克思基于历史必然性和道德实践性的"批判正义"理论启示我们，传播空间正义归根结底是话语权正义，即每一个共同体成员都是平等的发声主体，都有根据其自身意愿进行话语表达的自主权和自由权。因此，要构建一个世界各国公认的、公平正义的传播空间命运共同体，就必须打破西方主导的体育话语权分配格局及其构筑的非正义传播空间，消除体育媒介资源占有的不公正性及体育信息传播的依附关系，不贬低别国体育文化的价值，不压制别国体育文化的传播，实现共同体成员之间以主体身份进行的平等对话和自主传播。

第三，这一新型共同体所构筑的传播空间是一个秩序的空间。秩序是正义之盾，是维系共同体生存、发展的基本保障，很难想象一个缺乏公正秩序的共同体能够健康发展。问题在于，现行的传播秩序包括体育传播秩序是在美国等极少数西方国家主导下建立的，而大多数非西方国

---

① 《习近平谈治国理政》第 1 卷，外文出版社 2018 年版，第 259 页。

第六章　国家形象建构视域下中国体育跨文化传播能力提升的路径选择

家被排除在秩序规则制定之外。因此，以美国为代表的极少数西方国家就成了秩序的化身及其代言人。这样的传播秩序当然无任何公正性可言。在新的时代条件下，我们致力于构建的"传播空间命运共同体"，是一个具有全球公共价值的秩序化空间。这个新型传播空间对体育跨文化传播的基本要求，一是传播秩序规则的公正性即传播秩序作为全球公共品，其规范性内容必须最大限度地体现人类的价值共识和公共理性精神；二是传播秩序制定的平等性，即每一个民族国家不分大小都有参与制定传播规则的平等权利；三是传播秩序维护的自觉性，即共同体成员都必须自觉维护经过协商制定的制度性规范，以确保传播空间命运共同体在秩序化轨道上健康发展。

第四，这一新型共同体所构筑的传播空间是一个和谐的空间。和谐性是共同体不可或缺的伦理特征，是包容、正义、秩序三者共同作用的结果。和谐性包括两方面含义：一是强调共同体成员以独立的主体身份和谐共生、相互依存；二是强调共同体成员通过平等的对话交流，互学互鉴、相得益彰、共同繁荣。文明和文化的交往是一个充满矛盾、错综复杂的过程，利益矛盾、历史传统、文化差异、交往环境等都可能成为影响彼此关系和传播效果的变量。因此，超越利益和文化鸿沟，构建共同体内部的和谐关系，必然是全体共同体成员共同努力的结果。只有摒弃二元对立思维，"以文明交流超越文明隔阂、文明互鉴超越文明冲突、文明共存超越文明优越"，一个文明和谐的共同体才会真正形成。[①] 在与异质文化的关系问题上，费孝通先生为我们勾画了一条从文化自我到文化大同的审美路线：从"各美其美"即展示自我文化之美→"美人之美"即尊重并欣赏他人文化之美→"美美与共"即通过交流互鉴共享文化之美→"天下大同"即实现世界文化融合之美。显然，这条审美路线亦应成为全球传播空间命运共同体的基本遵循。

[①] 习近平：《决胜全面建成小康社会 夺取新时代中国特色社会主义伟大胜利——在中国共产党第十九次全国代表大会上的报告》，《人民日报》2017年10月28日第1版。

二 中国体育跨文化传播能力提升的应然逻辑

体育强国形象既是一种文化形象，又是一种政治形象，或者更准确地说，是一种以文化形象为载体的政治形象。通过体育跨文化传播的文化形象建构来实现国家形象的政治性建构，比单纯通过意识形态宣传实现国家形象的政治性建构更为明智和更有效果。体育跨文化传播本质上是一种关系性建构。提升体育跨文化传播能力，讲好中国体育故事，塑造体育强国形象，应处理好体育跨文化传播中的五对关系。

（一）提升体育跨文化传播能力，塑造体育强国形象，应处理好体育文化"走出去"与"引进来"的关系

在当今文化全球化时代，中国体育文化融入世界文化体系已是大势所趋。但是，体育跨文化传播不是单向度的信息传递和意义表达，而是一个双向互动的知识交流和意义融合过程。因此，"走出去"与"引进来"就必然成为中国体育跨文化传播的历史性选择。"走出去"与"引进来"看似是一种悖论，实则是中国体育跨文化传播同一过程的两个不同侧面，或者准确地说，是两条既各有侧重又密切结合且目标一致的致思路径，其目的都是让中国融入世界、让世界了解和认同中国。

首先，坚持"走出去"，在融入世界文化潮流中彰显中国体育文化特质和魅力。"走出去"是中国基于文化自信而实施的一种文化战略。它承载着双重历史任务：一是通过文化交流融入世界文化大家庭，让世界各国人民共享中华文明成果，进而促进世界文化繁荣发展；二是向世界展示中华文化魅力，让其他文化的人们理解、接纳乃至认同中华文化，从而赢得各国人民的尊重和支持。毫无疑问，中国体育文化作为中华文化的重要组成部分，其"走出去"同样承载着这双重的历史任务。

问题的关键在于，中国体育文化走出国门、走向世界，必须坚持自主性和独立性，始终保持其自身独特价值。在当今西方体育文化的强势

第六章　国家形象建构视域下中国体育跨文化传播能力提升的路径选择

冲击下,中国体育文化的生存发展空间受到一定挤压。因此,在体育跨文化传播中,媒介的使命就是要充分彰显我国体育文化的民族特质,特别是彰显民族体育文化所蕴含的修身养性、身心和谐的生命哲学观,以及浸润着中华优秀文化传统的和合精神、人文精神、伦理精神、自强不息精神等独特价值。只有如此,走出国门的中国体育文化才具有历久不衰的强大生命力。

其次,注重"引进来",在交流互鉴中积极吸纳世界各国体育文化之精华。"引进来"包括两层含义:一是将国外体育文化引入国内,介绍给我国受众,让国内受众全面、客观地了解世界各国体育发展的经验以及体育理念及其核心价值;二是引进并学习、借鉴各国的优秀体育文化,特别是现代西方竞技体育文化、体育管理文化、体育产业文化中所蕴含的许多科学、合理的知识、经验,不仅可以与我国体育文化形成互补,而且可以在吸纳世界先进体育文化精髓的基础上,促进中国传统体育文化的现代性转换和创新性发展。

值得注意的是,无论"走出去"还是"引进来",都要充分意识到中西方体育文化乃至民族整体文化的差异性。由于思维方式、意识形态及价值观不同,必然导致中西方之间体育跨文化传播中的语境差异及沟通障碍,从而影响对对方体育文化理念和精神的全面、深刻理解,特别是影响对博大精深之中国体育文化精神谱系的全面、深刻理解。[1] 因此,必须尽可能地消除文化编码与解码的非对称性,在求同存异的原则下,超越语境差异,淡化意识形态,寻求契合点和价值共识,用各方受众都易于接受的思维方式和喜闻乐见的表达方式对体育文化进行阐释和传播。这不仅能使世界各国民众感受中国体育文化的魅力,共享中国体育文化的成果,而且有利于实现中外体育文化的融合发展和共同繁荣。

---

[1] 王翔、鲍海波:《构建传播空间命运共同体:中国体育跨文化传播的空间伦理诉求及应然逻辑》,《社会科学研究》2023年第1期。

(二)提升体育跨文化传播能力，塑造体育强国形象，应处理好体育跨文化传播中竞争与合作的关系

文化的多元性以及不同文化之间的矛盾和竞争，是文化演进的一般规律。世界各民族国家的体育文化千姿百态、争奇斗艳，这意味着国际体坛上体育文化的竞争不可避免。体育文化的竞争，说到底是各民族国家文化竞争在体育领域的投射。许嘉璐认为，"排他性是所有文化的共同点"[①]。而文化的竞争性和排他性，源于文化的差异性和多元性，归根结底源于各民族生活方式和文化信仰的差异性及多样性。

首先，正确认识体育跨文化传播中的竞争。文化的多样性以及不同文化之间的矛盾、竞争与融合是文化演进的一般规律，也是跨文化传播的一般规律。世界各民族国家的体育文化千姿百态、争奇斗艳，这意味着体育跨文化传播中的竞争不可避免。但是，竞争不是体育跨文化传播的目的，在竞争中合作，在合作中相互理解、求同存异、和谐共荣，才是体育跨文化传播追求的目标。体育跨文化传播中的竞争，本质上是如何处理与异质体育文化的关系问题。一般说来它有两种方式：一是"以特相争"，即以民族体育文化的独特气质、独特价值通过现代媒介呈现而争奇斗艳，向世界展示本民族体育文化的独特魅力。二是"以德相容"，即以包容的心态和胸襟，尊重、接纳、欣赏异质体育文化。这不仅可以"把文化的排他性转化为与他者相融的刺激和动力"[②]，避免文化竞争走向对抗，而且可以使各民族国家体育文化因受到异质文化的启示而有所创新。

其次，用"和而不同"的中国智慧破解体育跨文化传播中的竞争—合作之困。崇尚竞争，偏好冲突历来是西方文化自然天成的核心理念。正如有学者所说："在西方文化和西方价值观中有一种冲突意识。

[①] 许嘉璐：《文化的多元和中华文化特质》，《社会科学战线》2013年第7期。
[②] 许嘉璐：《文化的多元和中华文化特质》，《社会科学战线》2013年第7期。

第六章　国家形象建构视域下中国体育跨文化传播能力提升的路径选择

总想用自己的力量，以自我为中心，克服非我，宰制他者。"① 与西方偏好冲突、崇尚竞争的文化价值观不同，中华文化价值观更强调"和为贵""和而不同"，崇尚和合精神，追求和谐相融的人文境界。可以说，对"和"与"合"的不懈追求，铸造了中华文明和合共荣的思维方式和普世性伦理价值观。正是这样一种具有"普世价值"的和合文化，成为破解人类"竞争—合作"之困的锁钥。也正是这种和而不同的和合精神陶冶了中国体育文化之"魂"，使中国体育文化在跨文化传播中充盈着尊重、包容、公平、正义和谐、共荣的价值信仰和人文精神。

最后，体育跨文化传播要坚持从包容性竞争走向合作共赢。英国哲学家罗素曾高度评价中华和合文化："中国至高无上的伦理品质中的一些东西，在现代世界极其重要。这些品质中，我认为'和'是第一位的。这种品质若能被世界所采纳，地球上肯定会比现在有更多的欢乐和祥和。"② 当然，体育尤其是竞技体育本身就是竞争性的。中国体育文化也重视竞技，主张竞争，但强调的是包容性竞争，而不是极端的排他性竞争和单纯的对抗性竞争，即中国武术文化所倡导的"争而不斗""不争之争"。因此，中国体育跨文化传播的基本主张，是从包容性竞争走向合作共赢。合作之所以可能，是因为如果"没有有机体之间的合作，生态和社会系统不复存在。从混沌到秩序，合作具有必然性"③。历史已经证明并将继续证明，"天下兼相爱则治，交相恶则乱"。只要我们坚持以人类共同价值为基点、以实现人类共同利益为纽带、以文明和文化的交流互鉴为桥梁，善于在矛盾和竞争中不断寻找并扩大共识，创造更多价值契合点，形成体育跨文化传播的"最大公约数"，就一定能够在竞争中推进合作，在合作中实现共赢。所以，在体育跨文化传播中，共赢是目的、竞争是动力、交流是桥梁、合作是保障。

---

① 陈来：《从中西比较看中华价值观的特色》，《阅读》2015 年第 6 期。
② 王在邦：《这是中国的世界观》，《光明日报》2011 年 9 月 8 日第 8 版。
③ 鲍勇剑：《协同论：合作的科学——协同论创始人哈肯教授访谈录》，《清华管理评论》2019 年第 11 期。

（三）提升体育跨文化传播能力，塑造体育强国形象，应处理好建构自我话语权与尊重他者话语权的关系

法国学者福柯认为，话语与权力密不可分，二者同为一体，因为"权力是透过话语发挥作用的"，所以话语就是权力，不存在"一方面是话语，另一方面是权力的情形"。① 与世俗化的强制性国家权力相比，话语权是一种非强制性的国家软实力，它主要通过扩散性的广泛传播表达话语主体的利益和价值诉求，从而影响受众的价值认同及其行为。因而，话语权之争已成为当今世界国际竞争的焦点之一。

首先，讲好中国体育故事必须掌握国际话语权。话语权是国家实力和国家形象的符号化表征，中国作为全球最大的发展中国家不能没有话语权。面对日趋激烈的国际话语权竞争，习近平指出："推进国际传播能力建设，讲好中国故事，展现真实、立体、全面的中国，提高国家文化软实力。"② 这表明，提高国际话语权与讲好中国故事有着十分紧密的逻辑关联，提高国际话语权是讲好中国故事的必要条件和逻辑前提，而对外讲好中国故事又可以进一步提高国际话语权。所以，通过提高话语权讲好中国体育故事，在讲好中国体育故事中提升国际话语权，就成为体育跨文化传播中中国媒体义不容辞的责任。

然而，如前所述，在现实的国际传播空间中，体育话语权缺失是中国参与国际体育文化软实力竞争的一大痛点。西方媒体立体化、全时空播出的足球世界杯、英超联赛、NBA 职业联赛等，获得了极高的全球关注度和收视率，西方竞技体育文化尤其是足球文化和篮球文化借助现代传媒几乎征服世界。今天，中国已成为世界体育大国，但中国的体育话语权与体育大国地位不相匹配，全球绝大多数受众仍主要通过西方媒体了解中国体育事业的发展状况和解读中国体育文化。体育话语权的缺

---

① Michel Foucault, "Histoire de la Sexualité", *Gallimard*, 1976, pp. 121-122.
② 习近平：《决胜全面建成小康社会 夺取新时代中国特色社会主义伟大胜利——在中国共产党第十九次全国代表大会上的报告》，《人民日报》2017 年 10 月 28 日第 1 版。

第六章　国家形象建构视域下中国体育跨文化传播能力提升的路径选择

失，使得当代"体育中国"之形象主要不是依靠中国媒体"自塑"，而是被西方媒体"他塑"的，由此导致中国体育故事和体育文化常常被误读甚至曲解。因此，对于中国而言，建构自我体育国际话语权已迫在眉睫。

其次，建构自我话语权必须秉持主体间性思维，尊重他国尤其是弱小国家的体育话语诉求。跨文化传播的基本原则是尊重差异、平等对话、相互理解、求同存异。这意味着各民族国家在体育跨文化传播中拥有平等的话语权和受尊重的主体性身份。"权力本质上是一种力量关系"[①]，话语权作为一种权力形态本质上是一个关系范畴。话语权建构说到底是一种关系建构，或者准确地说，是国际交往主体之间以主体性身份和平等地位进行对话的权力关系的建构，亦可称之为"主体间性权力关系"建构。"主体间性"作为一种哲学思维，是自胡塞尔现象学以来西方学界探讨的热门话题之一。所谓主体间性，是指交往活动中交往各方互为主体，均以独立的主体性身份表达诉求，自主地进行平等对话与沟通协商，从而在相互包容的和谐氛围中求同存异，达成理解和共识。主体间性交往观超越了主客体二元对立的思维模式，强调交往各方身份的独立性和主体性、交往地位的平等性、交往行为的自主性、交往过程的和谐性、交往结果的共识性。正如哈贝马斯所说："纯粹的主体间性是由我和你（我们和你们）之间的对称关系决定的，对话角色的无限可互换性，要求这些角色操演时在任何一方都不可能拥有特权。"[②]

主体间性理论为我们正确处理各国之间体育话语权关系提供了一条可行的思路。一方面，中国等非西方国家争取体育国际话语权，是其主体意识的觉醒和主体性价值的充分彰显，它们希望以主体性身份平等地参与体育话语权分配。另一方面，中国等非西方国家争取体育话语权，

[①] Michel Foucault, "Dits et Ecrits, Ⅲ, (1976–1979)", *Gallimard*, 1994, p. 87.

[②] ［德］尤尔根·哈贝马斯：《认识与兴趣》，郭官义、李黎译，学林出版社1999年版，第151页。

不是要建构自我中心主义话语权，而是要复归被剥夺了的平等话语权。追求以自我为中心的话语权，必然导致其异化形态与话语霸权的形成。所以，任何一个国家在强化其自我话语权时，都应充分尊重他国特别是弱小国家的体育话语诉求，使其有更多参与体育国际事务的机会和平台，与它们进行平等的对话交流，促使各国体育文化交相辉映、融合发展。

（四）提升体育跨文化传播能力，塑造体育强国形象，应处理好体育跨文化传播中政府主导与民间协同的关系

政府与民间社会组织是推动体育事业发展和体育跨文化传播的两大主体。那么，二者在其中究竟应该扮演什么样的角色、发挥什么样的功能和作用、建构什么样的相互关系，各国的做法不尽相同，学界的认识也不一致。笔者认为，从中国的实际国情出发，从时代发展的要求和体育全球化的趋势着眼，应把发挥政府主导作用与发挥民间社会力量协同功能有机地结合起来，建构二者良性互动的合作关系，这是新时代中国建设体育强国不能不坚持的关系模式。

首先，政府始终是中国体育跨文化传播的主导力量，扮演着领导者和组织者的角色。众所周知，中国体育实行"举国体制"。所谓举国体制，是指在政府的直接领导下，举国家之力，全面推进中国体育事业的发展。也就是说，中国政府在体育事业建设和发展中扮演着领导者和组织者的角色，直接进行体育资源的整合与配置。毋庸讳言，体育界和学术界有不少人对举国体制颇有非议。但实践证明，中国在短短70多年时间里从体育弱国成长为体育大国，举国体制功不可没。

笔者认为，问题不在于要不要实行举国体制，而在于实行什么样的举国体制。不可否认，现行的体育举国体制的确存在一定的弊端，主要是管理主体单一，行政干预失效，体制机制僵化，运行效率不高。因此，改革现行举国体制势在必行。然而，改革不是要抛弃举国体制，而是要进一步完善举国体制，更好地发挥政府主导功能，减少行政干预，

第六章　国家形象建构视域下中国体育跨文化传播能力提升的路径选择

增强体制机制活力，实现政府体育治理体系和治理能力现代化。依笔者之见，在新的时代条件下，实行政府主导、民间协同、市场运作的模式，更符合中国国情和时代发展要求。其中，政府的主导作用主要体现为：(1)制定国家体育事业包括体育跨文化传播发展规划；(2)为体育跨文化传播提供国家财政支撑；(3)制定促进体育跨文化传播的相关配套政策；(4)促进媒体融合发展，建设具有国际竞争力的世界级主流媒体；(5)与国外政府签订体育文化交流合作框架协议；(6)推动国内媒体与境外媒体建立长期、稳定的制度化合作关系；(7)支持国内媒体在境外设立分支机构或开辟其他传播渠道；(8)举办大型国际体育赛事或国际传播论坛；(9)购买或出售大型体育赛事转播权；(10)加强体育领域的体育教育合作和体育跨文化人才培养，以及体育学术交流等。[①] 需要注意的是，在发挥政府主导作用的同时，应最大限度地调动民间组织投身体育跨文化传播的积极性，为民间社会力量发挥协同作用创设足够的空间。

其次，民间社会力量在体育跨文化传播中具有得天独厚的优势，扮演着协同者和推动者的角色。体育是人类社会最接地气、最为普及、最具民间化和娱乐化特点的一种文化样态。这就决定了民间组织和民间社会力量在体育跨文化传播中必然有着得天独厚、难以替代的优势。民间组织是相对于政府而言的社会组织，亦称"非政府组织"（NGO）；民间力量是相对于国家权力而言的社会力量。民间组织是民间力量的载体。在我国，民间社会力量不是与国家相抗衡的力量，而是拥有一定社会资源、能够"与国家相互协调、相互合作的独立存在"[②]。与国家政府层面的体育外交、体育交流合作相比，民间力量介入体育跨文化传播的优势在于：传播主体更加多元，传播渠道更加广泛，传播方式更加灵

[①] 王翔、鲍海波：《构建传播空间命运共同体：中国体育跨文化传播的空间伦理诉求及应然逻辑》，《社会科学研究》2023年第1期。

[②] 魏崇辉：《民间力量的累积和当代中国政治文明建设》，《内蒙古社会科学》（汉文版）2007年第4期。

活，传播话语更加柔和，传播对象更加精准，传播氛围更加和谐，传播中潜在的意识形态色彩更加淡化。因此，传播效果更好，更有利于消解文化理解的非对称性，弥合文化鸿沟，促进文化认同及其相互融合。特别是在中国传统体育文化（如武术、太极）、民俗体育文化以及少数民族体育文化的传播方面，民间社会力量发挥的作用更加突出，传播的影响力也更大、更深远。

（五）提升体育跨文化传播能力，塑造体育强国形象，应处理好体育跨文化传播中价值逻辑与情感逻辑的关系

跨文化传播不是单向度的价值传播，而是价值牵引情感，情感负载价值的共情传播。因为价值从来都不是冷冰冰的，而是有"温度"的，所以，价值逻辑与情感逻辑，在体育跨文化叙事中具有高度相关性，前者是原则性即前置性逻辑，后者是功能性即嵌入性逻辑，二者相辅相成、相得益彰，构成新时代中国体育跨文化传播的叙事结构。[①]

首先，以价值逻辑引领体育跨文化传播。在多元文化共存并交互作用的全球化时代，价值逻辑始终是体育跨文化传播的前置性即原则性逻辑，也是跨文化叙事的底线逻辑。本书所说的价值逻辑，特指以维护和实现国家利益为最高价值的行动逻辑。也就是说，中国体育跨文化传播必须把遵循价值逻辑即把维护和实现国家利益、塑造国家良好形象置于首位。这是民族文化自信和自觉意识的必然要求。中国体育跨文化传播的价值规定性主要体现在两个方面：一方面是中国向世界提供的公共服务价值。在当今公共服务全球化时代，中国体育文化"走出去"本身就是中国向世界提供的公共文化产品和公共服务，这种公共产品和服务供给当然是面向全球公众的。不仅如此，中国体育跨文化传播推动了文明和文化的交流互鉴，促进了各民族国家体育文化的共同繁荣和全球体育事业的发展。另一方面，体育跨文化传播对于中国自身发展的意义重

[①] 王翔、鲍海波：《构建传播空间命运共同体：中国体育跨文化传播的空间伦理诉求及应然逻辑》，《社会科学研究》2023年第1期。

第六章　国家形象建构视域下中国体育跨文化传播能力提升的路径选择

大。一是有利于中华优秀传统文化的全球传播，增强中华文化认同；二是有利于掌握国际话语权，塑造中国体育大国形象；三是有利于消除文化隔阂，构建和谐的国际关系；四是有利于繁荣和发展中国体育事业。

其次，以情感逻辑助推体育跨文化传播。人是天生的文化动物，是情感性存在。"杰斯帕（David Jasper）认为，文化应有三个维度：情感、认知和道德。"① 作为文化的情感本身就是人类社会共同体成员之间交往的一种"黏合剂"，属于心理关系范畴。"情感具有动力、信号、感染、迁移等一系列功能"，在社会交往中，"这些功能的发挥是全方位、多层次的"。② 因此，情感的作用主要是功能性的，而情感逻辑也成为嵌入跨文化传播过程中的一种功能性逻辑。情感作为人的一种存在方式和实践活动方式，不仅是人际交往的心理基础，而且是跨文化传播和文化认同的心理基础。如果说，价值逻辑满足的是受众理性的心理需求，那么情感逻辑满足的则是受众感性心理需求，二者相得益彰，共同构成文化认同建构的心理动力和心理基础。在人类实践活动中，体育是人类社会最富有情感和最能抒发情感的活动，也是全球关注度最高的审美活动。在体育跨文化叙事中，情感逻辑作为一种体现人文关怀的沉浸式传播逻辑，具有价值逻辑难以企及的优势。通过强化情感传播，可以叩响人们的心灵弦音，激起人们的情感波澜，引导人们的审美体验，从而引发人们的情感共鸣和心理认同。所以，在遵循价值逻辑的前提下，重视并强化体育跨文化叙事中的情感传播，对于建构中华民族文化身份认同和国家形象认同有不可替代的价值。不仅是人际交往的心理基础，而且是跨文化传播和文化认同的心理基础。如果说，价值逻辑满足的是受众理性的心理需求，那么情感逻辑满足的则是受众感性的心理需求，二者相得益彰，共同构成文化认同建构的心理动力和心理基础。在人类实践活动中，体育是最富有情感和最能抒发情感的活动之一。因此，在

---

① 冯仕政：《西方社会运动理论研究》，中国人民大学出版社2013年版，第311页。
② 陈宁：《价值观教育的情感逻辑与路径》，《光明日报》2019年11月18日第15版。

体育跨文化叙事中，情感逻辑作为一种体现人文关怀的沉浸式传播逻辑，具有价值逻辑难以企及的优势。通过强化情感传播，可以叩响人们的心灵弦音，激起人们的情感波澜，引导人们的审美体验，从而引发人们的情感共鸣和心理认同。所以，在遵循价值逻辑的前提下，重视并强化体育跨文化叙事中的情感传播，对于建构中华民族的文化身份认同和国家形象认同具有不可替代的价值。

第二节 新时代中国体育跨文化传播能力提升的路径及其着力点

关于体育跨文化传播的能力建设及其发展问题，目前国内外学术界缺乏具有针对性、系统性以及融合战略性和可操作性的研究成果。在上文中，我们对中国体育跨文化传播能力建设所存在的问题及其制约因素进行了系统的梳理和分析。强化问题意识，坚持问题导向，从问题出发明晰体育跨文化传播能力建设的着力点，探索体育跨文化传播能力提升的路径，直接关系着中国体育文化走向世界和体育强国形象的历史性出场。

一 以转变思维方式为先导提升战略规划能力

如前所述，在全球化的时代背景下，关于中国体育跨文化传播的研究尚处于起步阶段，缺乏相应的知识体系，从思维方式、传播观念到战略规划能力，均不能适应体育跨文化传播的需要。而传播观念和战略规划能力直接关系体育跨文化传播的成效，转变思维方式和传播观念，制定一套科学的、可操作的战略规划，是提高体育跨文化传播能力的当务之急。

（一）自觉遵循跨文化传播规律，切实转变思维方式和传播观念

在当今时代，经济全球化与信息化的深度融合，深刻地改变了人类

第六章 国家形象建构视域下中国体育跨文化传播能力提升的路径选择

社会的传播范式和媒介形态。这在客观上必然要求人们的思维模式和传播理念也发生适应性的变革。恩格斯曾指出："一个民族要想站在科学的最高峰，就一刻也不能没有理论思维。"[①] 这里所说的理论思维，显然包括了科学思维和哲学思维人类两大思维方式。从体育跨文化传播能力提升的角度考量，应着重从以下方面推动思维方式和传播理念的变革。

其一，强化系统思维，确立整体性传播生态观。体育跨文化传播能力建设是一项系统工程，是一个由多个层面、多个环节、多种因素构成的体系，这些不同层面、环节和因素相互关联、相互作用。系统思维的科学性就在于，遵循事物之间存在普遍联系的客观规律，把这些不同的层面、环节和要素连接为一个整体，从结构性、关联性、整体性和全局性上把握体育跨文化传播能力建设。这样一来，就确立了一种基于系统思维，从传播主体到传播对象，从传播内容到传播方式，从传播渠道到传播技术，从传播资源到传播机制的立体性、整体性传播生态观。

其二，强化互联网思维，确立共享、共赢的"主体间性"传播观。互联网作为一种关联性结构，不仅是一种媒介形式，而且是现代信息社会人的一种生存机制和关系模式。互联网创造的高度互联互通的网络系统，通过网状化"链接"打造了一个开放、包容、互动的网络世界，倡导多元并存、多方参与、共享共赢。这说明互联网思维本质上是一种关联性思维。这种关联性思维必然要求在体育跨文化传播中秉持"主体间性"文化交往理念，而抛弃"自我中心论"的文化观。强调"主体间性"传播理念，不是要淡化中国体育文化的独特价值，而是要在求同存异的基础上寻求文化交往的"最大公约数"，即寻求共同的兴趣点和共享价值；同时，强调"主体间性"这一传播理念，也不是要淡化体育跨文化交际中的中国国家利益，而是要在平等互利的基础上寻求理解、互信与共赢，从而塑造中国开放、文明、进步的大国形象。

---

① 《马克思恩格斯文集》第9卷，人民出版社2009年版，第437页。

其三，强化用户思维，确立以人为本的传播服务观。社交媒体时代的体育跨文化传播，不再是以大众为基本单元而是以小众和个体为基本单元的"微传播"。所以，必须适应"微时代"审美趣味多样化的特点，强化"顾客导向"和"用户思维"，关注并满足不同用户群体差异化的信息消费需求。①用户体验至上是"用户思维"的精髓。"用户思维"作为一种具有商业色彩的服务性思维，追求的是用户服务的高效率和高质量，即通过即时供给有针对性和吸引力的体育文化内容，满足用户的消费体验，让用户有更多的获得感，以增强用户黏性。因此，以用户为本就是体育消费市场化时代的以人为本。

（二）制定一整套科学的、可操作的战略规划，用制度化体系保证战略目标的达成

规划是行动的依据和指南，是实现组织目标的前提和保障。体育跨文化传播能力建设必须上升到国家战略层面，制定科学的、切实可行的战略规划。目前，我们在国家层面缺乏专门针对体育跨文化能力建设而制定的战略规划，不能不说是战略规划能力欠缺的表现。因此，科学地制定一整套具有可操作性的战略规划，就成为中国体育跨文化传播能力建设必须解决的首要问题。

首先，战略规划设计必须明确体育跨文化传播能力建设的总体目标和重点。这就是充分运用互联网和移动数字技术，全方位加强体育跨文化传播能力建设，特别是通过有效整合境内外传播资源和媒介生产要素，打造"后媒介融合时代"的新型生产和传播机制，构建政府、市场、民间三方联动的开放性、全时空、全媒体、立体式传播体系，掌握国际体育话语权，重塑全球体育传播格局。

其次，战略规划必须具有科学性、系统性。一方面，科学性的基本要求是，规划设计必须遵循媒介传播规律和跨文化传播规律，从世界体

---

① 王翔、鲍海波、马增强：《"城市数字出版"与新媒体公共平台建设》，《出版科学》2019年第1期。

第六章　国家形象建构视域下中国体育跨文化传播能力提升的路径选择

育传播的基本态势和我国的实际国情出发,与体育强国建设规划和国家对外传播能力建设工程相衔接,具有前瞻性和可能性。另一方面,规划设计必须是系统化的,形成战略环境和条件分析→战略选择→战略实施→战略控制→战略评价的竞争体系。同时,必须配套设计保障性的政策框架以及制度化的管理体系与合作机制,确保战略规划得以真正落实。

最后,战略规划必须具有可操作性。也就是说,体育跨文化传播能力建设,不但要设计宏观层面的总体规划,而且要制定微观层面可操作的具体实施方案,包括阶段性的具体目标、任务、步骤、措施,以及经费投入、市场运营、平台建设、内容生产、品牌打造等方面的具体计划。

(三) 将体育跨文化传播中一系列重大现实问题纳入战略思考范围并作出相应的政策安排

在现实中,体育跨文化传播是一个充满不确定性因素的错综复杂的过程。在这一过程中,既要使中国体育文化走向世界,被世界认可和接纳,又要面对与西方体育文化的碰撞、冲突;既要保持中国体育文化的鲜明民族特色,体现中国文化的价值取向和发展历史,又要与国际社会的体育观念、竞赛规则和运行体系等接轨。这预示着体育跨文化传播实践中存在许多重大问题,需要我们从战略层面作出回答。诸如中国体育文化对外传播中的主权与安全问题,中国体育的国际话语权问题,中国体育跨文化传播中的国际合作问题,中国媒体应对国际体育公共危机问题,等等。不仅要将这些问题纳入战略思考中,而且要出台相应的政策性指导意见及其制度安排。

二　以整合媒介资源为动力提升机制再造能力

进入 21 世纪以来,随着信息技术的迅猛发展和中国加入世界经济体系,媒体的生态环境发生了巨大变化。新的媒介形态不断涌现,以往封闭的传媒市场逐步开放；传媒实体走向集团化运营，传媒业加快推进资产重组和产业重构。在这一背景下，有效整合境内外媒介资源，促进媒体融合发展，充分发挥政府—社会—市场综合资源优势，建立适应时代要求的新型传播机制，必将对体育跨文化传播及其能力建设产生重要影响。

（一）有效整合境内外媒介资源，建立多元合作的跨国联动传播机制

中国体育跨文化传播不能单纯依赖国内媒体进行单向度文化传输，体育跨文化传播要取得良好效果，离不开境外媒体的合作与支持。国外特别是欧美发达国家有许多世界著名媒体和大批优质媒介资源，如果我们能够与这些境外媒体建立互利互惠的合作关系，利用境外媒介资源推动中国体育文化走向世界，无疑是一条十分有效的"捷径"。

2020年12月10日，中央广播电视总台举办"2020'欧洲伙伴'媒体合作云论坛"。路透社社长迈克尔·弗里登伯格在致辞中说："我们必须认识到合作在新的媒介生态中的重要性。我们可以通过新闻合作、行业联盟、新的商业机会、内容共享平台等形式实现合作。"[1] 目前，中央广播电视总台已与欧洲16个国家的23家媒体，以及埃塞俄比亚、巴基斯坦、泰国等9国政府部门和媒体机构建立了形式多样的合作机制。[2] 特别是央视与路透社共同推出了《中国财经视频专线》，每天向路透社全球用户推送时长为10分钟的中国权威性财经资讯。

根据国内外主流媒体合作的成功经验，中国体育跨文化传播可以从以下几方面进行境内外媒介合作：一是实施中国体育媒体境外落地工程，或独立开设或依托境外媒体开设体育频道、体育网站、体育专栏

---

[1] 《中央广播电视总台举办2020"欧洲伙伴"媒体合作云论坛》，新华网，http://www.xinhuanet.com/politics/2020-12/10/c_1126846382.htm，2020年12月10日。

[2] 《中央广播电视总台举办2020"欧洲伙伴"媒体合作云论坛》，新华网，http://www.xinhuanet.com/politics/2020-12/10/c_1126846382.htm，2020年12月10日。

第六章　国家形象建构视域下中国体育跨文化传播能力提升的路径选择

等,转播中国体育赛事和宣传中国体育事业;二是与境外媒体建立常态化的长效合作机制,如建立体育新闻交换联盟、体育内容共享平台,开辟"中国体育视频专线",合作拍摄体育影视和新闻纪录片,打造定制化专题化体育新闻,实行新闻特制、语言特供,等等;三是建立覆盖全球的体育跨文化传播网络,注重本地化建设,实行市场化运营,招聘当地优秀专业人才,通过这些当地媒体人讲述中国体育故事,往往有助于克服语言文化差异所带来的"水土不服"的弊端,收到事半功倍的效果。

(二)促进媒体融合发展,建立全媒体、全时空传播机制

2019年1月,习近平在中央政治局第十二次集体学习时强调:推动媒体融合发展,建设全媒体成为我们面临的一项紧迫课题。"要科学把握媒体融合发展的趋势和规律,推动媒体融合向纵深发展。加快构建融为一体合二为一的全媒体传播格局。"[1] 媒体融合源于技术变革所引发的信息传播机制的颠覆性变革,其本质在于通过传统媒体与新媒体的深度融合,实现网络空间与现实空间的实质性融合,从而建构一个具有公信力的全新的人类生存空间。从这个意义上讲,媒体融合并非单纯的技术和组织的融合,而是媒介进化的一种"生命体融合"[2],即有生命的人运用无生命的互联网技术在新的媒介化生存空间中创造生命价值的实践活动。

媒体融合发展是极具中国特色的话语。它作为政府主导的国家行为,被赋予了中国在新时代的国家使命。[3] 从跨文化传播的角度来看,就是通过媒体融合,打造一批有国际竞争力、影响力和引领力的主流媒

---

[1]《习近平在中共中央政治局第十二次集体学习时强调 推动媒体融合向纵深发展 巩固全党全国人民共同思想基础》,《光明日报》2019年1月26日第1版。

[2] 黄良奇:《从平台经场域到生命体:媒体融合的实践范式与路径》,《西南民族大学学报》(人文社会科学版)2018年第3期。

[3] 方兴东、钟祥铭:《中国媒体融合的本质、使命与道路选择——从数字传播理论看中国媒体融合的新思维》,《现代出版》2020年第4期。

体,建立强大的现代传播体系,掌握国际话语权,重构与中国国力和发展需要相适应的新型传播格局。从体育跨文化传播的角度来看,媒体融合所承载的国家使命,就是要做强做大我国体育媒体,占领国际体坛话语制高点,改变西方国家主宰国际体育传播格局的现状,推动中国体育文化走向世界,为人类社会所共享。为此,一是要突破技术瓶颈、机制瓶颈、专业瓶颈,在内容、渠道、平台、队伍、运营管理和用户服务等各个方面实现实质性融合,建立全媒体、全时空传播机制;二是以机制创新为动力,在深层次打破所有制壁垒,消解官方垄断体育传播的一元结构,创新政府管理机制,推动传统媒体全面转型升级。这预示着在"后媒介融合时代",将会诞生一种既具有传统媒体公信力和权威性,又具有新媒体辐射力和鲜活性的全新融媒体。

(三) 充分发挥政府—社会—市场综合资源优势,建立"政府主导、民间协同、市场调节"的新型传播机制

一是充分发挥政府在体育跨文化传播及其能力建设中的主导作用。政府始终是体育跨文化传播的主导力量。政府的主导性作用主要体现在如下方面:(1)进行顶层设计,制定体育跨文化传播及其能力建设的战略规划;(2)出台引导、支持和规范体育跨文化传播和能力建设的政策体系及其制度安排;(3)参与国际体育组织事务并取得话语权;(4)与外国政府签订体育文化交流的框架协议并组织国家之间的重大体育文化交流活动;(5)出台支持、规范体育文化产业发展的相关政策;(6)负责国内、国际重大体育赛事的新闻报道;(7)营造良好的国际、国内体育舆论生态环境。

二是最大限度地发挥民间力量在体育跨文化传播中的协同作用。民间组织在体育跨文化传播中具有非意识形态性的天然优势。《中国群众体育发展报告》副主编、上海体育大学教授郑家鲲介绍,截至2017年底,我国体育健身组织网络不断健全,全国正式登记的体育社会组织年均增幅达到10.86%,全国县级以上地区体育总会平均覆盖率达到72%,

第六章　国家形象建构视域下中国体育跨文化传播能力提升的路径选择

全国全民健身站点平均已达到每万人 3 个；同时，体育健身指导人员队伍日益壮大，截至目前，社会体育指导员超过 200 万人。① 这无疑是中国体育跨文化传播的一支重要的生力军。因此，必须最大程度地发挥这支生力军在体育跨文化传播中的积极作用。要优化体育社会组织类型结构，增量发展体育类民办非企业单位；要加强体育社会组织公共服务能力和跨文化传播能力建设；要积极支持体育社会组织与境外民间体育组织建立长效合作机制，不断拓展体育跨文化交流的空间。

　　三是通过市场运作激发体育传媒企业的内生活力。随着互联网的普及和市场空间的迅猛扩张，国内以商业化运作为特征的非官办传媒企业如"腾讯体育"等异军突起并显示出勃勃生机。这些由市场驱动的民营体育传媒企业在资本运作、经营管理、内容生产、传播方式、渠道拓展等方面具有比官方媒体更为灵活的天然优势，因而日益成为体育跨文化传播中的"宠儿"。但目前这些体育传媒企业仍然规模小，竞争力不强，无法与西方大国体育传媒集团抗衡。因此，必须大力发展我国外向型体育传媒企业，通过媒介资源整合加快其集团化升级和现代产业化改造，或通过对外投资、合资、并购等方式，实现规模扩张和质量提升，从而建立起中国自己的体育传媒跨国公司，形成具有世界影响力的体育传媒品牌。

　　值得注意的是，在前几年，国内有一种声音——对体育"举国体制"颇有非议。不可否认，这一批评并非没有道理。但是，它过分放大了所谓政府垄断性管理导致不当行政干预的"弊端"，似乎把体育工作中所存在的一切问题都归咎于"举国体制"。笔者认为，举国体制创造的体育成就是有目共睹的，这正是我国制度优势的生动体现，体育工作中存在的问题不能成为否定举国体制的充分理由。因此，必须理性看待举国体制，通过推进治理体系现代化完善举国体制，而不是简单地否定或抛弃举国体制。

---

① 《〈中国群众体育发展报告〉发布 体育产业成消费新风口》，人民网，http://www.sportsonline.com.cn/n1/2018/0806/c202403-30212133.html，2018 年 8 月 6 日。

三 以创新内容生产为根本提升品牌塑造能力

内容决定传播力。一种体育文化产品在内容呈现上越有特色、越是鲜活,就越具有生命力和传播力。品牌决定影响力。内容生产是用文化传递价值品牌,内容生产力归根结底体现为品牌生产力。因此,品牌生产是内容生产的最高层次,只有成为品牌的体育文化产品,才具有持久的生命力和广泛而深远的影响力。在当今时代,体育品牌全球战略已上升为国家战略。我们的使命则在于将民族体育品牌打造成为具有全球竞争力的文化品牌。

(一)充分认识中国体育文化品牌对于国家形象建构的重要意义

品牌无论对于一个企业、行业还是国家而言,都是极为重要的战略资源。从一般意义上讲,品牌的价值在于凝练、构筑并彰显某一主体的特质和品格。推而言之,国家文化品牌,是指一个国家的文化特质和风格,经过长期积累、传承、发展而被世人所认同和接受。国家文化品牌是国家文化软实力的重要组成部分,是国家竞争力和国家形象的象征。因此,国家文化品牌建设与国家形象建构具有高度的关联性。就中国而言,中国体育文化品牌无疑是中国形象的一个重要标识,成为世界观察中国的一个重要窗口。

2020年12月17日,作为中国武术文化代表的"太极拳"入选《世界非物质文化遗产名录》,成为全人类共同的文化遗产。这是中国体育文化对世界的贡献。据不完全统计,太极拳目前已传播到全球150多个国家和地区,其中80多个国家和地区有太极拳组织,练习太极拳的人数已超过4亿人,成为世界上练习人数最多的一项体育运动。[①] 显而易见,太极拳已成为中国的一张文化名片。以中国古代阴阳平衡、刚柔相济、天人合一辩证思想为核心理念的太极拳,集武术—运动—文化

---

① 贾文山、马菲、王羿欢:《如何让太极拳引领中国文化的全球传播》,《对外传播》2021年第4期。

第六章　国家形象建构视域下中国体育跨文化传播能力提升的路径选择

于一体，承载着中华文化的价值之美，理所当然的是中国奉献给人类的文化品牌。又如，当年姚明退役时，BBC 主持人在其新闻评论中直截了当地将姚明称为中国"软实力"的重要组成部分。[①] 由此不难看出，品牌形象就是国家形象，打造体育文化品牌竞争力就是打造国家竞争力。所以，体育跨文化传播及其能力提升的使命，在于用中国创造的体育文化品牌讲好中国体育故事。

（二）内容生产不断推陈出新是塑造国际品牌的关键

品质决定品牌，高品质的内容是品牌保持竞争力的最坚实、最深厚的基础。因此，强化内容生产，不断提升传播内容的品质，是打造国际体育文化品牌的根本途径。

一是以价值引领内容生产。内容和品牌生产的核心是价值生产。与其说当今时代的媒介生产是"内容为王"，不如说是"价值为王"。这里所说的价值，显然是指关乎人类生存和发展的共同价值，如和平、正义、平等、包容、奋斗等，在此前提下，确保每一个人的需求和才能得到最大限度的满足和发展，即马克思和恩格斯所说的使每一个人的自由发展成为一切人自由发展的条件。[②] 体育追求的价值恰恰契合了人类的这种共同价值。所以，只有用人类的共同价值而非某一民族或国家的特殊价值引领体育文化的内容生产，民族性的体育文化才能成为世界性的体育文化，才具有恒久的生命力。

二是以品牌定位内容生产。品牌本质上是一种竞争力和影响力。内容生产只有定位于品牌生产，即上升为品牌生产，才是高质量的生产，才能将文化产品打造为文化品牌。在体育全球化时代，体育跨文化传播的影响力在一定程度上取决于该民族体育国际品牌的竞争力和影响力。如前所述，我国缺乏有竞争力的体育国际品牌，是制约我国走向世界体育强国的重要因素之一。因此，我们必须树立品牌意识，实施国家体育

[①] 叶皓：《公共外交与国际传播》，《现代传播（中国传媒大学学报）》2012 年第 6 期。
[②] 《马克思恩格斯文集》第 2 卷，人民出版社 2009 年版，第 53 页。

品牌战略，以高度的文化自信支持品牌自信，精心打造享誉全球的民族体育文化品牌，包括品牌体育赛事、品牌体育项目、重大体育学术成果以及知名体育媒体、品牌栏目、品牌明星形象和像"耐克"那样享誉国际消费市场的中国体育文化产品等。

三是以数字技术赋能体育品牌生产。数字技术与体育文化品牌生产的深度融合，对于提升品牌质量、打造高价值的体育"国家名片"有极为重要的促进作用。一方面，数字技术的应用，可以极大地丰富和凸显体育品牌的价值含量，即赋予体育文化品牌以沉浸式审美体验的高价值，从而使中国体育品牌向全球文化价值链高端延伸；另一方面，有助于促进媒体融合发展和体育文化产业转型升级，拓展消费市场空间，进而提升高质量体育文化产品的生产和供给能力。

四是以创新驱动品牌生产。创新是品牌建设的根本动力。任何一种品牌都不可能一劳永逸，只有不断创新，品牌才具有持久的生命力。品牌创新的核心是内容创新。也就是要不断挖掘中国传统体育文化的人文内涵、科学内涵及其当代价值，用现代体育文化的科学精神补充、改造传统体育文化，推动传统体育文化与时俱进，实现创新性转化和发展。品牌创新的重点是生产和传播方式的创新。也就是以文化叙事为主要方式，以"沉浸式体验"这一新的高价值生活样态为引导，再造体育文化生产和传播的崭新空间——将叙事空间、交互空间和想象空间融为一体的复合式生产传播空间。

（三）借鉴国外成功经验倾力打造具有全球竞争力的民族品牌

在体育全球化和体育产品消费国际化的大背景下，体育文化品牌的竞争愈演愈烈，品牌增值能力的重要性日益凸显。在众多的体育文化品牌中，体育赛事品牌是颇具影响力的品牌之一，这是因为体育赛事品牌不仅具有极高的收视率，而且能够带来巨额的附加值。以享誉全球的美国职业篮球赛事NBA为例，不仅在全球拥有数亿观众，而且其品牌效应也衍生出极高的附加值。NBA知名球星每年广告收益可达数千万美

第六章　国家形象建构视域下中国体育跨文化传播能力提升的路径选择

元,比赛中插播广告的收入超过1亿美元,而其冠名收入则高达数十亿美元。如当年随 NBA 进入中国市场的"耐克",现已风靡世界、家喻户晓。2023年,耐克营收入达512亿美元,其市值高达1572亿美元。①2023年5月,《福布斯》公布了2023年全球最有价值的足球俱乐部排行榜,英超在榜单前10名中占据了6名,其中曼联估值为54.27亿欧元。②被誉为"世界第一联赛"的英超联赛,其电视直播覆盖全球200多个国家和地区,观看英超联赛成为大多数中产阶级和社会精英的一种"休闲方式"。有资料显示,乐视体育购买的英超联赛转播权(2016—2019)年均费用达1.33亿美元③,而苏宁体育更是以5.6亿英镑买下英超3年的转播权。由此不难看出体育品牌的国际影响力及其价值增值力。④相比之下,我国体育品牌的全球关注度、体育文化产业的成熟度、知名度及生产能力和产品质量都远远落后于发达国家。

"体育是高度全球化的产业。"⑤中国体育品牌建设要走出困境,一是要坚定文化自信,为打造民族体育品牌立"魂"。必须清醒地认识到,中华优秀传统文化是民族体育品牌的"根"和"魂",丢掉了这个"根"和"魂",体育品牌就丧失了应有的文化基础。二是借鉴国外品牌生产模式,将横向联动开发与纵向全产业链拓展有机结合起来,建立品牌生产网络,实现"同一品牌,不同体验","同一故事,不同呈现"。三是借鉴国外品牌传播方式,建立"全球本土化"传播载体和全

---

① Nike, "Nike, Inc. Reports Fiscal 2023 Fourth Quarter and Full Year Results",(2023-06-29), https://investors.nike.com/investors/news-events-and-reports/investor-news/investor-news-details/2023/NIKE-Inc.-Reports-Fiscal-2023-Fourth-Quarter-and-Full-Year-Results/default.aspx.

② Forbes, "The World's Most Valuable Soccer Teams 2023",(2023-05-31), https://www.forbes.com/lists/soccer-valuations/? sh=44434062198b.

③ 李进、王相飞、王真真:《中超联赛新媒体版权研究》,《沈阳体育学院学报》2018年第3期。

④ 江小涓、李姝:《数字化、全球化与职业体育的未来》,《上海体育学院学报》2020年第3期。

⑤ 江小涓:《网络空间服务业:效率、约束及发展前景——以体育和文化产业为例》,《经济研究》2018年第4期。

球多语种服务频道，最大限度地满足受众需求。四是树立"明星就是软实力"的观念，打造具有全球影响力的本土体育明星品牌，充分发挥明星"吸粉"作用，利用明星影响力彰显中国体育文化符号。

四 以达成文化理解为旨归提升跨文化沟通能力

提高跨文化沟通能力要解决的根本问题是完成信息在不同文化中的编码和解码。人总是生活在特定的文化语境中并受该文化语境的引导和制约的，不同的文化语境造就了不同的文化传播行为，赋予信息意义以不同的表达方式。当今中国已成为世界体育大国，然而，中国体育文化的价值意涵在西方体育文化符号序列中难觅踪影。这不仅是由于文化语境的区隔所致，而且表明中国体育跨文化传播的沟通能力和话语表达的国际影响力亟待提升。

（一）掌握国际话语权是新时代中国体育跨文化传播能力提升的当务之急

在国际体坛上拥有话语权是中国建设体育强国的题中应有之义。一国媒体只有掌握国际话语权，才能真正形成该国话语表达的国际影响力。因此，掌握国际话语权，就意味着掌握了塑造国家形象的主动权。

近年来，一方面，中国体育的话语影响力虽然有了一定程度的提升，但在体育跨文化传播格局中的弱势地位尚未发生根本改变。西方媒体凭借其雄厚的实力和强大的传播力，几乎垄断了全球体育传播舆论场，严重挤压了中国和广大发展中国家体育跨文化传播的话语空间。另一方面，中国媒体由于先天不足，议题设置能力欠缺，话语传播能力不强，话语质量不高，话语内容缺乏吸引力，从而导致话语传播效果不佳，甚至有关中国体育的议题无法进入体育跨文化传播的话语议程，这使得我们未能将中国理念、中国体育发展的成就和制度优势转化为话语优势。中国体育的国际形象如同整个中国的国家形象一样，是被西方所言说和定位的。目前，围绕国际话语权的争夺异常激烈，中国体育国际

第六章　国家形象建构视域下中国体育跨文化传播能力提升的路径选择

话语权与中国作为世界体育大国的地位不相匹配的矛盾日益突出。

在这一背景下,掌握体育国际话语权,提升中国体育话语的国际影响力,无疑成为建设体育强国的一项迫在眉睫的任务。建设体育强国是一项系统工程,不仅竞技体育、全民健身、体育文化事业必须强大到名列世界前茅,而且体育跨文化传播能力及其话语影响力也必须强大到足以改变"西强我弱"的世界体育传播格局。为此,我们要抓住时代变革的机遇,在构建"人类命运共同体"和"一带一路"的新世界主义话语框架下,凝练中国特色的体育话语体系,彰显中国体育的人文精神和时代精神,向世界展示新时代的"体育中国"。

(二) 不断强化中国体育跨文化沟通能力

一是提高国家语言能力,消除语言障碍。人是"语言动物"。语言交往作为"以言表意、以言行事"的实践活动,是人类的基本生存方式。从一定意义上讲,人类社会的历史就是"获取语言、使用语言、发展语言、创新语言"的历史。[①] 马克思充分肯定语言的交往和传播功能。他指出,语言是人的存在的一种意识化实践,"语言也和意识一样,只是由于需要,由于和他人交往的迫切需要才产生的"[②]。提升体育跨文化传播能力,必须十分重视国家语言能力建设,实施语言战略,让语言在助力中国体育走向世界的过程中承载更多的中国体育文化价值。所谓国家语言能力是指一个国家在处理内外事务时,基于发展需要,掌握语言资源并使用、管理和发展语言等方面能力的总和。从跨文化传播的角度来审视,重点是提升以下四方面能力:(1)语言资源拥有能力。主要是扩大国家掌握语言资源的语种数量,特别是掌握"一带一路"合作国家50多种官方语言和200多种民族语言;(2)语言使用能力,特别是我国民众使用外国语言的能力和水平;(3)语言服务能力,特别是为体育跨文化传播提供准确、清晰的语言文字和翻译能力;(4)语言传播

[①] 李学明:《提升语言能力 助力国家发展》,《人民日报》2020年2月21日第20版。
[②] 《马克思恩格斯文集》第1卷,人民出版社2009年版,第533页。

能力，即争取把我国通用语言汉语纳入更多国家国民教育体系，上升为世界通用语。这是中国向世界提供的公共文化产品。

二是提高文化理解能力，最大限度地减少"文化折扣"。文化理解，是体育跨文化传播得以实现并取得成效的必要条件和必由之路。由于地理环境、历史发展、生产和生活方式的不同，每一个民族或国家都形成了自己独特的文化样态并导致了人类社会的文化间性。文化属性和文化语境差异，是造成跨文化传播中文化理解障碍和"文化折扣"的一个客观原因。要消除文化理解障碍、减少"文化折扣"，就必须提升文化理解能力。其一，在尊重文化差异的基础上，站在"他者"的角度，跨越文化语境进行文化对话，用外国人能够理解且容易理解的方式传播中国体育文化。如可以借鉴好莱坞《功夫熊猫》系列以及《花木兰》等用中国文化元素表达美国精神的做法，尝试中国体育精神的欧美化表达。[①] 其二，深入挖掘中国体育文化内涵中能够与异国对接的文化共性，即寻求文化共同点，发掘和凝练文化共享价值，以形成跨文化传播中的文化共鸣。其三，超越本土文化视野，站在人类关切的高度，用国外受众喜闻乐见的表达方式，深入浅出、通俗易懂地讲述凝结着人类共同价值的中国体育故事。

（三）切实增强中国体育跨文化传播的话语表达力和解释力

根据爱德华·霍尔的高—低语境理论，中国等亚洲国家的文化属于高语境文化，其话语表达方式含蓄、内敛、透明度低，讲求心领神会；欧美国家文化属于低语境文化，其话语表达方式直截了当、开门见山、透明度高。如前所述，这种文化语境的差异显然已经影响到了中国体育的跨文化传播，在一定程度上造成了对中国体育文化的误读。如果我们不能适应欧美国家低语境文化的特点，依然固守传统的"宣传式"表

---

① 《漫议好莱坞"中国元素"》，中国文化网，https://cn.chinaculture.org/pubinfo/2022/07/22/200001004002/0b1b663a063f4765a23365d1d3e37ba3.html，2013年10月30日。

第六章　国家形象建构视域下中国体育跨文化传播能力提升的路径选择

达，那么对中国体育文化的肤浅理解甚或误读就不可避免。因此，我们必须从现实出发，切实转变话语表达方式，提升体育跨文化传播话语表达的亲和力、公信力、解释力。

一是提升话语表达的亲和力、公信力。这就要求在话语表达方式上实现以下五个方面的转变：(1)从"刚性"向"柔性"转变，即从注重国家宏大政治叙事向更接地气、更加生活化的民间叙事转变，从强硬输出中国文化价值向"润物细无声"的柔性文化渗透转变；(2)从"虚"向"实"转变，即用真实、客观、具体的文化叙事取代空洞、抽象、言之无物的自我说教；(3)从"宣传性"向"故事性"转变，即淡化"宣传性"，强化"故事性"，用精彩的体育故事讲述消解西方国家受众对"宣传"这一意识形态话语模式的戒备心理；(4)从"刻板性"向"艺术性"转变，即用生动、鲜活、富有艺术气息的身体审美叙事取代生硬、刻板、内容僵化的话语表达；(5)从"单向传播"向"互动交流"转变，即用双向互动的对话交流和沉浸式体验取代单向度的、支配性话语灌输。

二是提升话语内容的解释力。话语内容是否具有解释力、说服力、根本上取决于其能否真正实现科学性、时代性、价值性三者的有机统一。所谓科学性，是强调话语内容形成完整科学的知识体系，能够把握体育文化的演进和传播规律，能够科学地解释中国体育文化的价值内涵及其与西方体育文化的差异性和互补性，能够科学地回答国际体育交流合作中亟待解决的各种现实问题。所谓时代性，是强调话语表达要站在时代发展的前沿，发掘中国传统体育文化的时代价值，推动其实现当代性转换和创新性发展，同时彰显中国现代体育文化的时代精神。只有向世界讲述充满时代气息的中国体育故事，才能真正打动并吸引世界。所谓价值性，是强调话语表达要站在人类命运共同体的高度，观照人类共同的价值追求即正义、平等、秩序、人文关怀。话语表达失去了人类关切，就不可能被世界所认同和接受。因此，回归和彰显人类共同价值，是提升话语解释力的逻辑必然。

五 以应对危机事件为契机提升舆情引导能力

著名社会学家乌尔里希·贝克（Ulrich Beck）和安东尼·吉登斯（Anthony Giddens）认为，随着科学技术的发展和全球化的急剧扩张，许多不确定性因素积聚，使得现代社会成为"风险社会"。风险社会的基本特征是风险具有普遍性、潜伏性、扩散性和高发性。风险与危机高度相关。风险是危机的前奏，风险孕育着危机并极易引发危机，从而威胁一个社会系统的基本价值和行为准则架构。[①] 尤其是在移动互联网时代，危机一旦发生，就会迅速进入了一个跨国界、跨文化的全球传播空间，其产生的"蝴蝶效应"是传统媒体时代无法比拟的。[②] 因此，强化危机传播管理能力，掌握国际舆情引导的主动权，是跨文化传播能力建设不可忽略的一项重要内容。

（一）建立灵敏、高效的危机传播管理机制

危机传播管理是一种高度组织化的、有目的、有计划的持续活动过程。在这一过程中，政府针对潜在的或已经发生的危机，在危机演化的不同阶段采取不同的传播策略，以引导舆情，达到有效预防或处置危机的目的。公共危机的发生通常会对国家和政府形象产生一定的负面影响，如果处置不当，则可能引发更大范围的舆情失控，进而导致态势恶化，严重影响甚至解构国际舆论对该国形象的认知和基本价值判断。体育跨文化传播中的危机事件，大多发生于国际性的重大体育赛事中。这类危机事件一般具有突发性，传播速度快，影响范围广，因而防控难度较大，对危机传播能力和策略的要求较高。目前，我国在安全生产、自然灾害、防恐反恐、公共卫生等领域已建立了比较成熟、完善的危机传

[①] C. Charles, "Coping with Crises: The Management of Disasters, Riots and Terrorism", *Administrative Science Quarterly*, Vol. 36, No. 3, 1989, p. 10.

[②] 史安斌、孟冬雪:《跨国化·社交化·情感化：危机传播研究的新视域》，《全球传媒学刊》2015年第3期。

第六章　国家形象建构视域下中国体育跨文化传播能力提升的路径选择

播管理机制。但是，在对外文化交往和跨文化传播领域，尤其是在体育跨文化传播领域，尚未建立专门的危机管理机制，我国体育主管部门以及教练员、运动员也缺乏应对危机的经验。因此，必须吸取2016年伦敦奥运会的教训，树立危机意识，建立政府主导、各方力量共同参与、反应灵敏的危机传播管理机制。

（二）强化危机传播管理能力，掌握国际舆情引导的主动权

在国际体坛上，西方媒体拥有绝对的话语优势。它们似乎对中国体育的"负面"信息更感"兴趣"，有意识地放大这类信息，在一定程度上损害了中国的国家形象。笔者认为，造成这种结果的原因有四：一是西方媒体和舆论界一直对中国抱有一种固化了的认知和偏见，中国的体育也不能幸免于难；二是西方媒体对中国传统体育文化认同度不高，对中国当代体育事业的发展关注度不够，缺乏全面了解；三是我国竞技体育多年来推崇"金牌至上"理念，颇受西方媒体非议和诟病；四是我国体育危机传播所采取的策略通常是"先沉默，后发声"，这种被西方媒体牵着鼻子走的、被动的"解释型"策略，往往会错失引导舆情的最佳时机。由此可见，中国体育的话语能力和危机传播能力亟待提升，危机传播策略亟待优化。在西方危机传播的研究范式中，库姆斯（Clyde Hamilton Coombs）从策略/情境导向出发，提出"情境式危机传播理论"（SCCT），概括了四种类型危机传播策略，即"淡化型""否认型""支持型""重塑型"以及10种子策略。[①] 这一理论对于我们提升危机传播管理能力、掌握舆情引导主动权、重塑国家形象不无启示。

（三）主动进行议程设置，抢占舆情引导制高点

掌握议程设置权，意味着掌握了危机传播的话语权和舆情引导的主动权。在危机传播中，议程设置不是一步到位、一劳永逸的。信息传播主体要想掌握议程设置权和舆论引导权，就必须根据危机演化不同阶段

---

① 史安斌、孟冬雪：《跨国化·社交化·情感化：危机传播研究的新视域》，《全球传媒学刊》2015年第3期。

解决其中心问题并不断挖掘新的议题，更新议程设置。议题具有关联性，即 A 议题与 B 议题之间有内在的逻辑关联，这给传播主体进一步拓展议程设置提供了空间；议题具有层次性，议程设置是一个不断地从浅层次议题向深层次议题推进的过程；议题具有包含性，即宏观议题包含多个微观议题，议程设置应从微观议题入手最终聚焦宏观议题。因此，当体育危机事件发生时，传播主体尤其是中国官方主流媒体不仅要抢占先机，在第一时间向国际社会公众传递准确、全面、可靠的权威性信息，而且要密切关注舆情发展并科学研判其发展趋势，不失时机地主动进行议程设置，可持续地推进议题深化，积极引导舆情向着有利于化解危机的方向发展。

六　以培养跨文化人才为抓手提升队伍建设能力

人才是创造第一生产力的核心要素，是当今世界极为稀缺的战略资源。实践证明，跨文化传播的成效在很大程度上取决于跨文化人才的规模、能力和水平。目前，我国跨文化人才尤其是体育跨文化人才匮乏，已成为制约中国体育文化走向世界的主要因素之一。因此，必须加快培养体育跨文化人才，努力建设一支实力雄厚的高素质体育跨文化传播队伍。

（一）充分认识体育跨文化人才培养的重要性和紧迫性，将体育跨文化传播队伍建设纳入体育强国战略规划

在全球化时代，中国体育文化要走向世界、展示中国体育强国形象，需要通过一大批通晓中外文化特别是体育文化、训练有素的跨文化人才来实现。但是，这种体育跨文化人才在当下的中国极为稀缺。因此，从建设体育强国的迫切需要出发，亟待出台国家层面专门的规划路线以及相应的制度安排和政策框架；建立专门的组织领导机构和有行业特色的教育、培训机构，同时提供充足的财力支持；在政府统筹规划下，充分发挥社会力量和市场力量在参与跨文化人才培养中的积极作

第六章　国家形象建构视域下中国体育跨文化传播能力提升的路径选择

用；与国外政府和民间机构密切合作，建立跨文化人才培养、交流的长效机制，从而为人才培养和队伍建设构建一个集规划—政策—平台—机制—环境于一体、高效运行的生态系统。唯有如此，才能适应体育全球化时代中国体育走向世界的需要，构筑起体育跨文化人才高地。

(二) 充分发挥高等院校在体育跨文化人才培养方面的优势和重要作用

作为人才培养基地，高等院校肩负着为国家培养体育跨文化人才的使命和责任。但是，目前高等院校在培养目标定位、学科专业设置和人才培养模式等方面尚不能适应体育跨文化人才培养的需要。因此，学科专业建设和教育教学的改革与创新势在必行。

首先，必须明确培养目标定位，根据对人才知识、能力和素质的要求，调整学科专业结构，实行跨学科、跨专业培养人才。体育跨文化传播人才是一种特殊的专业人才，其要求的知识、能力跨越了体育学、新闻与传播学、外国语言文学等多个学科专业领域，具有明显的"大综合"特点。因此，必须改变以往各专业单纯培养通用型人才的做法，打破学科专业壁垒，通过学科融合实行跨学科、跨专业人才培养。可以考虑在体育类院校的新闻与传播专业或外语专业设置体育跨文化方向，或者在综合性院校的体育专业或外语专业、新闻与传播专业设置体育跨文化方向，同时开设相应的方向课程。其次，根据培养目标定位，全面推进人才培养模式改革。制定科学、可行的人才培养方案，明确人才培养规格、建立完善的课程体系和实践教学体系，改革与创新教学内容、教学方式。特别是在人才培养模式上，要改变以往理论教学与跨文化实践脱节的现象，注重培养学生跨文化综合实践能力，建立实践导向型的人才培养模式。

(三) 大力提升现有人才的跨文化素养，努力建设一支专兼结合的跨文化传播队伍

在体育跨文化交流中，我国现有人才的跨文化素养普遍不高，这是

一个不争的事实。因此，建设一支数量充足、专兼结合的跨文化人才队伍，必须重视对现有人才跨文化素养的提升。其一，加强思维能力培养。主要是确立全球化思维、主体间性思维、包容性思维以及逻辑思维和辩证思维，淡化二元对立的意识形态思维，以开放的心态主动融入世界体育文化体系。其二，加强基础能力培养。主要是掌握体育学、新闻与传播学、文化人类学、外国语言文学等学科专业的基础理论知识，具备良好的外语交流沟通能力。其三，加强综合能力培养。具体包括通晓中外体育文化的历史与发展现状；熟悉国际规则尤其是竞技体育的基本规则；了解交往对象国的历史文化、宗教信仰、风俗礼仪和价值观；具备较强的观察力和解释力；具备良好的合作精神和协同能力；具备运用数字技术挖掘和处理数据的能力。其四，加强跨文化实践能力培养。主要是通过体育跨文化交际的具体活动培养人才，使他们在实践中得到历练，具备不同语言环境以及文化和社会环境下合理运用语言的能力；具备处理跨文化交际中各种事务的能力尤其是应对公共危机的能力，具备消除文化误解和释疑增信的能力，等等。

结　语

　　自从人类社会有了体育以来，体育就成为人们一种基本的生活方式，成为人类一种独特的文化现象，是人类社会进步的重要标志。笔者认为，体育文化的本质属性是民族性。任何体育文化都是民族文化的重要组成部分，显现出与本民族文化一脉相承的特质。中华体育文化蕴含着中华优秀传统文化的伦理价值和人文精神，是中国文化价值的重要载体和符号化呈现。而我们正在致力于建设的新时代中国体育文化，是在继承中华体育文化精髓的基础上，创造性地融入现代体育精神而形成的一种崭新的体育文化。

　　人类的体育发展史就是一部体育传播史。这不仅是因为体育作为一种世界"通用语言"，其本身具有跨文化特征及其传播优势，而且因为体育文化借助大众传媒和现代信息技术在全球广泛传播，成为一种"仪式化""景观化"的文化表达乃至全球性的"文化狂欢"。所以，是媒介全球化成就了体育全球化。在体育跨文化传播过程中，体育文化的民族性与世界性的张力，赋予了体育以国家象征意义和全球象征意义，同时也使得国家之间的体育话语权之争演化为体育跨文化传播能力竞争，并最终上升为国家间的文化软实力较量和国家形象建构问题。

　　目前，关于中国体育跨文化传播能力建设问题的研究，基本上是一个尚待开拓的空间。本书采用"跨文化传播"而非传统的"国际传播"

研究范式，从体育传播、跨文化传播、政治传播交叉融合的视角，对当下全球化和信息化时代中国体育跨文化传播能力建设问题进行了系统考察，力图构建一个本土化能力可持续提升的理论和实践框架。

第一，文化自信是中国体育跨文化传播能力提升和国家形象建构的根本前提。进入21世纪以来，随着现代信息技术的迅猛发展，经济全球化进程加快，各国之间的交往尤其是文化交往日益密切。在此背景下，大国之间的综合国力竞争从以往主要倚重硬实力逐渐转向注重以硬实力为基础的文化软实力，文化软实力竞争日益成为当今世界国际竞争的重点领域之一。问题的关键在于，文化软实力竞争直接关系着民族身份认同和国家形象建构。当今世界的国际竞争，从一定意义上讲，是以文化软实力竞争表现出来的国家形象之争。体育跨文化传播能力是国家软实力的重要体现，对于建构中国良好国家形象至关重要。当然，我们强调增强国家文化软实力并积极参与全球竞争，绝不是诉诸狭隘民族主义，而是中国融入世界体系的"新世界主义"表达。不仅如此，一个真正的世界大国，必然是一个文化大国和充满文化自信的国度。文化自信作为中国特色的话语范式，具有鲜明的主体性价值指向，理所当然地包含了中华体育文化自信，是提升体育跨文化传播能力、建构国家形象和实现中华民族复兴的最深厚、最持久的力量之源。

第二，国家形象建构是中国体育跨文化传播能力提升的当代使命。体育作为一种凝结着民族精神基因的文化形态，是民族文化的有机组成部分。中华体育文化凝结着中华民族的生存智慧和中国文化的精髓，是中国文化价值的重要载体和国家形象的重要标识，也是中国奉献给世界的公共文化产品。然而，近代中国在国际体坛上的"东亚病夫"形象，是我们这个民族的集体记忆中挥之不去的耻辱和痛苦。今天，中国已逐渐成长为世界体育大国。但是，西方体育强国凭借其雄厚的资本力量和媒介优势垄断了国际体育话语权，严重挤压了中国等发展中国家的话语空间，致使中华体育文化的世界影响力和认同度非常有限。体育文化的传播力和影响力，直接关系着国家形象的整体显示度和认同度。因此，中国体育跨文化传播及其能力提升，无疑承载着建构国家形象的历史使命，同时也肩负着实现全球体育文化价值共享的责任，因为，中华体育文化的民族性只有在世界的共享性中才能得到最充分、最完美的诠释。

第三，新时代中国体育跨文化传播能力建设面临着一系列前所未有的挑战。当今世界正处于"百年未有之大变局"。和平崛起的中国随着国际地位的提升，迫切需要把它自己的发展优势转化为话语优势，让世界聆听"中国声音"，让"中国声音"影响世界。问题在于，必须提升中国话语的传播力和影响力。特别是全球化、信息化和智能化的叠加效应，极大地改变了体育的存在形态和传播形态，给体育跨文化传播及其能力提升带来了前所未有的挑战：一是体育全球化必然带来多元体育文化的碰撞、交融并可能加剧世界体育传播格局的失衡；二是体育媒介化及新媒体的广泛应用颠覆了体育文化生产和传播的传统范式；三是人工智能技术的发展迫使体育跨文化传播面临智能化转型；四是体育大众消费国际化从全球市场竞争的角度对体育跨文化传播能力建设提出了一系列新的要求。

第四，改革开放40多年来，中国体育跨文化传播能力建设有了一定的进步，但仍存在诸多问题及其制约因素。一方面，西方体育文化的强势冲击不仅挤压了中国体育跨文化传播的空间，而且使中国体育文化面临同质化风险。另一方面，中国体育跨文化传播能力建设尚处于起步阶段，缺乏应有的知识体系和成熟的理论指导，缺乏专业化的组织管理机制和传播体系，缺乏具有中国鲜明文化特色的体育品牌。具体表现为思维方式僵化，战略规划能力不足；资源整合乏力，机制再造能力欠缺；交流沟通不畅，话语表达能力有限，内容生产落后，品牌塑造能力不强；危机应对不力，舆情引导能力缺失，传播人才匮乏，队伍建设能力薄弱。

第五，当今的世界传播空间是由以美国为首的西方大国主导的，它们凭借资本实力和制度性权力建立了一个拥有绝对话语权的"媒介帝国"。因此，构建一个公平正义、和谐有序的包容性"传播空间命运共同体"，是中国参与全球传播空间治理的目标选择和价值诉求，是中国体育走向世界和塑造体育强国形象的前置性条件。体育强国形象既是一种政治形象，又是一种文化形象，或者更准确地说，是一种以文化形象为载体的政治形象。通过体育跨文化传播的文化形象建构来实现国家形象的政治性建构，比单纯通过意识形态宣传实现国家形象的政治性建构更为明智、更有效果。体育跨文化传播本质上是一种关系性建构，提升体育跨文化传播能力、塑造体育强国形象，应处理好"走出去"与"引进来"的关系、竞争与合作的关系、建构自我话语权与尊重他者话语权的关系、政府主导与民间协同的关系、价值逻辑与情感逻辑的关系。

第六，传播力就是竞争力、影响力。体育跨文化传播能力提升是一项系统工程，直接关系着中国体育文化走向世界和体育强国形象的历史性出场。因此，必须从问题出发，明晰体育跨文化传播能力提升的路径和着力点。这就是以转变思维方式为先导提升战略规划能力；以整合媒介资源为动力提升机制再造能力；以创新内容生产为根本提升品牌塑造能力；以达成文化理解为旨归提升跨文化沟通能力；以应对危机事件为契机提升舆情引导能力；以培养跨文化人才为抓手提升队伍建设能力。由此，笔者尝试构建了一个本土化的能力可持续提升的理论和实践体系。

参考文献

一 经典著作

《马克思恩格斯文集》第1卷,人民出版社2009年版。
《马克思恩格斯文集》第3卷,人民出版社2009年版。
《马克思恩格斯文集》第8卷,人民出版社2009年版。
《马克思恩格斯文集》第9卷,人民出版社2009年版。
《马克思恩格斯选集》第1卷,人民出版社2012年版。
《马克思恩格斯选集》第4卷,人民出版社2012年版。
《习近平谈治国理政》第1卷,外文出版社2018年版。
中共中央文献研究室编:《十八大以来重要文献选编》中册,中央文献出版社2016年版。
中共中央宣传部:《习近平总书记系列重要讲话读本(2016年版)》,学习出版社、人民出版社2016年版。

二 中文专著

单波、石义彬:《跨文化传播新论》,武汉大学出版社2005年版。
丁磊:《国家形象及其对国家间行为的影响》,知识产权出版社2010年版。
董青、洪艳:《体育符号——体育传播与国家形象建构》,中国原子能出版社2017年版。
段鹏:《国家形象建构中的传播策略》,中国传媒大学出版社2007年版。

段忠桥：《当代国外社会思潮》，中国人民大学出版社2004年版。

远山：《袁伟民与体坛风云》，江苏人民出版社2009年版。

冯仕政：《西方社会运动理论研究》，中国人民大学出版社2013年版。

管文虎：《国家形象论》，电子科技大学出版社2000年版。

郝克强：《体坛杂话五十年》，人民体育出版社2003年版。

国家体委文史工作委员会、中国体育史学会编：《中国近代体育史》，北京体育学院出版社1989年版。

侯东阳：《国际传播学》，暨南大学出版社2012年版。

李佃来：《公共领域与生活世界——哈贝马斯市民社会理论研究》，人民出版社2006年版。

李智：《中国国家形象：全球传播时代建构主义的解读》，新华出版社2011年版。

卢元镇：《中国体育社会学》，北京体育大学出版社1998年版。

孟建、于嵩昕：《国家形象：历史、建构与比较》，江苏人民出版社2019年版。

彭树智：《文明交往论》，陕西人民出版社2002年版。

生安锋：《霍米·巴巴的后殖民理论研究》，北京大学出版社2011年版。

孙英春：《跨文化传播学》，北京大学出版社2015年版。

童昭岗、孙麒麟、周宁：《人文体育——体育演绎的文化》，中国海关出版社2002年版。

王家福、徐萍：《国际战略学》，高等教育出版社2005年版。

王培、刘延兵、李瑜编著：《百年中国奥运之路》，华文出版社2008年版。

俞可平主编：《全球化时代的"马克思主义"：九十年代国外马克思主义新论选编》，中央编译出版社1998年版。

张岱年：《文化论》，河北教育出版社1996年版。

张岱年、程宜山：《中国文化精神》，北京大学出版社2015年版。

张鲁雅、周庆编著：《世纪情——中国与奥林匹克》，人民体育出版社1993年版。

中国奥委会新闻委员会编：《在洛杉矶的日日夜夜——中国体育代表团参加第23届奥运会》，中国广播电视出版社1984年版。

中国体育博物馆、国家体委文史工作委员会编：《中华民族传统体育志》，广西民族出版社1990年版。

三　中文译著

［美］拉里·A.萨默瓦等：《跨文化传播》，闵惠泉、贺文发、徐培喜译，中国人民大学出版社2010年版。

［德］恩斯特·卡西尔：《人论》，甘阳译，上海译文出版社2013年版。

［德］马克斯·韦伯：《民族国家与经济政策》，甘阳等译，生活·读书·新知三联书店1997年版。

［德］乌·贝克、哈贝马斯：《全球化与政治》，王学东、柴方国译，中央编译出版社2000年版。

［德］尤尔根·哈贝马斯：《交往行动理论（第二卷）论功能主义理性批判》，洪佩郁、蔺青译，重庆出版社1994年版。

［德］尤尔根·哈贝马斯：《历史唯物主义的重建》，郭官义译，社会科学文献出版社2000年版。

［德］尤尔根·哈贝马斯：《认识与兴趣》，郭官义、李黎译，学林出版社1999年版。

［德］尤尔根·哈贝马斯：《现代性的哲学话语》，刘东译，译林出版社2004年版。

［德］尤尔根·哈贝马斯：《作为"意识形态"的技术与科学》，郭官义译，社会科学文献出版社1999年版。

［法］皮埃尔·德·顾拜旦：《奥林匹克宣言》，《奥林匹克宣言》传播委员会编译，人民出版社2008年版。

［法］莫里斯·哈布瓦赫：《论集体记忆》，毕然、郭金华译，上海人民出版社 2002 年版。

［加］马歇尔·麦克卢汉：《指向未来的麦克卢汉：媒介论集》，何道宽译，机械工业出版社 2016 年版。

［美］艾瑞克·克莱默：《全球化语境下的跨文化传播》，刘扬译，清华大学出版社 2015 年版。

［美］爱德华·W. 萨义德：《东方学》，王宇根译，生活·读书·新知三联书店 1999 年版。

［美］爱德华·W. 萨义德：《文化与帝国主义》，李琨译，生活·读书·新知三联书店 2003 年版。

［美］爱德华·W. 赛义德：《赛义德自选集》，谢少波、韩钢译，中国社会科学出版社 1999 年版。

［美］道格拉斯·凯尔纳：《波德里亚：批判性的读本》，陈维振等译，江苏人民出版社 2005 年版。

［美］汉斯·摩根索：《国际纵横策论》，卢明华等译，上海译文出版社 1995 年版。

［美］考林·霍斯金斯等：《全球电视和电影：产业经济学导论》，刘丰海、张慧宇译，新华出版社 2004 年版。

［美］克利福德·格尔茨：《文化的解释》，韩莉译，译林出版社 2014 年版。

［美］罗伯特·F. 墨菲：《文化与社会人类学引论》，王卓君译，商务印书馆 2009 年版。

［美］乔舒亚·库伯·雷默：《中国形象：外国学者眼里的中国》，沈晓雷等译，社会科学文献出版社 2008 年版。

［美］塞缪尔·亨廷顿：《文明的冲突与世界秩序的重建》，周琪等译，新华出版社 2002 年版。

［美］托马斯·哈定等：《文化与进化》，韩建军、商戈令译，浙江人民

出版社 1987 年版。

［美］卡特：《中国印刷术的发明和它的西传》，吴泽炎译，商务印书馆 1957 年版。

［美］威尔伯·施拉姆、威廉·波特：《传播学概论》，何道宽译，中国人民大学出版社 2010 年版。

［美］威廉·迪安：《美国的精神文化：爵士乐、橄榄球和电影的发明》，袁新译，商务印书馆 2013 年版。

［美］约瑟夫·奈：《软力量：世界政坛成功之道》，吴晓辉、钱程译，东方出版社 2005 年版。

［美］詹姆斯·凯瑞：《作为文化的传播》，丁未译，华夏出版社 2005 年版。

［英］露丝·本尼迪克特：《文化模式》，王炜译，浙江人民出版社 1988 年版。

［英］伯特兰·罗素：《伦理学与政治学中的人类社会》，肖巍译，中国社会科学出版社 1992 年版。

［英］伯特兰·罗素：《中国问题》，秦悦译，学林出版社 1996 年版。

［英］戴维·莫利、凯文·罗宾斯：《认同的空间：全球媒介、电子世界景观与文化边界》，司艳译，南京大学出版社 2001 年版。

［英］弗恩斯·特朗皮纳斯、彼得·伍尔莱姆斯：《跨文化营销》，刘永平、刘洁、郑波译，经济管理出版社 2008 年版。

［英］威廉姆·奥斯维特：《哈贝马斯》，沈亚生译，黑龙江人民出版社 1999 年版。

四 期刊论文

艾险峰：《多元文化语境下体育跨文化交流能力培养》，《武汉体育学院学报》2009 年第 1 期。

白晋湘：《中国民族传统体育文化建设的使命与担当》，《体育学研究》

2019年第1期。

鲍勇剑：《协同论：合作的科学——协同论创始人哈肯教授访谈录》，《清华管理评论》2019年第11期。

常江、石谷岩：《视听传播与国家软实力提升：观念、路径、方法》，《新闻与写作》2018年第5期。

陈来：《从中西比较看中华价值观的特色》，《阅读》2015年第6期。

陈来：《论中华民族爱国主义的精神》，《哲学研究》2019年第10期。

陈力丹：《传播是信息的传递，还是一种仪式？——关于传播"传递观"与"仪式观"的讨论》，《国际新闻界》2008年第8期。

陈立旭：《和合文化的内涵与时代价值》，《浙江社会科学》2018年第2期。

陈敏：《"一带一路"倡议下的中国语言文化安全研究》，《文化软实力研究》2018年第1期。

陈文殿：《文化全球化的价值向度及其中国启示》，《华中科技大学学报》（社会科学版）2015年第6期。

程曼丽：《中国对外传播的历史回顾与展望2009—2017年》，《新闻与写作》2017年第8期。

崔颖、朱丹华：《中国影视文化与国家形象塑造——评〈影视产业与国家形象〉》，《中国教育学刊》2023年第11期。

单波：《论国家形象跨文化转向的可能性》，《兰州大学学报》（社会科学版）2017年第5期。

邓红英：《略论后奥运时代的中国体育外交》，《渤海大学学报》（哲学社会科学版）2009年第2期。

邓杰：《国家形象、政党形象和执政形象之关系论析——政治学视野下的当代中国国家形象理论研究》，《青海社会科学》2017年第4期。

邓星华、宋宗佩：《中国体育对外传播的反思与超越》，《体育学刊》2017年第2期。

段淳林：《从工具理性到价值理性：中国品牌精神文化价值提升战略研究》，《南京社会科学》2018年第9期。

二十八画生（毛泽东）：《体育之研究》，《新青年》1917年4月1日第3版。

范红：《国家形象的多维塑造与传播策略》，《清华大学学报》（哲学社会科学版）2013年第2期。

范汝强：《旧中国与国际奥委会》，《文史知识》1993年第8期。

方兴东、钟祥铭：《中国媒体融合的本质、使命与道路选择——从数字传播理论看中国媒体融合的新思维》，《现代出版》2020年第4期。

冯海燕：《国家形象与文化自信的互动关系研究》，《对外传播》2018年第10期。

高岸明：《全球视野 中国观点 遵循规律 提升效果——简析中国国际传播面临的挑战、机遇与对策》，《对外传播》2015年第1期。

高超：《新形势下中国体育传播发展思考》，《体育文化导刊》2019年第2期。

国家体育总局对外联络司：《新中国体育对外工作发展研究》，《体育文化导刊》2019年第11期。

韩飞：《交往互动视野下的中国纪录片国家形象塑造：世界面向与观念转向》，《中国电视》2023年第4期。

韩飞、王侯：《中国纪录片塑造国家形象的新符号表达》，《中国电视》2023年第8期。

何玉兴：《话语影响力研究的学术价值和现实意义》，《社会科学论坛》2017年第12期。

洪长晖：《国家形象片的政治传播话语效度研究》，《闽江学刊》2011年第6期。

胡安宁：《社会学视野下的文化传承：实践—认知图式导向的分析框架》，《中国社会科学》2020年第5期。

胡鞍钢、方旭东：《全民健身国家战略：内涵与发展思路》，《体育科学》2016年第3期。

黄良奇：《从平台经场域到生命体：媒体融合的实践范式与路径》，《西南民族大学学报》（人文社会科学版）2018年第3期。

黄少安、张苏：《人类的合作及其演进研究》，《中国社会科学》2013年第7期。

贾文山、马菲、王羿欢：《如何让太极拳引领中国文化的全球传播》，《对外传播》2021年第4期。

江小涓：《体育产业发展：新的机遇与挑战》，《体育科学》2019年第7期。

江小涓：《网络空间服务业：效率、约束及发展前景——以体育和文化产业为例》，《经济研究》2018年第4期。

江小涓、李姝：《数字化、全球化与职业体育的未来》，《上海体育学院学报》2020年第3期。

江小涓、罗立彬、龚华燕：《网络时代的服务全球化——新引擎、加速度和大国竞争力》，《中国社会科学》2019年第2期。

江作苏、李理：《传播视野：国家形象的官方民间舆论场互补建构》，《华中师范大学学报》（人文社会科学版）2014年第6期。

姜飞：《新阶段推动中国国际传播能力建设的理性思考》，《南京社会科学》2015年第6期。

姜国仁、郭振、王松、刘波：《中国体育产业发展回顾与"十四五"前景展望》，《天津体育学院学报》2022年第1期。

解冰、沈斌：《中国国际传播的盲区与突破》，《对外传播》2017年第12期。

轲犁：《中华全国体育总会的成立》，《体育文史》1984年合刊。

李吉远：《国家形象视域下中国武术跨文化传播研究》，《武汉体育学院学报》2012年第3期。

李进、王相飞、王真真：《中超联赛新媒体版权研究》，《沈阳体育学院学报》2018年第3期。

李良荣、辛艳艳：《从2G到5G：技术驱动下的中国传媒业变革》，《新闻大学》2020年第7期。

李宁：《"东亚病夫"的缘起及其演变》，《体育文史》1987年第6期。

李岩涛：《气象服务信息有效传播能力探讨》，《农业与技术》2017年第14期。

梁晓波：《中国国家形象的跨文化建构与传播》，《武汉大学学报》（哲学社会科学版）2014年第1期。

林景、余君：《试论奥运舵手选拔对我国大众媒介体育传播的影响》，《湖北体育科技》2007年第4期。

林小榆、李新欣：《跨文化传播视域下奥运会运动员的国家形象塑造——以2016里约奥运会中国运动员为例》，《北京体育大学学报》2018年第2期。

刘琛：《国际传播理论及其发展的主要阶段与反思》，《中国人民大学学报》2017年第5期。

刘丹凌：《论国家形象的三重内涵——基于三种偏向的分析》，《南京社会科学》2014年第5期。

刘宁宁、杨娜：《我国体育文化研究的审视与前瞻》，《北京体育大学学报》2015年第10期。

刘小燕：《关于传媒塑造国家形象的思考》，《国际新闻界》2002年第2期。

卢风：《文化多元主义与后现代主义》，《吉首大学学报》（社会科学版）2012年第4期。

吕世荣：《马克思经济全球化思想的哲学阐释逻辑》，《中国社会科学》2015年第4期。

骆正林：《传媒让体育更精彩》，《青年记者》2001年第6期。

239

马楠楠:《电视纪录片的国家形象塑造与对外传播——推荐〈电视纪录片"自塑"国家形象研究(1958—2018)〉》,《新闻记者》2022年第12期。

马戎:《西方冲击下中国话语转换、认同调整与国家重构》,《社会科学战线》2018年第1期。

马伟:《论跨文化交际中的中西方文化冲突》,《青海社会科学》2012年第2期。

马铮、张春燕:《中国女子体育参与奥林匹克运动的回顾与展望》,《中华女子学院学报》2008年第4期。

孟昀:《中国国家形象塑造研究的学科特征与未来进路》,《传媒》2023年第8期。

裘援平:《世界变局中的突出矛盾》,《现代国际关系》2019年第2期。

任莲香:《体育文化论纲》,《体育文化导刊》2003年第3期。

史安斌、孟冬雪:《跨国化·社交化·情感化:危机传播研究的新视域》,《全球传媒学刊》2015年第3期。

史安斌、张耀钟:《联接中外、沟通世界:改革开放40年外宣事业发展述评》,《对外传播》2018年第12期。

史安斌、张耀钟:《新中国形象的再建构:70年对外传播理论和实践的创新路径》,《全球传媒学刊》2019年第2期。

宋宗佩、白亮、王菁:《国际大型体育赛事提升国家形象研究》,《体育文化导刊》2018年第12期。

孙有中:《国家形象的内涵及其功能》,《国际论坛》2002年第3期。

谭清芳:《体育文化传播与国家形象构建》,《武汉体育学院学报》2014年第2期。

陶瑞萱:《跨文化视阈下美食短视频海外传播中的国家形象塑造》,《当代电视》2023年第3期。

童兵:《试析跨文化传播中的认识误区》,《新闻大学》2004年第3期。

宛楠、张义：《媒介素养对教师个人知识管理的影响分析》，《科技信息》2009 年第 33 期。

王海洲：《"国家形象"研究的知识图谱及其政治学转向》，《政治学研究》2013 年第 3 期。

王庆军、方晓红：《跨文化对话：中国传统体育国际化的障碍与超越》，《体育科学》2010 年第 6 期。

王润珏：《融媒体时代国际传播的新特点与新格局》，《国际传播》2017 年第 5 期。

王希：《多元文化主义的起源、实践与局限性》，《美国研究》2000 年第 2 期。

王翔：《城市形象传播中的媒介变革及其反思》，《理论导刊》2019 年第 4 期。

王翔、鲍海波、马增强：《"城市数字出版"与新媒体公共平台建设》，《出版科学》2019 年第 1 期。

王翔、鲍海波：《构建传播空间命运共同体：中国体育跨文化传播的空间伦理诉求及应然逻辑》，《社会科学研究》2023 年第 1 期。

王翔、鲍海波：《近代以来国际体坛中国形象的嬗变及其文化解析》，《新闻与传播评论》2023 年第 3 期。

王翔、武赟恺：《实现文化共享：中国体育跨文化传播的价值旨归》，《体育视野》2023 年第 2 期。

魏崇辉：《民间力量的累积和当代中国政治文明建设》，《内蒙古社会科学》（汉文版）2007 年第 4 期。

吴丽珺、郑先常：《新时代民族传统体育文化传播的现实困境与实践路径研究》，《新闻爱好者》2022 年第 5 期。

吴献举：《国家形象跨文化传播的策略》，《中州学刊》2017 年第 5 期。

吴志成、王慧婷：《全球治理能力建设的中国实践》，《世界经济与政治》2019 年第 7 期。

习近平：《加快推动媒体融合发展 构建全媒体传播格局》，《前线》2019年第4期。

习近平：《坚定文化自信，建设社会主义文化强国》，《实践》（思想理论版）2019年第7期。

习近平：《青年要自觉践行社会主义核心价值观——在北京大学师生座谈会上的讲话》，《中国高等教育》2014年第10期。

习近平：《文明交流互鉴是推动人类文明进步和世界和平发展的重要动力》，《思想政治工作研究》2019年第6期。

项久雨、姚兰：《文化视域下中国形象对外传播的基本向度》，《江淮论坛》2017年第5期。

谢劲、李铁录：《"一带一路"背景下中国与中东欧体育交流与合作研究》，《体育文化导刊》2019年第9期。

谢琼桓：《中国体育发展战略研究的回顾与思考》，《成都体育学院学报》1987年第1期。

邢丽菊、鄢传若斓：《中国国家形象的塑造模式研究》，《东北亚论坛》2022年第6期。

熊斗寅：《顾拜旦体育思想研究系列之三 顾拜旦与奥林匹克理想》，《体育与科学》2003年第5期。

徐伟信：《亚洲及太平洋区域和平会议与新中国国家形象塑造》，《北京社会科学》2023年第12期。

徐小鸽：《国际新闻传播中的国家形象问题》，《新闻与传播研究》1996年第2期。

许嘉璐：《文化的多元和中华文化特质》，《社会科学战线》2013年第7期。

许正林、王卓轩：《十年来中国共产党政党形象对外传播的理论与实践》，《现代传播》2018年第9期。

杨磊：《关于我国体育赛事文化的发展的探讨》，《科技信息》2012年第

35期。

杨琳、申楠：《论跨文化传播活动中我国文化软实力的提升》，《西安交通大学学报》（社会科学版）2012年第1期。

杨珍：《跨文化传播视野中体育交往的理论逻辑——兼论后奥运时代中国体育文化传播的问题视域》，《新闻界》2009年第4期。

叶皓：《公共外交与国际传播》，《现代传播（中国传媒大学学报）》2012年第6期。

易建东：《中国体育文化的核心价值》，《上海体育学院学报》2012年第2期。

岳游松：《体育大事件：体育社会学研究的新视角》，《体育成人教育学刊》2017年第2期。

张爱凤：《媒介变迁与中国国家形象的嬗变》，《南京社会科学》2011年第11期。

张国力：《从社会学角度看体育文化的多样性》，《体育与科学》1987年第5期。

张金：《体育文化的跨文化传播——评〈中国体育文化传播研究〉》，《传媒》2018年第23期。

张昆、徐琼：《国家形象刍议》，《国际新闻界》2007年第3期。

张磊：《走向人类命运共同体：历史视角下的全球传播秩序变迁与重建》，《国际传播》2019年第2期。

张亮亮：《体育精神在国家形象塑造与传播中的独特作用、现实困境与实施路径》，《西安交通大学学报》（社会科学版）2022年第5期。

张楠、姜飞：《能力的"绵延"：朝向生命哲学的跨文化传播能力研究》，《南京社会科学》2019年第9期。

张朋：《体育在实现国家认同中的作用研究》，《四川体育科学》2012年第6期。

张庆武：《危机管理视角下的中国体育文化传播与国家形象建构》，《体

243

育与科学》2015年第2期。

张晓刚：《中华文化海外传播的现实瓶颈及应对策略——基于器物文化传播视角》，《深圳大学学报》（人文社会科学版）2017年第2期。

张欣怡：《中国文化产品出口的现状、问题与对策研究》，《云南社会科学》2015年第4期。

张毓强：《国家形象刍议》，《现代传播》2002年第2期。

张忠家、杨值珍：《论文化自信的构建》，《江汉论坛》2018年第5期。

赵得龙：《全球化语境下体育跨文化传播的现状与分析》，《武术研究》2011年第4期。

赵世举：《全球竞争中的国家语言能力》，《中国社会科学》2015年第3期。

赵学琳：《文化概念的差异性考析与整体性界定》，《江西科技师范学院学报》2011年第5期。

郑必坚：《中国和平崛起新道路和亚洲的未来——在2003年博鳌亚洲论坛的讲演》，《理论参考》2004年第5期。

周海燕：《媒介与集体记忆研究：检讨与反思》，《新闻与传播研究》2014年第9期。

周宁：《在西方现代性想象中研究中国形象》，《南京大学学报》（哲学·人文科学·社会科学版）2008年第4期。

朱戈：《新形势下提升中国国际传播能力路径》，《中国出版》2016年第8期。

朱新梅：《中国影视业走出去的现状、问题及对策》，《中国广播电视学刊》2016年第2期。

《纪念五四运动100周年大会在京隆重举行 习近平发表重要讲话》，《求是》2019年第3期。

《中国国家主席习近平2018年11月5日在首届中国国际进口博览会开幕式上的主旨演讲》，《今日中国》2018年第1期。

《中国文化与新世纪的社会学人类学——费孝通、李亦园对话录》,《北京大学学报》(哲学社会科学版)1998年第6期。

［美］塞缪尔·亨廷顿:《美国国家利益受到忽视》,《美国外交》1997年第10期。

五　报纸文献

习近平:《决胜全面建成小康社会 夺取新时代中国特色社会主义伟大胜利——在中国共产党第十九次全国代表大会上的报告》,《人民日报》2017年10月28日第1版。

习近平:《在中国国际友好大会暨中国人民对外友好协会成立60周年纪念活动上的讲话》,《人民日报》2014年5月16日第2版。

《习近平在中共中央政治局第十二次集体学习时的讲话》,《人民日报》2014年1月1日第1版。

本报评论员:《荒唐的"文明冲突论"愚蠢的强权霸道心态》,《光明日报》2019年5月16日第7版。

本报评论员:《中华文明应为亚洲文明和世界文明作出更大贡献》,《人民日报》2019年5月19日第1版。

陈宁:《价值观教育的情感逻辑与路径》,《光明日报》2019年11月18日第15版。

陈曙光:《话语权是一种什么权力》,《光明日报》2015年1月15日第16版。

国纪平:《时不我待 只争朝夕——把握中国与世界共同发展的历史机遇》,《人民日报》2019年12月31日第1版。

李学明:《提升语言能力 助力国家发展》,《人民日报》2020年2月21日第20版。

王在邦:《这是中国的世界观》,《光明日报》2011年9月8日第8版。

杨非:《两个东亚的医师》,《申报》1938年11月12日第12版。

《世界的主场 中国观众文明观战为各国运动员加油》,《北京日报》2008年8月14日第9版。

六 外文文献

Alex Inkeles,"The Soviet Characterization of the Voice of America", *Columbia Journal of International Affairs*, Vol. 5, No. 2, 1951.

Charles, C.,"Coping with Crises: The Management of Disasters, Riots and Terrorism", *Administrative Science Quarterly*, Vol. 36, No. 3, 1989.

Chicago Cultural Studies Group,"Critical Multiculturalism", *Critical Inquiry*, 1993.

Craig Calhoun,"Cosmopolitanism and Nationalism", *Nations and Nationalism*, Vol. 14, No. 3, 2008.

Dan Connoughton,"The Evolution of the Governance of Wushuin China (1910-2010)", *International Conference of Sport Government*, 2010.

D. M. Gollnick and P. C. Chinn,"China Multicultural Educationina Pluralistic Society", *Merrill*, 1990.

G. C. Spivak, *In Other Worlds: Essays in Cultural Politics*, New York: Methuen, 1987.

Gram Burdon, *Media and Society: Critical Perspectives*, Tsinghua University Press.

Henry Louis Gates Jr.,"Goodbye, Columbus? Notes on the Culture of Criticism", *American Literary History*, 1991.

Horace, M. and Kallen, *Culture and Democracy in the United States*, Taylor and Francis, 2018.

I. A. Kleppe and N. M. Iversen and I. G. Stensaker,"Country Image in Marketing Strategies: Conceptual Issues and An Experiential Asian Illustrations", *Journal of Brand Management*, Vol. 10, 2002.

J. Zhang, G. T. Cameron, "China's Agenda Building and Image Polishing in the US: Assessing an International Public Relations Campaign", *Public Relations Review*, Vol. 29, 2003.

Dorsey J. M., "Asian football: A Cesspool of Government Interference, Struggles for Power, Corruption and Greed", *The International Journal of the History of Sport*,, Vol. 32, No. 8, 2015.

Kurlantzick, J., *Charm Offensive: How China's Soft Power Is Transforming the World*, Yale University Press, 2007.

K. E. Boulding, "National Images and International Systems", *Journal of Conflict Resolution*, Vol. 3, No. 2, 1959.

Lan Heury, "Developing Culturally Specific Tools for the Evaluation of Good Governance in Diverse National Contexts: A Case Study of the National Olympic Committee of the Islamic Republic of IranContexts", *The International Journal of the History of Sport*, Vol. 8, No. 32, 2015.

Michael, W. and Hughey, eds., *New Tribalisms: The Resurgence of Race and Ethnicity*, MaCmiillan Press Ltd., 1988.

Michel Foucault, "Dits et Ecrits, Ⅲ, (1976–1979)", *Gallimard*, 1994.

Michel Foucault, "Histoire de la Sexualité", *Gallimard*, 1976.

Raymond Boyle, "'The Grand Old Game: Football', Media and Identity in Scotland", *Media, Culture & Society*, Vol. 18, No. 4, 1996.

Seyhmus Baloglu and Ken W. McCleary, "A Model of Destination Image formation", *Annals of Tourism Research*, Vol. 26, No. 4, 1999.

Spivak and Gayatri Chakravorty, "The Politics of Translation", In Gayatri Chakravorty Spivak, *Outside in the Teaching Machine*, New York: Routledge, 1993.

Theodre Levitt, "Globalization of Markets", in A. M. Kantrowled, *Sunrise: Challenging the Myth of Industrial Obsolescence*, New Jersey: John Wiley

& Sons, 1985.

Ulf Hannerz, "Cosmopolitans and Locals in World Culture", *Theory, Culture & Society*, Vol. 7, No. 2, 1990.

Ward, H. and Goodenough, *Multiculturalism as the Normal Human Experience*, Ough John Wiley & Sons, Vol. 7, No. 4, 1987.

Wolfgang Welsch, "Transkulturalitat: Lebensformen nach der Auflosung der Kulturen", *Information Philosophie*, Vol. 2, 1992.

七 电子文献

Data Reportal, Digital 2023: Global Overview Report, (2023-01-26), https://datareportal.com/reports/digital-2023-global-overview-report.

英孚教育：《2023年全球成人英语熟练度指标》，https://www.ef.com.cn/epi/，2023年12月30日。

Forbes, "The World's Most Valuable Soccer Teams 2023", (2023-05-31), https://www.forbes.com/lists/soccer-valuations/? sh=44434062198b.

Nike, "Nike, Inc. Reports Fiscal 2023 Fourth Quarter and Full Year Results", (2023-06-29), https://investors.nike.com/investors/news-events-and-reports/investor-news/investor-news-details/2023/NIKE-Inc.-Reports-Fiscal-2023-Fourth-Quarter-and-Full-Year-Results/default.aspx.

The Rise of the Tourna-cation, "Youth Sports Tourism Becomes $9 Billion Industry", (2019-01-15), https://rockytopsportsworld.com/blog/youth-sports-tourism-becomes-nine-billion-dollar-industry/.

《1984年中共中央关于进一步发展体育运动的通知》，中国奥委会官方网站，http://www.olympic.cn/rule_code/code/2004/0426/26065.html，2004年4月26日。

《2021年我国居民人均预期寿命提高到78.2岁》，中国政府网，

https://www.gov.cn/xinwen/2022-07/12/content_5700668.htm，2022年7月12日。

《2022卡塔尔世界杯即将来袭 中国移动咪咕打造首个世界杯"元宇宙"》，中国日报网，https://cn.chinadaily.com.cn/a/202207/22/WS62da5c7ea3101c3ee7ae058c.html，2022年7月22日。

《〈中国群众体育发展报告〉发布 体育产业成消费新风口》，人民网，http://www.sportsonline.com.cn/n1/2018/0806/c202403-30212133.html，2018年8月6日。

《奥运观察｜中国体育传统优势项目续写辉煌 包揽金银牌彰显实力和底蕴》，人民网，http://ent.people.com.cn/n1/2021/0809/c1012-32186654.html，2021年8月9日。

《北京奥运遗产多》，央视网，http://news.cctv.com/society/20080826/104837.shtml，2008年8月26日。

《调查显示：超70%海外受访者关注北京冬奥会，专业、精彩、友善成三大关键词》，中国网，http://news.china.com.cn/txt/2022-02/22/content_78064922.htm，2022年2月22日。

《联合国教育、科学及文化组织大会第三十一届会议通过的世界文化多样性宣言》，中国艺术品收藏网，http://www.360doc.com/content/12/0118/11/276553_180147359.shtml，2001年12月25日。

《漫议好莱坞"中国元素"》，中国文化网，https://cn.chinaculture.org/pubinfo/2022/07/22/200001004002/0b1b663a063f4765a23365d1d3e37ba3.html，2013年10月30日。

《世界赞叹中国"奥运热情" 奖牌不是唯一的期待》，搜狐网，http://2008.sohu.com/、20080820/n259048972.shtml，2008年8月20日。

《世行报告：中国经济十年对世界经济增长贡献率超G7总和》，中国政府网，https://www.gov.cn/xinwen/2022-11/28/content_5729266.htm，2022年11月28日。

《我国5G移动电话用户达5.61亿户》，中国政府网，https://www.

gov. cn/xinwen/2023-02/09/content_5740696. htm,2023 年 2 月 9 日。

《以人文交流推动"一带一路"发展》,光明网,https://theory. gmw. cn/2023-09/17/content_36838041. htm,2023 年 9 月 17 日。

《娱乐周刊评选最佳功夫电影李连杰独占 4 位》,搜狐网,https://yule. sohu. com/20090427/n263636081. shtml,2009 年 4 月 27 日。

《中国翻译协会首次发布〈2022 中国翻译人才发展报告〉》,中国翻译协会,http://www. tac-online. org. cn/index. php? m=content&c=index&a=show&catid=395&id=4165,2022 年 4 月 1 日。

《中央广播电视总台举办 2020 "欧洲伙伴"媒体合作云论坛》,新华网,http://www. xinhuanet. com/politics/2020－12/10/c_1126846382. htm,2020 年 12 月 10 日。

国家体育总局:《改革开放以来中国体育发展战略的演进与思考》,http://www. sport. gov. cn/ n16/n1152/n2463/127281. html,2003 年 7 月 30 日。

国家体育总局:《中华体育精神凝聚奋进力量》,www. sport. gov. cn/n20001280/n20745751/n20767277/c23398987/content. html,2021 年 7 月 1 日。

国家统计局:《2022 年全国体育产业总规模与增加值数据公告》,https://www. stats. gov. cn/sj/zxfb/202312/t20231229_1946084. html,2023 年 12 月 29 日。

华经产业研究院:《2020 年中国体育产业规模现状、产业链、PEST 分析及前景展望,名副其实的朝阳产业》,https://www. huaon. com/channel/trend/780644. html,2022 年 1 月 27 日。

尼尔森中国:《北京奥运会,谁是真正的赢家?》,http://www. cr-nielsen. com/marketing/200901/16-880_2. html,2009 年 1 月 16 日。

后 记

当我初次涉足体育跨文化传播这一研究领域时，内心充满了好奇与期待。体育，作为一种全球通用的语言符号，承载着丰富的文化内涵与情感价值，它不仅是身体的竞技，更是文化的交流、精神的传递。而跨文化传播，则是要将这种独特的文化精神跨越国界和文化差异，传递到世界的每一个角落。这种跨越与传递，既充满挑战，又蕴含着无限可能。

研究伊始，我便陷入了如何将体育文化与国家形象、跨文化传播等多学科范畴跨界融合的困惑之中。在导师的悉心指导下，我逐渐明晰了研究方向和思路。随着研究的深入，我意识到体育跨文化传播不仅仅是体育与传播两个领域的简单相加，它涉及文化认同、国家形象、国际关系等更为复杂的维度。在全球化背景下，体育已经成为国家软实力的重要组成部分，而跨文化传播能力则是将这种软实力有效转化为国际影响力的关键。中国作为世界体育大国，拥有丰富的体育文化资源，但在国际体育话语体系中的话语权与影响力仍不尽如人意。这促使我更有责任去探索如何通过提升跨文化传播能力，让中国体育文化在世界舞台上绽放光彩，从而使中国以崭新的形象屹立于世界民族之林。这一探索过程虽然充满了艰辛，但每前进一步都让我倍感振奋。

在本书出版之际，我要衷心感谢我的导师鲍海波教授。她严谨的治学态度、深邃的学术洞察力和无私的关爱，让我终生难忘。同时，要特别感谢陕西师范大学李震教授、许加彪教授、张亚泽教授、刘立波教授，中国社会科学院大学姜飞教授，复旦大学孙玮教授，武汉大学单波教授，华南师范大学邓星华教授，新华社体育部周杰副主任，他们给予的学术指导和帮助，让我受益匪浅。

  本书的出版得到了西安体育学院领导的大力支持，中国社会科学出版社领导及相关编辑为本书的顺利出版付出了大量的心血和汗水，在此，一并表示深深的谢意。

  感谢我的亲人们、朋友们及同事们。

  体育跨文化传播研究是一个有待进一步深耕的领域。今后，我将继续致力于该领域的理论与实践研究，为提升中国体育的国际影响力、构建更加开放包容的国家形象，贡献自己的绵薄之力。

王翔

2025年2月28日于西安体育学院